新文京開發出版股份有限公司

NEW
WCDP

新世紀‧新視野‧新文京 — 精選教科書‧考試用書‧專業參考書

第三版

不動產經營
管理策略

柯伯煦 著

The Strategies of
Real Estate Management

THIRD EDITION

國家圖書館出版品預行編目資料

不動產經營管理策略 / 柯伯煦著. – 三版. – 新北市：
新文京開發, 2018.09
　　面；　公分

　ISBN　978-986-430-434-9（平裝）

　1. 不動產業

554.89　　　　　　　　　　　　　　　107012754

不動產經營管理策略（第三版）　　（書號：H135e3）

作　　者	柯伯煦
出 版 者	新文京開發出版股份有限公司
地　　址	新北市中和區中山路二段 362 號 9 樓
電　　話	(02) 2244-8188（代表號）
Ｆ Ａ Ｘ	(02) 2244-8189
郵　　撥	1958730-2
初　　版	西元 2006 年 09 月 30 日
二　　版	西元 2013 年 09 月 15 日
三　　版	西元 2018 年 09 月 10 日

　　兩年前開始想修訂及增補一些內容，走走又停停，想想又看看，眼見二十四個月即將耗費，我趕緊專注地抓住最後六個月時間，讓案例多增添一點、理論更清楚一點、趨勢多延伸一點、營運成功模式多談論一點，就在前述點點滴滴的基礎上形成了階段性的成果。一直以來，在商業管理問題的詮釋與探討，個人、企業家、企業及產業組織在不動產市場中投資獲利的故事，往往最受高度關注，各方參與者積極想取得更多大大小小的成功機會，正是推動不動產市場繁榮的主要邏輯。惟琢磨投資獲利機會的思維，還是需要學習一些原則與概念，用對了方法與工具，才可發現新的機會。延續著第二版架構，探討不動產經營管理的策略與重點，不僅要思考企業在不動產市場中的分工效率與運轉模式，還要關注各方參與者在不動產市場中冒險試誤的心態變化，以及企業面對生存環境變遷而延伸的競爭思維與創新行動。市場自由競爭的無意識分工，推動市場發展，雖值得稱頌，而企業家運用嚴密且富有目標的計畫命令，建構內外部研展機制及產銷制度，挑戰與挖掘市場機會，將市場規模的廣度與深度推向無限可能，更值得重視。對於讀者而言，花下心思面對未來去試一試，面對問題多想一想，領悟及融合各種面向的實務經驗與管理知識，不難發現，許多機會點已經浮現在前方不遠處等著您。

　　受到個人能力與時間的限制，全文架構與論述內容的完備性及深入性，我仍需要更多學習及自我充實，期待未來還有機會鋪陳新觀點。我能夠對本書主題詮釋個人見解，非常感謝這一段時間促使我學習成長的好友及學生們，我們之間有意無意閒聊鬼扯的故事與話題，激勵我想進一步探討問題的熱情，在課中課餘讓我受益良多，也延伸新的知識領域，心中瀰漫複雜的感謝。更要感謝新文京開發出版股份有限公司與編輯部耐心督促與辛勞協助，讓這成果及故事可延續。個人學識十分有限，改版撰寫過程匆促，錯字、遺漏與重複之處，努力避免又在所難免，但願我們已妥善做好這事。

柯伯煦　謹識

目 錄

一、表目錄

二、圖目錄

CH 01 經營與管理概論

　　本章的重點是提供一個思考不動產本質的經營管理概念,「不動產(real estate)」值得探討的議題相當廣泛,這些基本議題與討論是多元的,包括市場運行、產品創新發展、企業生存獲利與制度激勵等。因此,探討及理解「不動產」的內容,包含市場運行的經濟邏輯、建築物與土地的財產權利制度、建築物的數量與品質、建築物的製造與服務、投資開發的企業經營與市場競爭。由於都市中土地供給的相對稀缺性,投資者取得一塊土地的權利,並且在地上蓋起建築物及銷售,這個過程需要具備許多專業知識及分工合作,對於許多市場中的資本家而言,「不動產」是一種由土地蓋起建築物的組合體,這個過程需要人們投入知識及籌措一定額度資本量,結合營建技術、購買材料,進而興建一個安全的建築物,安全的建築物使得需要居住生活及商業交易的人們能夠安心的從事自己想做的活動,為人們帶來各種便利,便利又舒適的建築物成為人們需要的耐久商品及恆久資產,資本家也在產銷過程中獲利。因此,學會妥善的經營與管理自己擁有的不動產,一方面為自己累積財富,二分面可激勵自己能夠成功建構一種足以幫助他人專業分工的「稀缺知識」,使得握有資源的市場價值,由低價值資源變成高價值的資源或產品。當然,學習掌握稀缺知識就是學習運用更精準及富有效率的方式,用以更完整地掌握市場關鍵資訊,以利自身的知識與技能可以配置在高價值的分工,企業製造的產品能夠更符合需求的喜好,進而以理想的價格出售獲利,持續且良好的獲利,有助於創造競爭優勢,也促進企業發展出更佳的專業能力,進入市場更深度的分工。本章也將由一個不動產企業的經營者觀點,說明「經營」與「管理」的差異性與相關基礎知識。

第一節
不動產的經營管理內涵

一、法律觀點下的不動產經營管理

　　當你擁有一間房子或一塊土地，你總會想著更好的用途來增進及享受這個利益，可是，若這個利益除了你可享用之外，他人也能享用，那麼你將不會想要投入太多心思，因此，確保市場中每一位資源擁有者及使用者更願意去發展資源價值，避免不當的爭奪各自利益，就需要建立人們對於資源的使用秩序，進而發展良好的市場秩序，而法律則是人們行動及市場秩序的基礎，所以，我們先探討法律觀點下的不動產意義。

　　我們都是耗費龐大的財務資源才足以換取不動產，許多人也背負財務負債來換取不動產(real estate)以作為資產。基於規範不動產交易活動、維護使用價值及形成良好的市場經濟秩序，我國政府運用法律制度規範了人們在不動產上的權利與義務關係，例如在民法及土地法之中，皆對不動產意義加以界定，讓人們建立一個較清楚的權利義務概念，促使人們能清楚理解這些法律在於界定人與物之間，以及對於一物上的人與人之間的關係。

（一）民法：我國民法第 66 條指出，不動產包括土地及其定著物，且不動產之出產物，尚未分離者，為該不動產之部分。故民法對不動產之定義，主要包括土地、土地上的建築物及尚未分離之出產物，這對於不動產而言，人與人之間的權利與義務範圍，可以明確化，而且在民法與相關法律的保障下，人們對於自己擁有的不動產（所有物）可以自由的使用、收益、處分。而對於管理與管制人們在不同特性土地的開發使用，我國則另訂定土地法來規範，對於土地利用的規範，還包括了國土計畫法、區域計畫法、都市計畫法、非都市土地使用管制規則等。對於建築物的使用管理，則依據建築法、建築技術規則、消防法及相關法令來規範。

（二）土地法：我國土地法第 1 條指出，土地包括水陸及天然富源。土地法第 2 條指出，土地依其使用，分為四大類：第一類為建築用地，如住宅、官署、機關、學校、工廠、倉庫、公園、娛樂場、會所、祠廟、教堂、城堞、軍營、

砲台、船埠、碼頭、飛機基地、墳場等屬之。第二類為直接生產用地，如農地、林地、漁地、牧地、狩獵地、礦地、鹽地、水源地、池塘等屬之。第三類為交通水利用地，如道路、溝渠、水道、湖泊、港灣、海岸、堤堰等屬之。第四類為其他土地，如沙漠、雪山等屬之。當前述土地被建設商開發成各種建築物，為了讓建築物能夠順利流通到需求者手上，往往需要仲介者來媒合，且避免仲介者在服務供需雙方的媒合行為造成糾紛（例如欺瞞、造假、浮誇或賺取高利潤價差），我國則另訂定不動產經紀業管理條例來規範。

（三）不動產經紀業管理條例：我國不動產經紀業管理條例第 4 條指出，不動產包括土地、土地定著物或房屋及其可移轉之權利；房屋指成屋、預售屋及其可移轉之權利。這個法律促進不動產的經紀業（俗稱房仲業）及廣告代銷業能夠採取更誠信的專業服務，獲取恰當的分工利得。

我國的不動產市場得以發展順利及增值繁榮是依賴良好的制度設計。制度設計的重要內容包含幾個重點，(1)法律及契約規範；(2)相對應的專業組織，例如企業、產業公會、大專院校、政府主管部門；(3)相對應的專業人才及執行人才[1]（青木倉彥，2017）。當許多企業家發現潛在的市場獲利機會，這種機會可能來自外在環境，也可能起於自身的內在條件，而且也會建立相應的商業經營模式。但是，企業如何在自身發展目標下走得順暢且長遠，則需要經營方向及管理方法。

二、一般市場觀點下的不動產經營管理

布坎南(Buchanan, 2007:41)表示。鑽石之所以會亮晶晶，並不是組成鑽石的碳原子每個都亮晶晶的，而是因為碳原子以特殊的方式排列在一起，故要理解群眾行為應更重視結構模式，而不僅僅是個人。依據布坎南(Buchanan)的邏輯，探討不動產的經營管理內容，需要能思考個人透過何種經濟結構（市場機制或計畫命令）取得不動產之後的目標或主要企圖。基於在後續探討的相關議題能夠形成較為明確的討論範疇，此處需要更清楚地說明不動產經營管理的主要涵義。關於不動產經營與管理的意義，國內學者提出不同的觀點與解釋。曾明遜(2002)從一個較廣義的觀點表示，不動產經營管理可界定為：透過不動產規劃、組織、領導與控制過程，設定有效力的目標，並以有效率的方式結合資源，以滿足個別和組織機構不

---

[1] 青木昌彥著（日），彭金輝與雷豔紅譯，2017，「制度經濟學入門」，北京：中信出版社。

動產擁有者或投資者、經營管理者及最終使用者,其需要及欲求的專門技術與過程[2]。而在一個較狹義的觀點而論,張金鶚(1996)表示可由自利動機、風險與報酬的角度,分別探討個人在擁有不動產資源之後想進行的「不動產經營」與「不動產管理」[3],兩者的重點有所不同。

(一)不動產經營

不動產的內容主要為三大主體,土地、建築物(包含附屬建築物)、財產權(包含物權與債權),它們匯集各種屬性之後,有的成為使用及投資的市場商品,有的成為企業產銷活動的生產要素,基於發揮更高的價值以致需要妥善的經營與管理。

張金鶚(1996)表示不動產經營非僅僅指不動產公司或企業之經營,重點是當企業擁有一定數量的不動產資源及製造出產品之後,如何採取方法,有效率的經營該不動產標的物之各種價值,用以創造利潤或避免可能的經營失敗與虧損風險。張金鶚(1996)歸納出主要的不動產經營工作內容,包括:(1)不動產空間利用計畫、市場資訊收集與租金價格訂定,(2)市場租賃推銷,例如租賃與廣告事宜,甚至是協助篩選承租房客,(3)不動產收支及相關員工與房客權益之維護,(4)對投資者之營運財務報告及進行不動產之融資、投資及出售。

經營需要很好的知識與市場訊息,對於不動產標的物之經營獲利,更多人偏好賺取出售的價差。實務上,台灣地區仍有數量龐大的不動產經營業者,他們仍舊偏好於不動產買賣及銷售的獲利,往往善用市場房價資訊不透明,在轉手交易之中獲取價差,如同一般商品採取低價進料(進貨)及生產,再以高價出售利獲利,短期賺取價差及獲利的偏好是受到市場業者歡迎的[4]。不過在 2010 年之後有了新的不動產經營方向,我國內政部初估國內約有 280 餘萬的的市場租屋需求,也有約 100 萬的閒置與低度利用住宅資源,而政府已於 2017 年 11 月通過「租賃住

---

[2] 曾明遜著,趙淑德主編,2002,「地政通論:第 14 章不動產經營管理」,台北:五南圖書出版。

[3] 張金鶚,1996,「房地產投資與決策分析:理論與實務」,台北:華泰圖書出版公司。

[4] 不動產經營者運用資訊不透明的機會來獲利,往往破壞了市場的發展。我國房仲業上市公司的「信義房屋」,創辦人周俊吉先生表示,在 1980 年左右,他曾經待了兩家房仲公司,前後工作時間共計 2 個月,且沒能成交任何一間不動產。他表示在這 2 個月內的唯一收穫,是了解到房仲業不但欺騙顧客,也欺騙員工,後來他離職之後就自創「信義房屋」公司。參自池祥麟、唐錦秀、陳庭萱(2008)在「信義房屋」的管理個案研究,收錄於「台灣管理個案中心(TMCC)」。

宅市場發展及管理條例」，推動租賃住宅服務業的興起，激勵企業將專業分工導向租賃住宅的代管與包租[5]。

選擇不動產經營往往更關注於長期的專業知識累積過程中獲利，實務上，經營不動產所需要的多元知識與高度專業，這些訊息則可由執行過程來累積及創造新的經營分工。一個經典的實務案例就是國泰人壽公司，它在長期的不動產經營過程，累積了龐大的專業知識與財富。國泰人壽企業在 1970 年代起就將收取的保險資金投入商業辦公大樓的開發及出租，該企業在 2000 年之後又將商業辦公大樓更新開發旅館及出租，該企業積極的嘗試新型態的租用方式，追求資產的增值與出租收益的穩定性。若更深入的解釋，國泰人壽企業拓展了不動產的財產權價值，而財產權價值可以透過導入專業知識來取得經營上的獲利。因為，不動產在財產權特性具有多元屬性，它可以分割，可以重新組合成不同形式（如同組成鑽石的碳原子），收入可以隨著新用途而遞延發展出來，使得不動產經營的範疇充滿著各種實踐與想像。我國自 2003 年實施不動產證券化條例，使得不動產的所有權與使用權，可轉變為有價證券的型態，增加了不動產的流動性及籌資管道，活絡了不動產市場，造就新的有價證券市場，投資者購買有價證券來參與不動產投資活動，這是 2000 年代之前所沒有的不動產經營內容。

（二）不動產管理

將不動產想像是一棟一棟的建築物，建築物由許多硬體建構而成，硬體構成的內部與外部環境需要一般性維護，但對於建築結構及機電消防則需要專業性維護，也就是需要導入不動產管理，在台灣主要是公寓大廈物業管理公司及保全公司進行管理，管理的價值往往透過富有專業的勞動者來分工，為居住者及使用者帶來便利性與新利益。實施妥善的不動產管理，消極面，可讓建築物的功能正常，進而形成保值或減緩貶值的作用；積極面，可運用管理方法讓建築物價值不跌反漲或維持穩定投資報酬率。

不動產管理已被建設開發商廣泛的運用在行銷活動之中，他們要將製造的產品順利銷售，行銷活動正是管理活動中的一環，此時在不動產管理需要提供與銷售關係密切的活動，例如購屋者在面積與使用空間的諮詢，購屋者需要對未來繳

---

[5] 依據租賃住宅市場發展及管理條例，租賃住宅代管業，指受出租人之委託，經營租賃住宅管理業務的公司（簡稱代管業）；租賃住宅包租業，指承租租賃住宅並轉租，及經營該租賃住宅管理業務的公司（簡稱包租業）。

交分期款項的財務規劃（包括資產變現、資金運用、及租賃對象的協助），銷售中與銷售後的服務諮商與建築物使用管理的說明。事實上，恰當的不動產管理活動確實能夠增進建築物的未來價值，保持建築物外觀新穎就能賣更好的價格，目前許多建築業者投入更多資源來管理不動產，這也使得大樓管理服務相關業者快速發展著，包括清潔、警衛、消防、代辦代收業務、網路服務等相關行業。今日管理知識導入不動產建築物的管理，更細分的專業分工，也讓不動產市場的經濟活動更複雜，市場規模也較過去擴大許多及不斷成長。

三、新制度經濟學觀點下的不動產經營管理

在法律學領域將財產分為不動產與動產，能不能移動成了其中最主要的區別，例如土地及建築物不可移動，故稱為不動產，例如汽車及黃金珠寶可以移動，故稱為動產。然而，法律學探討及區別的僅是外在特徵，新制度經濟學提出的探討更能啟人新思，特別是由財產權理論觀點提出解釋，顛覆了法律學的傳統觀念。

（一）不動產

新制度經濟學派提出交易成本理論[6]及財產權理論[7]，是富有良好啟發性，運用於探討不動產經營管理的內涵，解釋不動產的利用價值的各種變化及引導不同的思維。你如何知道哪些市場因素及環境屬性影響著不動產的價值？若以土地、建築物、財產權為主要分析對象，例如每一位市場參與者的承受風險程度、追求利潤的偏好、取得及使用不動產之目的等。於是有人會重視不動產經營（在一定的

---

[6] 交易成本也稱交易費用，是 Coase(1937)在「企業的性質」中提出的，也是新制度經濟學派的重要概念，在意義上是指市場經濟交易過程中所發生的成本，包括供需雙方在市場中搜尋信息的成本、實現交易及談判的成本、簽訂合約及監督履行合約的成本、仲裁糾紛的成本。交易成本是一種非生產的成本。參自劉樹成主編(2004)之「現代經濟學辭典」，南京：鳳凰出版社及江蘇人民出版社。

[7] 財產權理論也稱產權學派或產權經濟學。是新制度經濟學派的寇斯(Coase, R.H.)、諾思(North, D.C.)、威廉姆森(Williamson, O.E.)、德姆塞茨(Demsetz, H.)、阿爾欽(Alchian, A.A.)、張五常(Cheung, S.N.S)等人發展起來的。財產權是指人們對其所交易的財貨之所有權，也就是人們在交易活動中使自己或他人在經濟利益上受益或受損的權利。產權理論的基本概念，是指市場交換是一種配置資源的最有效方式，但要使市場有效地運轉起來，交易者還必須對要交換的財貨有一種明確的、排他性的及可以自由轉讓的所有權。只有合理奠定了各種資源的產權（所有權），再透過市場機能的運行，就能降低交易成本，提升資源配置和經濟運行的效率。於是不同的產權結構、產權制度及產權安排，對於人類行為與企業運行有深遠影響。參自劉樹成主編(2004)之「現代經濟學辭典」，南京：鳳凰出版社及江蘇人民出版社。

風險程度下，去追求更佳報酬），也有人會重視不動產管理（重視資源的可流動性、變現能力及增值性）。這其中推動不動產價值的改變，主要在於企業導入新知識，創造不動產的新用途及新價值，這新價值往往來自具備更高支付能力的人所推動。

（二）可動產

雖然，我國有許多法律（例如民法、土地法、不動產經紀業管理條例）及相關領域的研究學者對於不動產的意義及不動產的經營管理的意義，提出不同觀點的定義與見解。不過，這對理解不動產背後的市場經濟邏輯仍有所不足，事實上，若從經濟邏輯來解釋不動產將更為深刻及有趣。

張五常(2010)是新制度經濟學的重要奠基者之一，他利用在美國華盛頓州的養魚經驗，進而比較了不動產與可動產的相似之處。他曾居住於美國華盛頓州的海邊，其將海邊房子後院的小溪一處改成小魚塘，魚塘中飼養鮭魚（鱒魚）。有趣之處是這小溪的上游是無數鮭魚的出生地，鮭魚成長到一個年齡會游向大海，張五常的小魚塘則是鮭魚游向大海必經之處，他將經過且生活在魚塘的鮭魚養到四歲左右，再讓鮭魚繼續游向太平洋。對於鮭魚而言，太平洋有取之不盡的飼料，使得鮭魚成長茁壯。然而，成年的鮭魚，往往有返回出生地產卵之後謝世的習性，張五常發現，鮭魚的市場價值高（因飼料價格高），只要有一成到二成的鮭魚洄游經過其小魚塘，他若捕獲及出售於市場中，盈利相當可觀。因此，他將鮭魚形容為一種養在千里之外的私有財產，而由於鮭魚的市場價值高且獲利可觀，所以他又將鮭魚形容為一種會走動的資產（可動產）。此外，張五常的小魚塘還養石斑魚，他發現只要水中環境「好吃好住」，石斑魚就會一直待在池塘中生活且不太會游向遠方，而將魚餵養長大也僅需要少許飼料就行，所以他將石斑魚形容為一種養在池塘中的私有財產，然而石斑魚的市場價值不高且獲利有限，他則將石斑魚形容為一種不走動的資產（不動產）[8]。

---

[8] 張五常的「魚故事」富有啟發性，大海中鮭魚的私有財產權不易界定，但只要有能力捕獲，出售的獲利很高，學習不動產就要去發現私有財產權界定之下的資源價值（就像鮭魚價值），同時，為了更好的獲利，經營者要能解讀與分析市場中的稀缺知識，這知識就像「魚故事」中存在太平洋的飼料，融入不動產經營管理將增進獲利，但這不容易。本案例參自張五常，2010，「新賣桔者言」，北京：中信出版社，頁43~46。

得自張五常「魚故事」的啟發,一般情況下,土地及地上建築物稱之不動產且不可移動性,那僅是物理構造的外觀,事實上,依附於不動產之財產權往往是不斷被交易(買賣)的,只要其具有某種經濟價值,這價值能夠為持有者引來新利益,財產權就會不斷被交易,而契約往往是其另一種約束財產權的外觀。張五常由財產權理論觀點指出了不動產經營與管理有趣之處,外觀上看似不可移動之土地及建築物,雖稱為不動產,實際上不動產所依附的財產權及利用財產權伴隨的潛在市場利益,這些利益會經由創新者的想法實踐且不斷改變著財產權狀態(更集中或更分散)。如同張五常「魚故事」的案例表示,鮭魚價值(重量增加)因隨時間而增加,這使得養鮭魚有了特定的報酬利益可被估算,其形容放養千里之外的鮭魚及捕獲的獲利,十分類似不動產開發之後的獲利。一般情況下,台灣都市地區的不動產價值往往會隨時間經過,都市環境變得更宜居住及生活更便捷,推升著不動產價值。我們可以獲得不動產經營的啟發,海洋中的鮭魚增值,來自於本身吃入食物而成長,大海則是提供食物的場所。都市的不動產增值,來自本身的各種使用利益不斷發展出來,而都市環境則是提供使用利益發展的場所。

(三)解釋不動產經營管理

學習新制度經濟學的理論觀點及案例運用,有助於深入理解不動產經營管理的獲利邏輯,不難發現,在不動產市場經濟的多元活動中,人們的交易活動是主要觀察的單位,這也包括財貨價格的變化對於交易的影響。個人和集體(也包括公司、組織)則是本文所觀察的主要參與者,關於在參與者的個人決策之理解,本文從效用及能力的限制條件進行分析,效用方面,例如財貨引起的滿足程度、財貨之間的互補與替代而引起的滿足程度,能力方面,例如所得條件及獲利機會。關於在集體決策的理解,包括需求者形成的消費集體及投資集體,還有企業家領導的生產團隊所形成的生產集體及投資集體,這些交易雙方集體的決策的相互作用,推動了財貨價格的變化,也推動著不動產市場的交易繁榮及規模成長。

雖然,不動產是人們經常討論的對象,它是市場供需雙方在各自考量自身利益下所交易的財貨,有人取之為了投資獲利,有人取之為了居住,有人取之為了生產其他財貨。無論如何,人們喜歡取得不動產及財產權來滿足自身的使用目的,而且還會隨著時間演變而改變目的性。因此,重視「不動產」所依附的「財產權」相當重要,這財產權的多元利用價值,如何受到周邊發展環境屬性變化的衝擊?

如何被市場中各方擁有者及各類使用者所創新？這些創新的價值又能不斷被交易出去，這形成了經營與管理上的探討重點之一。於是，若將不動產視為一種富有使用價值的資源且可被交易的財產權，我們將能以更寬廣的角度看待不動產的價值原貌及多元面貌。

　　本文探討不動產經營與管理的內涵，主要關注在兩個對象，一是以企業為對象，探討不動產企業面臨生存獲利的經營管理；二是以企業握有的資源與產品為對象，探討資源與產品導入新知識及創新活動，可能引起的利益變化。然而，要能良好的解釋不動產企業及企業握有的資源與產品，這需要新知識來提供新觀點，相關理論無疑是提供新觀點的思考點與轉折點，本文在相關理論的運用，融合著新制度經濟學、管理學與財務金融理論等，更細的理論則兼論及交易成本理論、博弈理論、行為經濟理論、行為金融理論及眾多的管理學分支理論。因此，就本文所要探討的對象，融合了新制度經濟學的相關理論，本文將「不動產經營與管理」定義在一個較狹義的觀點，本文稱不動產經營與管理：是一門運用新制度經濟學、財務金融與管理學（如組織管理、市場結構與行銷創新）的相關理論知識，用以探討不動產企業、財產權及其產品（含租售及使用管理的相關服務活動）在經營與管理的相關議題。

四、經營管理與房地產

　　許多人將一生中的重要資本投資購買不動產，用以累積財富，因此，若以投資的產品類型來分析不動產經營管理之標的物，可劃分為房屋、土地與財產權，這也構成了市場中俗稱的房地產。房地產是土地與地上定著物的總稱。經濟學往往將房地產稱之不動產，表現為一種不可移動的財產，其他財產則稱之動產。房屋、土地與財產權的分類，使人們更容易理解及選擇不動產作為投資的對象與管道，這些對象也顯示著不動產經營管理的內容，往往是多樣化且廣泛的。

1. 房屋（房）：我們常將建築物稱為房屋，房屋有著多元化的使用目的，包括居住使用、商業使用、辦公使用、工業使用、生產使用、倉儲使用、公共使用等。其中居住使用的房屋，由於進入購買的門檻較低，往往是一般大眾與企業最常投資的標的，而房屋除了具備多元用途之外，在金融方面還具備可融資、信託、節稅、轉租、自用等功能。

2. 土地（地）：土地的可使用性具有不同類型，包括建地與非建地、生地與熟地、都市土地與非都市土地、各種土地使用分區管制下的特定使用土地。過去甚至有投資者，將都市計畫公共設施用地之道路用地及容積率，作為購買投資標的，以規避應繳交的高額所得稅。近年則有建設商透過辦理都市更新管道，將老舊街區的土地拓展出更高價值。

3. 財產權（產）：財產權可分割及設定為不同類型，包括所有權、地上權、租賃權、使用權、抵押權。所有權是最初的發展基礎，若一物歸屬於一人所有，這是單獨所有型態（獨有），若一物歸屬於二人以上享有，這是共同所有型態（共有），共同所有又分為分別共有（共有）及公同共有（合有），這些多元化的財產權狀態，普遍的存在我國都會區的公寓大廈社區，需要妥善管理方法，更需要有經營理念。1990年代有些國內投資者，將都市計畫公共設施用地之道路用地上的容積率，或是古蹟建築物上的容積率，作為投資標的，透過收購、協議及整合，運用在都市土地中興建建築物及銷售獲利。2003年建立了不動產證券化制度之後，更延伸了類似股票與期貨交易性質的不動產市場，以不動產選擇權與受益憑證的財產權作為投資及交易的對象。

（一）經營管理之土地使用與建築物類型

建設商在土地上建設出各種用途的建築物類型，多元化的建築物類型則實現人們在使用不動產的偏好與價值。因此，經營管理之標的也可由建築物的類型來劃分，張金鶚(1996)指出在建築物的分類上，可投入經營管理的對象約分為下列幾類。

1. 居住使用：在類型方面，包括高樓層大廈、公寓大樓、透天厝。每一種類型又可依據房價再細分為高價、中價與低價的住宅。在區位差異方面，包括市中心區、中心邊緣區與郊區的住宅。在特殊功能面，包括耐震住宅、景觀住宅、飯店式住宅。

2. 商業使用：商業使用的內容是極為多元及複雜的，建築物開發為大型商業使用與小型商業使用是不同的經營難度，開發使用與經營管理的內容差異可以相當類似，也可以差異很大。

   (1) 大型商業使用：例如百貨公司、購物中心、大型商場、超市、商務旅館、金融商業中心、電影城、遊戲場等。

(2) 小型商業使用：例如零售商店、餐飲店、便利商店、雜貨店、洗衣店等。

(3) 複合商業使用：例如旅館、會議中心、展售中心、保齡球館、健身中心等。

3. 辦公使用：一般性的辦公使用也可以歸類為商業使用，例如辦公園區、智慧廠辦大樓、以及各種不同等級的辦公產品等。

4. 工業使用：例如工業園區、倉儲物流中心、廠房、倉庫等。

5. 公共使用；例如政府機關、醫院、學校、圖書館、音樂廳、演藝廳、博物館、藝文館、捷運車站商場、主題式公共建築物、主題式文化產業園區等。

6. 特殊目的之使用：例如停車場（塔）、加油站、休閒渡假別墅、教堂、廟宇、靈骨塔、殯葬園區等。

（二）經營管理之不動產團隊

經營管理不動產需要專業的團隊，它們主要是以企業型態出現，能夠運用更嚴謹的知識與專業性來分工許多民眾需要的工作與服務。目前不動產市場中顯而易見的組織與團隊，例如建築、開發、估價、仲介、廣告代銷、地政事務（代書）、物業管理（大樓管理）、保全保安、包租代管、網路管理、清潔修繕、宅配、環保工程，消防工程、監視防盜工程等。不過，物聯網（由通訊、能源及物流網路組成）革命促進了共享經濟出現，正挑戰著資本主義經濟體制的技術分工論點，對於原本具備特有技術而能夠在買與賣之間獲取有利潤的價差，互聯網提供著接近零的邊際成本，使得產銷之間的價差變得極為低廉，需多商品與及服務幾乎免費，引起買賣居間分工的代理業者及協調業者的工作受到挑戰。例如在住宅市場能有更多的共有資源管理機構，也許民眾將不再重視永久的所有權，轉而重視定期的使用權，這也挑戰著建設商的產銷獲利模式。

五、經營管理不動產之目的、功能與內容

企業的出現往往基於不同目的，但企業的生存一定要能獲利，企業創辦者為了實現更高遠的理想，追求更高的獲利往往也是企業經營之重要目的，不動產業的建設商在推案銷售的過程也會追求更高獲利。不過，張金鶚(1996)表示不動產的經營管理並非僅關注及討論不動產企業自身營運的經營管理，也應探討投資不動產之後，在擁有階段如何從不動產本身的經營中獲取利潤。以下探討不動產經營

管理的內容，特別關注於不動產經營者受限於自身專業不足，知識及能力也十分有限，進而委託專業者來經營管理。不動產經營管理要能取得盈利，需要清楚地重視經營管理之目的、功能及內容。

（一）經營管理之目的

當建築物以商業辦公使用為主要目地，則經營管理之重要目的有三：首先，基於經營階段需要穩定的現金流量，這對長期下擁有不動產是否會面臨資金的周轉困境，是一個重要關鍵，故經營管理最重要目的，是由良好的經營管理模式及操作過程來獲取最大現金流量與收入。例如部分空間自用外，也將閒餘空間透過信託或委託給其他的包租企業與代管企業。其次，基於在未來可能出售變現獲利，則需要維持不動產本身的硬體品質，營造好品質高級感，以利在最後賣出階段獲得較好的售價。例如自 1990 年代末興起的不動產證券化市場，讓現金流量收益良好的不動產，受到資本市場投資者的極大歡迎。第三，有目標且堅持的經營管理，往往能給企業帶來分散投資風險及避免失敗的作用。許多投資者為了避免失敗引起的損失，或是自身費時費力投入經營管理會引起更高的額外成本，他們往往更願意將不動產委託給高度專業者及節約營運成本者，來協助及分擔經營管理工作，也就是外包模式或稱包租代管。經營管理工作的外包，一方面可減少投資者的經營管理工作負擔外，也可間接邀請專業者共同參與投資並分擔投資風險。

（二）經營管理之功能

對於不動產實施經營管理是要促進資源能夠發揮功能的，主要的功能是提高不動產標的物之最適利用效率，不過這僅是指在一個特定時期下有限的訊息及有限的知識所達成的效率。為了具體地實現經營管理的功能，基本的管理工作包括：(1)不動產空間利用計畫；(2)顧客經營計畫；(3)出租行銷計畫；(4)一般事務管理計畫；(5)資金財務管理計畫；(6)提出投資評估及獲利模式的建議。不過，這六項經營管理的功能仍屬於一般性的特別是商辦大樓的出租經營，實務上隨著不同獲利目標，不同類型之標的物，經營管理的功能往往會有極大的差異，例如量販型百貨商場與精緻型百貨商場，短期出租型住宅與長期出租型住宅，經營管理重點是不同的。

1. 不動產空間利用計畫：透過專業經營管理者蒐集市場資訊，貢獻其專業知識，例如適合出租使用的業種，可能的市場租金行情，顧客的需求特性與地理分布，進而提供投資者了解空間的利用規劃，使不動產空間能有效的安排與使用。

2. 顧客經營計畫：例如分析目前顧客的需求及預測未來潛在顧客的需求，他們的偏好感受、家具設備、支付能力、聚集效應，分別在5年期投入部分軟硬體設備更新及10年期投入建築硬體修繕等。

3. 出租行銷計畫：投資者擁有不動產之後，往往十分關心該如何在最短時間內充分有效利用？這是避免空屋閒置的成本與損失。因此，專業的不動產經營管理者，在接受委託之後，應立刻展開廣告及出租，協助挑選房客，確保簽訂妥善租約等工作。

4. 一般事務管理計畫：經營管理的事務工作相當繁瑣，例如不動產租金的洽談與收取、營運維修的執行、員工及房客的議約及簽約、一般事物管理等，這些日常性工作不難，但若稍有不慎及不察，卻可能引來糾紛，解決糾紛需耗費成本。因此，專業的不動產經營管理者，其在做中學的經驗及專業，往往較能協助經營管理的事務工作。

5. 資金財務管理計畫：例如計畫收入方面，包括空間出租收入、設備出租及商品銷售的收入。在營運支出方面，招租廣告、建築物維護與維修、空間的清潔與清理、水電費及垃圾清理費、人力成本、保險與管理費等。

6. 提供投資的評估與獲利模式建議：專業的經營管理者，往往會藉由詳細記錄不動產的財務收支狀況，分析其中成本與利益，對於需要的貸款及稅務規劃，也應能夠提供專業建議，例如還款融資方式，或有效節稅的管道。注意當地不動產的市場變遷也是重點，這也可提供投資者何時該結束契約或轉變經營內容的適當時機，甚至提出恰當的出售時機與售價。

（三）經營管理之項目

　　若針對以居住使用為主的公寓大廈社區，基本經營管理之項目，包括著人、事、物等三方面的內容，茲分述如下。

1. 住戶（人）的管理服務：管理者需要努力與每一位住戶維持良好關係，基於營造友好關係，也可提供一些日常性的代勞工作，例如代收信件、代繳費用、執

行住戶管理公約工作等,盡可能努力提升住戶的滿意度,更周延設想在其居住環境及能夠提供的必要服務。

2. 相關行政事務(事)的運作經營:主要劃分公共領域與私人領域,公共領域應維繫在公共性、公開性、公平性及合理性,例如空間清潔維修的監督與紀錄、財務收支紀錄、客戶與員工人事管理、賓客與訪客的出入管理等。私人領域應維繫著和諧性、秩序性及安全性,例如人與人之間的行為約束及規範,一旦有所小糾紛的即時排解及標準作業程序(SOP)等。

3. 房屋(物)的管理維護:這在都市地區公寓大廈的共用部分是重要的,公寓大廈社區中區分所有權的共用部分,往往有多種設施需要管理維護,例如室外基地法定空地的清潔維護,建築構造體的檢查維修,公共室內空間的清潔維修、建築設備(例如化糞池、電梯、消防、電氣、監視器、空調、水塔等)的定期安全檢查與維護。當然,若房屋內私有空間的管理維護工作,如果投資者也委由管理者代為負責,而非由房客自理的情形,則其房屋管理維護的範圍將更擴大。

(四)自我經營管理與委託經營管理

經營管理具有一定規模的不動產,需要高度的專業知識,投資者與自住使用者在投資過程不一定能夠具備或養成這些知識,甚至該如何選擇恰當的自治模式、代管模式與外包模式?例如自我經營管理或委託經營管理,就是一個讓人煩惱的經營管理問題,當市場中代理協助經營管理業漸增,專業性也不斷增強,則委託專業者來經營管理是值得嘗試的。此處簡要說明不動產經營管理的內容,包括:(1)委託專業經營管理者的必要性;(2)專業者的經營管理工作內容;(3)專業經營管理者的挑選與評估,這三方面的討論,有助於投資者建立基本概念,順利進行不動產投資工作[9]。

1. 自我經營管理

選擇自我經營管理,所有權人即是不動產投資者,又需要進行不動產管理工作。我國在相關法令規範與專業經營管理者有限的情況下,許多投資者多半兼管理者。當然,若投資者自己有時間,又具備相當好的專業與經驗,採取自我管理

[9] 張金鶚,1996,「房地產投資與決策分析理論與實務」,台北:華泰圖書出版公司。

不成問題，但若欠缺上述條件時，則委託專業經營管理者是較適宜的。我國自 1995 年 6 月立法實施「公寓大廈管理條例」，將住宅社區的管理工作以法制化來規範，經營管理良好的住宅社區也成為更多住宅需求者購買的對象。此外，我國自 2017 年 11 月立法通過「租賃住宅市場發展及管理條例」之後，促進更多的不動產專業經營管理企業出現，市場多了分工者且更為競爭，刺激著不動產市場規模的擴大，投資者及經營者的在規模經濟效應下，降低著經營管理成本，也維繫不動產的軟硬體品質，我國不動產市場的發展潛力，邁向更高的價值將是指日可待。

2. 委託專業經營管理者

不動產投資者通常擁有足夠資金與良好周轉能力，但卻在經營管理的專業知識顯得不足，若再加上其投資對象，缺乏了管理成本上的最小規模經濟，這將誘發專業經營管理者的產生。但何種類型的投資者，較適合委託專業經營管理者呢？一般法人機構投資者通常委託專業者來經營管理，因為，法人機構不動產投資者通常資本的規模大，投資標的物較多元，委託專業經營管理者較符合規模經濟外，此外，法人投資機構傾向於有效利用，但不一定具備不動產的經營管理專業，它在分散損失風險的考慮下，往往將不動產委託專業者經營。

在國外的法人機構，主要包括房地產投資信託公司，在國內則是保險公司或企業集團等。當然，任何投資個人或機構若不勝負擔繁雜瑣碎的經營管理事務，缺乏足夠時間來管理情況下，缺乏學習不動產經營管理的管道，通常會委託專業者經營管理其所投資的不動產。台灣地區，在這方面的專業者（公司）仍顯欠缺，企業規模也不夠大。但自 2017 年 11 月立法通過「租賃住宅市場發展及管理條例」之後，開始發展了具備證照考試訓練的經營管理制度，增進更好的專業能力，例如租賃住宅市場發展及管理條例及相關子法、不動產租賃及租稅相關法規、消費者保護法及租賃關係管理、公寓大廈管理條例及管理實務、租賃住宅（包租、轉租、委託代管）定型化契約規範相關、租賃糾紛協調處理實務、住宅屋況設備點交及故障排除實務、建築物設備管理維護實務、室內裝修管理等[10]，也逐漸扶植具備一定規模的不動產經營管理組織（公司、公會、協會），為會員提供諮詢服務、

---

[10] 這些專業及科目的歸納，參自內政部地政司(2017)辦理「租賃住宅管理人員專業訓練及測驗制度規範」之研究內容。

教育訓練、考照上課與職業規範，例如許多舊式辦公大樓轉變為旅館使用及產創基地，他們正需要富有前瞻性的經營管理專業訊息及專業者，國內在這方面仍有相當好的發展潛力，值得投入專業分工，取得開發利益。

（五）專業者經營管理的工作內容

對於接受業主委託而進行經營管理的情況，專業的經營管理工作往往相當繁重，基本上會有十項工作需要進行。

1. 提供空間使用計畫：專業者透過其專業經驗與市場資訊，提出對委託不動產空間的使用計畫，包括是否需要適度裝潢，還是任由房客自行裝潢，是否需要添置家俱供房客使用，是否要將隔間做一些改變，是否需要將牆面油漆粉刷等，當然有關費用也需事前估計，經過專業者與投資者的彼此討論，確立空間使用計畫。

2. 建立房屋維護計畫：專業者應根據房屋目前品質水準，透過其專業提出未來房屋應進行的日常性與專案性的維護計畫，相關維護費用也一併提出，經過與投資者討論，確立房屋維護水準，以便日後可據以維護。

3. 預估經營期間的財務計畫：投資者最關心的是不動產經營期間，財務周轉是否會產生問題？租金收益與營運支出應如何事先計畫？以確保投資成果，專業者有效控制經營期間的財務計畫乃是非常重要的工作。關於財務計畫，可運用各種財務比率與財務控制工具進行預算安排。

4. 協助房屋的廣告出租：經過前三項的事前規劃並擬訂計畫之後，即可進行廣告促銷出租行動，以便能迅速找到良好房客，也可減少空屋損失。廣告內容如何凸顯房屋品質水準與專業經營管理者的良好形象相當重要，當然廣告方式（如報章雜誌、看板、媒體、平台）與招牌大小位置也相當重要。國外的廣告費用約占一年總收入的3~5%可供參考。

5. 篩選與挑選房客：如何選擇良好的房客是日後避免管理糾紛的重要關鍵，在台灣由於房客數量逐漸偏低，房東更加重視房客的選擇。透過書面基本資料的過濾，確立房客彼此之間的合適性（如相近職業與身分等），然後再經過面談，進一步了解房客背景，將住多久等，最後在國外的做法必須經過信用調查，以便確認房客沒有不良紀錄，這點國外房客均相當配合，多會提供房客的銀行紀錄與雇主及前任房東的電話供專業者查詢。

6. 協助簽訂租約：租約的種類有許多種，房租是否包括水電、空調、公設管理、停車場清潔等費用，未來房租如何調整，房客的權利及義務，相關罰則等，租貸雙方都需要透過租賃契約以確立法律程序。在台灣租約簽定後，最好能經過法院公證，如此可避免承租人違反租賃契約時或不願履行租賃義務，或蓄意霸占房屋基地、積欠租金之行為產生。依柯伯煦及陳建元(2006)的研究，在台灣的租賃市場中，租賃糾紛往往是在簽定契約後，具有訊息優勢之機會主義動機者，往往伺機及主動採取行動的，例如不讓承租者提早退租，想要提早收回住宅而強迫承租者遷離[11]。

7. 房屋維護修理：房屋維修狀況可分為下列五種：(1)避免（不要）維修；（2)適當維修；(3)延後維修；(4)迫切立即維修；(5)日常正常維修等。房屋維護修理需要相當好的技術專業，通常一般的專業經營管理者並不一定完全具備，日常性維修工作可僱請維修人員，如果較嚴重且非日常性的維修工作，可委請各類維修廠商進行。另外維修狀況應有紀錄，以便掌握房屋維修過程，確保維修內容與水準。

8. 內部員工的訓練與管理：如何聘僱適當的經營管理員工，組成共識和諧的經營管理團隊，才能使管理工作順利進行。專業者應對其聘僱員工給予適當的人事教育訓練與管理，以確保其員工的品質水準。

9. 確保房客的合作關係：經營者需要和房客保持良好關係，了解房客的作息狀況，以便使租金能夠正常收取，同時能確保房客遵守住戶規約的各種規定。若能使房客滿意其住所而長住，則可減少頻頻更換房客的損失與成本。

10. 財務紀錄：專業者應每月固定將房屋收支紀錄會計帳冊，提供投資者參考，使投資者了解其現金流量收入。同時透過財務紀錄亦可掌握是否適合繼續經營不動產，營運是否良好及獲利，或是要選擇適當時機進行出售等建議。

---

[11] 依據 Williamson(1985)在交易成本經濟理論的研究，人不僅具有有限的理性，他們還會時常表現出機會主義行為，Williamson 將機會主義行為定義為「不擇手段的牟求私利」，以及做出「不實陳述」。不動產仲介經紀業的服務分工，買賣雙方的機會主義行為是不難發現的。收錄在柯伯煦及陳建元(2006)「住宅租賃市場中投機行為之法律經濟分析」，第二屆南部區域年輕學者學術研討會，台南市：立德管理學院。

（六）專業經營管理者挑選與評估

市場資訊難以完全充分掌握。就算要完全掌握也需耗費高額成本，故對於投資者而言，充分了解市場中是否有足夠的專業經營者，用以協助日後遭遇的經營管理問題是不可忽略的。不動產投資者應如何挑選專業經營管理者，將影響其投資成果。基本上，可以從四項指標進行概要的評估：(1)觀察專業者的過去經驗紀錄；(2)向相關同業公會查詢打聽該專業者的專業能力與職業道德；(3)進一步與專業者商談經營服務範圍及收費水準與方式；(4)最後彼此簽訂委託契約，並進行法院公證。對於專業經營管理者的實質績效與成果，可從下列五點進行評估。

1. 實質環境的維修狀況：不動產經營管理最重要且困難的即是房屋實質環境品質的維持，良好的專業經營管理者知道如何管理維護建築環境，亦備有維修手冊供參考，最後能產生良好的居住環境以維持房地產價格，是投資者所要關心的。

2. 房屋占有率（空屋率）與租金收取狀況：有效取得房屋收益，減少不必要的損失，是投資者所關切的。良好的專業者應有責任減少空屋率與確保房客按時繳交房租，此部分如未能達成原先預期合理目標，即表示專業者的能力不足。

3. 房客的評估意見狀況：專業者應與每一房客保持良好的關係，因此透過房客對專業者的評估意見，應可被投資者參考，房客表示滿意即顯示該專業者的表現佳專業夠。

4. 財務報告的紀錄狀況：專業者對不動產的經營管理情形應有完整詳細的財務收支記錄，如此投資者才可真正掌握不動產的經營是否會發生問題，另對每月的財務報告，專業者也應提供其意見。

5. 專業者的學經歷狀況：專業者的學歷及專業證照表示其某種程度的專業能力，專業者的經歷表示其過去的經驗成果，如此以便確保管理維護工作的順利進行。另外相關行業公會的意見亦相當重要，如此可以清楚了解專業者的聲譽與口碑。

今以美國住宅社區之物業管理工作為案例，實務上執行物業管理之「管理計畫」內容包括六大項內容[12]。

---

[12] Joseph W. De Carlo 及張弘武編著，2009，「美國物業管理概論」，北京，中國建築工業出版社。

1. 區域分析：主要是針對區域內的重大建設、產業結構變化、就業率概況、交通建設、人口發展趨勢、地價房價變化等項目，進行5年的預測與分析。

2. 鄰里分析：主要是針對個案社區周圍5~8公里範圍內的區域做調查。分析該社區房地產的未來發展，包括：

   (1) 人口的特徵與發展：包括家庭規模，鄰近街廓發展生命週期，年齡結構，人口變化。

   (2) 經濟特性：包括就業率、產業類型、租金及出售價格。

   (3) 基礎設施：包括交通系統（主要幹道、公路鐵路、高鐵系統）、學校、醫院、購物商場、政府機構。

   (4) 環境：包括地形起伏、地勢高低、地貌（丘陵、河川）。

3. 房地產分析：

   (1) 建物實體狀況：屋齡、建物量體及型態、建物配備（電梯、管理室、休閒公共設施、機電、空調），空間設備，節能設計等。

   (2) 預期的房地產功能：包括內外視覺及視野、室內格局、設施配備、公設配備（走道、門廳、停車位），公共事業的設施配備。

   (3) 物業的管理：包括空置率、現場管理服務人員，文書檔案紀錄，場館檢查程序(SOP)，承租人關係，建築設施設備及產權清單。

   (4) 財務狀況：包括貸款情況、繳稅情況、保險費情況、繳交管理費情況、收益情況，建築物價值評估。

   (5) 製作經營手冊：這手冊制訂是在建立標準化的經營程序，也可成為現場經理及督導的實務指南。這內容包括：(1)需要做的是什麼；(2)誰將去做這個計畫；(3)如何完成這個計畫；(4)何時完成這個計畫；(5)為何要完成這個計畫。

4. 市場分析：最主要是想了解租賃狀況及空屋率，包括建築物類型（公寓大廈、大樓、透天厝）、建物特性（屋齡、數量、面積、租金、平均售價），每月管理費，空屋情況。投資報酬估算，個案比較分析（本案建物的優缺點，區位特性），操作投資管理的服務費（報酬率約10~15%）。

5. 管理維護：包括需要改建、修理及維護的設施設備。

6. 提出結論與建議：針對前述提出綜合性的經營管理重點，也針對業主（顧客、房客）的物件提出管理維護建議。

第二節
經營概論

　　對於高度企圖心的經營者，妥善地思考經營問題有助於企業資源的更佳配置，本小節探討經營內容將回答兩個問題：第一，為何企業需要經營理念？第二，何謂經營的具體意義？藉由這兩個問題思考，經營企業就能更清楚領悟到自身的市場價值，也有助於經營者透過各種市場事件的連結，發現新的市場機會與獲利機會，有利的市場機會也能增進企業更好的競爭優勢與分工定位，進而將經營目標與未來的市場發展方向相結合。

一、論經營

　　面對無所不在的競爭對手及潛在對手，這些對手往往都想方設法不斷自我突破，企業之間的競爭往往激烈又殘酷，適者生存，不適者淘汰。經營者與其求人協助不如自己想辦法進步及超越，超越不一定很困難，經營者應重視企業生存需要透過專業分工來獲利，這如同每一位勞動者付出自身勞務及專業分工，以獲取生存所需的利益，企業生存與個人生存其實相類似。思想會引導行動，行動會帶來異想不到的結果，經營者追求發展及追求成功的企圖心往往需要不斷強化，也是確保企業得以長存獲利的核心。思想也要能遠大，這促使經營者需要建立某些遠見，經營者的遠見能夠為企業成長路徑指出一種清晰且值得努力的新方向。

（一）經營與經營理念

　　管理學的領域中有許多的次領域，其中對於經營一詞的解釋與分析，在組織領導類的次領域中較常見。越來越多的經營者在討論自身企業於某個市場中的經營與成長，往往離不開埋藏於經營者心中的特定想法與理念，以及對於市場未來發展及趨勢的不同見解，這就是一種「遠見」。經營理念實際上就是對市場遠見的一種表述，管理學的主領域特別喜歡探討企業「遠見」，企業的遠見也可稱為願景、

經營理念、企業價值或企業文化。Maxwell(2017)表示，願景是領導者對其團隊人員和工作情況的清晰認識。想要成為傑出的經營者也就等同於扮演傑出的領導者，他要有能力將企業擁有的願景傳達給員工，但這是不容易的，具有明確願景的領導者需要優異寬廣的視野，深入理解這方面的視野，其實包含三個層次，第一層次是洞察力，你要能用真實的眼光查看事實，第二層次是預見性，你要能用洞察的眼光了解事情的發展，第三層次是可行性，你要用卓越的眼光預料事情發展的可行性。經營者想要具備寬廣視野的願景，需要由第一層次去破除困難，由理解員工的自身與生活需求來進階到第二層次，找到許多優秀人才加入你的團隊，建立對雙方都有利的合作關係，才有機會以非常寬廣的視野進入第三層次[13]。

企業家基於某種經營理念而設立企業，企業成立必然有其目的，除了追求利潤之外，許多企業成立之目的是有經營上的願景。例如追求市場占有率提升、追求利潤成長、破除市場壟斷、實現自己對市場發展的想法等。因此，經營的意義常見諸於企業創辦者的理念，我也常會聽見企業家談到自身企業的經營理念，於是經營理念之意義往往是企業家對市場見解的各自表述，定義並無統一性，將經營理念表述為經營目標、經營方針、企業綱領或企業政策也無不可。

適當且良好的經營理念十分重要，這促使企業有次序且有計畫的推動業務及追求成長，經營理念也應隨市場環境變遷而適度調整，因此，擬定經營理念應兼具開拓性、積極性、創造性及長遠性。有時候，經營理念也可表述為企業內部文化的一種心理建立與思維模式，許多專業工作讓企業員工覺得苦悶，然而，企業在員工訓練中建立正向的心理素質，企業協助員工落實某種想法及推動知識成長，故經營理念成為企業經營過程所有參與者的信仰，用以強化每位員工努力工作的向心力。

許多企業設立皆有自己的經營理念，企業應如何建立經營理念？基本上擬定經營理念應包括三種內涵：

1. 經營哲學：例如以人為本，永續發展，打造永續生存環境。
2. 經營思想：例如以技術研發建立市場地位，建立穩定合理的市場價格秩序。

---

[13] Maxwell, John C., 2017, *The power of your Leadership: making a difference with others*, Blackstone Publisher.

3. 經營方針：例如建立自有第一品牌，建立世界第一大生產製造公司。例如我國營建產業的潤泰創新國際公司，其經營理念是「潤及社會，泰安民生」，顧問工程產業的中鼎工程公司，其經營理念分為三種內涵：(1)理念：專業、誠信、團隊、創新；(2)使命：領導工程技術、培植工程人才、服務工程事業；(3)願景：成為世界級工程與科技服務團隊。

房仲產業的信義房屋，其經營理念是「信義立業，止於至善」，文化創意產業的霹靂國際多媒體公司，其第一代經營者黃海岱先生，對於布袋戲的經營理念是「一輩子做好一件事」，思考經營理念讓經營者發現自身的分工價值，也被更多消費者認同。

經營與管理的差異常讓人困擾，兩者差異在法國管理學者費堯(Henri Fayol)的解釋之後有了區別，企業的經營活動可劃分成 6 個面向：包括(1)技術活動（生產、製造、加工）；(2)商業活動（購買、銷售、交換）；(3)財務活動（籌集和最適當地使用資本）；(4)安全活動（保護財產和人員）；(5)會計活動（財產清點、資產負債表、成本、統計等）；(6)管理活動（計畫、組織、領導、協調和控制）。因此，費堯表示企業的經營活動涉及十分廣泛的經濟活動與工作內容，而管理活動僅是前述六大經營活動中的一環，管理活動的重要性，在於透過幾個重要面向的管理功能（計畫、組織、領導、協調和控制），用以實現企業目標。

企業要發揮營運效率，應在一個明確的經營理念下，規劃企業目標、建立組織架構及選取適宜專業人才，整合並運用各種資源（物力及財力），從事具有市場價值的營運活動，也需要運用各種指標加以考核，控制績效與目標之間的落差。綜合前述的討論，「經營」的意義也可說是在明確化企業的發展「方向」，「管理」的意義則在促進企業的發展「速度」，兩者是相輔相成的存在企業活動之中。此外，「管理」與「領導」的本質也令人困惑。當你能升上更高的管理職位，對於完成工作目標，你究竟是要實施「管理」或是「領導」呢？馬克斯維爾(Maxwell, 2017)說明了兩者的差異，所謂「管理」，是指確保企業的具體項目和組織的各個目標貫徹實施的過程，所謂「領導」，是指繪製企業的未來藍圖和激勵員工。

對於規模不大的企業，也可以將經營與管理結合在一起論述，而通稱企業經營管理。葉文倩(1998)表示，實務上在經營管理意義的探討，某些定義是強調資源協調配置這一要素，另一些定義則著重於人員管理的任務。此外，對某些經營者

而言，領導統御的能力是整個經營管理舞台的中心；而對另一些經營者，規劃與控制卻是關鍵。談論企業經營管理的意義是如此多元的面向，或許我們歸納為幾種特性來說明，比較容易了解[14]。葉文倩(1998)將經營管理的基本特性歸納為四點說明。

1. 經營管理的產生是基於組織能夠有效運行：經營管理的第一個特性，是它的存在往往依附於組織的存在並有助於組織的運行。經營管理者知道他們所做所為將會影響到組織的其他成員，他們自身也會受其他成員作為的影響。因此經理人從事經營管理活動，在各方面都牽涉到相互依賴的關係。例如生產的決策與物料或零件購買的需要有關；職員職務上的調動，也必須考慮其所造成的空缺與專業填補問題。故經營管理者不是孤立的活動，而經營管理也必須注意到整個組織體系內部與外部的相互關係。

2. 經營管理的產生是基於因應環境改變：經營管理的第二個特性，是它與市場環境變遷的源起及變遷的過程有關。當企業因應市場變化而考慮是否「改變」產品設計或作業程序時，並將想法與討論移轉成應該改變該部門組織時，經營管理的問題就產生，因改變引起新的成本。以作業程序問題為例，例如該建立什麼樣的作業程序？該建立何種合適的新規範或新制度？該採用什麼樣的新方法或新製程？這些都經營管理者要能因應變化而延伸出的經營管理問題。

3. 經營管理應有特定的執行者來落實：經營管理的第三個特性，在於它須經由其他人來分工完成。高階管理者的重要工作，使其必須組織起不同的人力資源且須分派任務給不同層級的執行者，並且適當地監控與評估應達成的成果。目標的達成經常非個人能力可及，於是管理者必須倚賴其他人的技術及協助方能實現。更有趣的，當管理位階越高時，此種能力能有現的現象更加顯著，因為，位居金字塔頂的管理者，更需要充分訊息，但卻也可能最缺乏基礎而可信的訊息。在某種意義上，位居高階組織的職位時，意味著一方面可運用權力來發號施令，另一方面則處於倚賴他人提供是重要的。權力（即依法所賦予的力量）與倚賴二者之間的平衡，往往因企業屬性不同而異，重要種要的屬性為規模大小、經營作風、文化傳統，它們讓企業更顯得獨具特性。

[14] 葉文倩，1988，「決策、目標與經營理念：智力的挑戰」，台北：書泉出版社，頁 13~18。

4. 經營管理的產生是基於企業的創新活動：由於經營管理的產生與市場環境變遷關係密切，經營管理活動除了企業內部的行政執行外，它還具有「創新」的成分在。傳統的經濟理論，將經營管理者視為一個強人，能夠妥善地結合各種生產要素（勞動力、原物料、機器設備、土地）做最佳組合（常以低成本為標準）並獲取產出。然而在實務上，經營管理活動中有極大部分是與組織結構的設計與建立有關，策略形成若沒有組織將其實現，無異是空中樓閣，故組織並非與生俱來的被市場所需要，而是基於特定分工的設計與創造才能成形，但也可能基於市場環境變遷的力量，需要嚴密而細緻的專業化分工，演化出意料之外的企業，例如我國的物業管理公司及保全公司，不過是這20餘年來才出現的企業，不動產包租代管公司是2018年才出現。

　　經營管理活動不同於生產製造活動，其出現是基於管理者職位升遷越高之後，越少從事生產製造的工作，但卻逐漸加重在綜理各部門組織之間需要分工合作的任務，使某種經營管理階層的決策，需要兼具一般化及多元化的特質。雖然，經營管理者是在公司特殊位階上從事特殊的工作，但是，根據它兼具一般化及多元化的特性，經營管理常需要有別於一般性的特殊觀念。

　　著名管理學者彼得·杜拉克(Peter F.Drucker, 1954)表示，企業之所以存在及被消費者需要，主要是供給產品給願意購買的消費者，而這也是對企業表現的基本考驗及其成功的測量計，消費者不買帳，企業只能關門退出市場[15]。杜拉克將企業的經營管理活動視為一個經濟工具，強調經營者要知道如何利用經濟資源去製造財富，或是利用權力去創造財富的，換言之，企業是製造市場豐富資源的一種工具。陳春花(2012)也指出，經營管理是運用有限的資源，創造一個更大的附加價值，再運用附加價值來滿足人們無限的慾望與需求[16]。

[15] Drucker, P. F.著，劉毓玲譯，2000，「21世紀的管理挑戰」，台北：天下遠見出版公司。

[16] 陳春花，2012，「經營的本質」，北京：機械工業出版社，頁3~4。

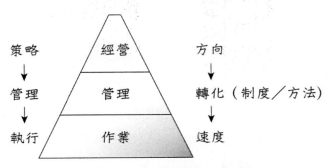

圖1-1　經營管理的階層架構

資料來源：西村克己著、許中南譯(2002:239)

二、從理論談經營

　　經營者在思考經營理念或經營目標時看似抽象又困難，事實上，藉由不同理論的角度就能發現自己心中具體的目標。從經濟學的觀點，一家企業的經營分析重點，主要在提升營運效率及降低營運成本。從管理學的觀點，經營在持續不斷的從事創新與行銷活動。從金融財務的觀點，經營在追求企業價值的最大化的活動。因此，要具體描述「經營」的意義並不難，可以由經濟學、管理學及金融財務的理論基礎來凝聚想法，並具體化為經營與管理的活動。

（一）經濟學的角度

　　經濟學理論說明人們在一個價格訊息之下，人們會妥善利用相對稀少性的資源用以滿足多元的需求，也會在更高的慾望之下繼續發展新的資源及需求。經營者要能充分了解自身企業對商品市場價格的影響力，進而確認身處的市場經濟結構是否有利於你的產品訂價與獲利。例如市場規模的成長性與企業間的競爭激烈情況，往往直接影響你的企業生存與發展。經營者應明白有利可圖的商品最容易被模仿，相類似的商品價格往往存在價格競爭，故消費者價格彈性觀念是另一個重要的經濟學觀念，因為，在一個不完全競爭的市場結構中，價格彈性關係到廠商在市場中的產品價格與產量決策，而完全競爭市場則是個例外，現代的市場結構很少是屬於完全競爭市場的，絕大多數的企業是在不完全競爭的市場結構中力求生存。

1. 完全競爭市場

完全競爭市場的特性：(1)價格由買賣雙方共同決定，買賣雙方皆為價格接受者。(2)廠商的決策只在思考要生產多少產量（或限制產量），及預測下一期的市場價格以決定現在的產量，同時也包括災害的應變。完全競爭市場結構僅是一種理論上的理想，經濟學經常列舉農牧業的商品市場為案例，解釋這些產品特性是趨近於完全競爭的市場結構，但這與實際情況往往有所差距。若以不動產業的住宅商品為案例，在一定地理範圍供需圈域的住宅商品，當供給數量不斷增加時，每個商品的格局設計與建材物料又大同小異，此時這一類的商品市場很可能近似完全競爭的市場結構，數量多到讓消費者想買就能買到，商品就會出現削價競爭情況，故只要出現大量類似商品且同時在銷售，忽略了產品數量控制，容易引起滯銷上的財務困境，甚至出現倒閉危機。

2. 不完全競爭市場

不完全競爭市場的特性：(1)依據企業對價格的控制能力，市場結構又可依據商品特性（同質或異質）與企業競爭策略（追漲或削價），進而分為獨占性競爭市場、寡占市場及獨占市場。(2)企業的訂價需要考慮買者的反應、競爭對手的策略、上下游廠商的合作關係。不完全競爭市場顯示了特殊的競爭型態，除了少數企業受到國家政府特許的法令保護，進而能夠成為獨占市場的企業，市場中絕大多數企業的產品市場結構，是屬於獨占性競爭市場或寡占市場。對於不動產的商品市場結構，建設商生產製造的產品會更近似於獨占性競爭市場，因為，建設商總會透過極富自身特色的建築設計，選用特別的建材與設備，塑造美好情境的廣告行銷策略，讓產品具有更顯著的異質性，例如建設商會宣稱區位便利、景觀寧適、明星學區、生活機能良好，讓消費者感覺在其他處不易發現類似住宅商品，建設商會對依據盈利變化來進行調整商品價格。不難發現，有些不動產的商品價格高得驚人，因為，不動產開發有一種很特殊的獨占性是依附於特定環境的區位特性，當開發商在一定的空間範圍內能夠取得僅存的一塊可開發土地，基於土地區位與數量的唯一性，開發商就能運用訂價優勢，獨占了這塊土地上的最大化利益。

3. 價格訊息與價格彈性

　　當市場經濟體系出現了正常化的價格訊息，則價格就能將市場中各方參與者（消費者、生產者、要素所有者）的活動聯繫起來。但是，企業彼此間追求利潤的競爭過程，必須將價格對應到消費者的偏好與購買力，因此，建設商對商品訂價往往要考慮消費者反應，這是一種經濟學的價格彈性觀念。價格彈性觀念解釋著需求者面對產品價格變化時的可能反應，知道這個反應對經營者的訂價決策是極為重要的。競爭不佳的產品訂價，無法獲取銷售利潤，導致市場拱手讓人。建設商對商品訂價考量的另一個重點，則是營運的成本結構，企業的成本結構變化受到許多因素影響。在時間上，有長期成本與短期成本之分，在銷售數量上，有固定成本與變動成本之分，在資本投入決策上，有機會成本與沉澱成本之分。成本結構不但影響產品銷售的價格競爭力，也可能是企業達成規模經濟之後需要建構的競爭位置，一家企業具備規模經濟正表示在成本結構具備優勢，這足以迫使資本規模小的企業家不願任意跨入市場與之競爭。

4. 企業訂價策略與長短期經營決策

　　企業的產品訂價與消費者的價格彈性是關係密切的，產品訂價也需要考量競爭對手的行動，有競爭力的產品訂價往往關係到企業的產品銷售獲利，同時，良好的訂價決策也關係到企業利潤及經營的路線，例如不動產的高價住宅市場，訂價決策也關係到企業能否建構新的能力來追求規模成長與技術進步，例如不動產的住宅商品與觀光飯店之間的跨業經營決策，不動產的商辦商品與金融證券化的多角化經營決策。

（二）管理學的角度

　　綜觀管理思想的歷史發展過程，管理學出現的學派極為龐雜，發展出的方法與工具也十分多元。杜拉克(Drucker, 1954)表示，各家管理學派分別從不同的角度來研究企業問題與管理問題，每個學派也都有其側重的管理內容。不過，管理學各種學派在理論體系的建構，主要仍圍繞在兩個核心問題：一是管理是什麼？二是如何進行管理？其中管理程序學派的研究側重於「管理是什麼？」，經驗主義學派的研究側重於「如何進行管理？」。而在兩個管理核心問題的思想基礎，管理是什麼？是屬於認識論的層次問題，如何進行管理？則是屬於的方法論的問題。認

識論是基礎，方法論則是目的，思考企業問題與管理問題常需要辨別兩者之間的差異關係，以及想輔相成的作用。杜拉克指出，對於管理學這兩個基礎問題，我們應該先研究管理學的認識論：「管理學是什麼」的問題，然後，在此基礎上，進一步探討管理在的方法論的問題，他更清晰的解釋了管理學在各學派之間可以相互融合及應用之處。

　　管理活動對於市場運作的效率是重要的，杜拉克(1954)曾說：「管理是為社會製造豐沛資源的一種機制。」企業運用嚴密的管理活動，製造出前所未見的產品，為人類帶來便利與享受，美國的蘋果電腦企業及雅馬遜網路書店企業是經典。隨著市場環境的快速變遷，當今的管理新思維也不斷的更迭，一些被證明過有效的基本管理原則或理論觀點，則應更充分的去了解，更嚴格的去執行，因為「管理」能否有效率的實踐，往往為企業帶來極為龐大的資源（知識與技術），這些資源拓展與企業成長的速度關係密切。管理學提出進行管理活動的五個主要項目，這基本管理活動是為了發揮管理的五大功能：規劃、組織、用人、領導、控制等，其

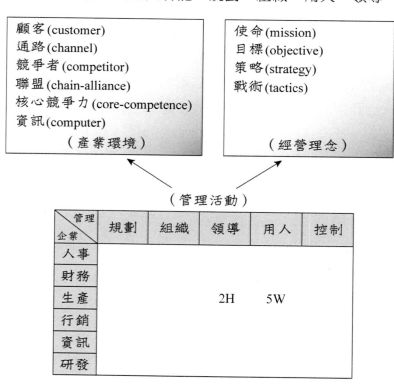

圖1-2　產業環境、經營理念與企業管理關係圖

資料來源：西村克己著、許中南譯(2002:225)

中「組織行為」是管理五大功能的主軸，畢竟產品是人所設計及製造出來的。而管理活動則需要去適應產業環境變遷及發展因應方法，經營理念則為管理活動提供值得努力的方向[17]（西村克己，2002）

（三）金融財務的角度

1. 金融邏輯

金融就是資金的融通，金融活動的出現，使得不動產的價值可以跨時間的儲存，也可以跨時間的移轉。因此，個人及企業可通過資金的有償讓渡與支付利息，在營運的資金出現不足時，藉由信用的借貸關係來補足。金融活動是不動產市場發展的重要基礎，特別是企業家往往善用不動產融資。不動產融資是指在不動產開發、流通及消費過程，通過貨幣流通和信用渠道，進行籌資、融資及相關金融服務的一系列金融活動的總稱，這些活動包括資金的籌集、運用和清算。不動產的金融活動，包括不動產企業融資與不動產項目融資。

(1) 不動產企業融資

不動產企業融資是指開發商為了滿足自身經營中產生的流動資金需求而進行的融資過程。他們在募集資金的方式，包括股本融資、債權融資、信貸融資、信託融資、海外融資、短期借貸等方式。不動產開發及建築的企業融資，與正常經營的企業融資十分類似，主要是利用企業自身營運實力進行的融資。通常外部資金擁有者，考量是否進行投資及借貸時，主要是將不動產企業視為投資對象的整體，會全盤審核企業資產負債及盈利情況，也會結合不動產企業的營運項目進行綜合考慮，並不限定資金究竟是用於哪些具體的不動產開發項目。

(2) 不動產項目融資

不動產項目融資則是針對不動產具體項目的融資活動，透過選擇不動產項目、試算不動產項目的資本流動性與融資成本、設計合理的融資結構，進而達成及滿足不動產開發商在具體開發項目的融資需求。

---

[17] 西村克己著、許中南譯，2002，「經營管理策略」，台北：維德文化出版。

2. 財務管理

　　企業需要財務管理之目的，主要是籌措企業營運所需的資金，促進企業價值的最大化，經營者促進企業價值最大化，正表示其實現了股東價值的最大化。財務管理發展出許多理論，理論觀點有助於了解企業的經營績效，例如透過財務報表分析則可以獲知資金的籌措與運用的情形，進而斷定企業的經營績效是高是低。「經營績效」是管理者常用對組織目標達成程度的衡量名詞，但其真正的涵義卻十分模糊。一般而言，高績效的經營乃指高獲利能力之經營，但也有人將生產力、員工滿意程度或銷售額來說明其內涵。由於經營績效概念過於抽象，故其衡量標準亦因人而異，一般可分類為：(1)財務性指標（例如投資報酬率、銷售報酬率、收益成長率等）；(2)非財務性指標（例如市場占有率、新產品上市或策略目標達成率、相對競爭者的新產品活動、產品製程的研發等）。此外，常用的經營績效指標，也包括資產報酬率(ROA)、銷售報酬率(ROS)、權益報酬率(ROE)、銷售成長率、每股盈餘等。

　　企業的財務狀況往往透過財務報表的方式呈現，財務報表分析也是企業獲知資金運用情形的重要工具。財務報表主要包括四個部分：損益表、資產負債表、股東權益變動表及現金流量表。損益表，主要在表達企業在某段時間之內的經營概況。資產負債表，主要在表達企業在某段時間之內的資產與負債概況。股東權益變動表，主要在表達企業在某一段時間之內股東投資的資金及相對獲利的概況。現金流量表，主要是表達企業在某段時間之內的投資與理財活動，以及這些活動如何影響資金的變動。透過財務報表分析可以得知企業的經營能力，包括：(1)企業的獲利能力；(2)企業的經營效率與償債能力；(3)企業的競爭潛力與成長趨勢，上述三項是財務報表的重要三大功能。

　　企業的資產與負債往往會不斷地轉化，故企業有無能力進行財務管理，往往密切影響企業的營運成果。實務中不難發現，企業經營的各項活動中，財務問題高居營運失敗原因之首，企業經營者應以最嚴謹的態度面對企業的財務管理。依據台灣中小企業信用保證基金曾經作的統計，台灣中小企業經營失敗的五大原因，包括：(1)負債過多與財務調度失敗；(2)生產管理不當；(3)訂貨及銷貨瞬間大幅減少；(4)受第三人(含客戶)拖累；(5)擴張過速或投資過多。

管理概論

　　企業競爭力需要建立在一定規模上，規模是企業量測企業經營能力的重要指標之一，企業面對潛在市場機會需要琢磨更好的經營理念，實現經營理念則需要一些好的管理方法來落實，故經營與管理是不同的。費堯(Fayol, H., 1917)表示，管理活動是一種分配於領導者與整個組織成員之間的重要任務。費堯更透過對企業所有基礎活動的分析，將管理活動從經營職能（包括技術、商業、財務、安全和會計等五大職能）中特別區隔出來，成為企業經營活動的第六項職能，他也為經營與管理做了意義上的區隔。本節將淺談「管理」的重要內涵，主要是依費堯指出的五大管理原則：規劃、組織、用人、領導、控制為基礎觀念，這觀念是管理的基本元素，也是企業營運走向資源配置更科學的起始。

一、管理的意義

（一）管理的意義與要素

　　管理理論的發展，往往起因於生產力的發展及產銷組織更好的適應環境與市場的變化，因此，管理科學也可以簡單的解釋為研究管理與被管理的互動關係及有效率實現組織目標的科學，不過要想透徹的學習管理是不容易的，管理科學包括著人、思想、觀念、行為、方法及結果（郭咸綱，2014）。一般的觀點，管理是指「管理者運用組織整體的資源，以激勵他人勞心與勞力為目的，近而能夠達成一系列管理活動的重要目標。」因此，企業的生產活動需要很多的努力，而管理往往是這些努力實現目標的一種過程，理解管理意義，需要知道管理包含著三個要素。

1. 管理者與被管理者：指參與活動而扮演的主角與角色的不同，也包括主動與被動的角色差異。

2. 管理活動：是指為了達成管理目標而採取的行動。

3. 管理目標：基於終極目標的不同，管理過程及實施內容也因而不同。

管理也是一種群體的合作，代表人們在社會中採取某一類具有特定性質和意義的活動，其最終目的是藉由群體合作，以達成某些共同的任務或目標。換言之，為求群體合作的效能提高，遂有管理之需要，然而為滿足此種之需要，而有管理學知識的累積，管理知識也更有助於促進一個組織（企業及非企業）能快速獲至最好的結果。

（二）管理活動需要適應市場變遷

　　從歷史變遷的眼光來看管理意義，管理並非固定一成不變的。隨著人類生活環境的改變、科技知識工具的發展，管理者要擔負的任務和內容，以及學習相關的觀念和理論，使得管理活動需要不斷在市場演進中更為精準。若要探討良好的「管理模式」，這必須配合當時的社會、文化和經濟環境的變化趨勢，加以整合考慮。例如一個社會中消費者面對流行之價值觀念和生活方式已經改變，企業的管理觀念和管理行為就需要因應改變。此外，大企業的管理制度和管理方法之發展，越來越有效率，這也會影響一個社會的經濟結構和人們的行為模式。例如消費者貸款買房子自住或投資，幾乎是我國富裕家庭的理財活動之一，開發商也更勇於投入建築活動。

　　管理學的知識極為多元化，它是以管理者為研究對象所發展及累積的系統性知識。管理內容包括了管理之觀念、理論、原理及技術等，管理學理論能夠蓬勃發展也僅是近百餘年來的事，歷史相當短暫。最初的管理焦點，它以人類正式組織為主要探討對象，因此，管理有時也稱為「組織理論」，於是管理活動所關注的內容，特別著重在有關組織機關之解決問題與決策問題之知識累積，管理科學本質上更像是一種應用科學。

　　隨著市場環境、社會價值觀及科學技術的迅速改變，自然資源的逐漸稀少及營運成本的遞增，使得企業面對的市場環境，變得更加複雜且多變。在複雜且多變的環境中，針對未來企業活動所作的決策則是管理階層的職責。早期費堯曾在著作提出，管理(Management)的內涵包括五個面向：(1)預測和規劃，(2)組織，(3)指揮，(4)控制，(5)協調。這也啟發後來其他學者的想法，某些學者依據不同觀點解釋管理的意義。例如「管理是包含協調組織內的土地、勞力及資金等資源，朝著達成組織目標方向努力的工作形式」，「管理也可說是一種程序，藉以整合組織

中各部門，發揮綜效，以達成組織的目標或目的」，杜拉克(1954)表示「管理為一種實踐」。也有學者以系統的觀點解釋管理的意義，若將各部門組織視為一個一個的子系統，而管理是指將各個子系統（規劃、組織、用人、領導、控制）加以整合，使得整個系統發揮其目的、功能及目標的工作而言。綜合上述不難發現，管理所探討之內容相當龐雜，以致對於「管理」一詞並無一個放諸四海皆準且所有人皆能接受的定義。惟 Williams and Johnson (2004)歸結許多學者觀點之後，解釋了管理的意義，包含：(1)針對企業未來需求，訂定計畫和做出決策；(2)透過有效的組織和控管，將資源的利用做到最能發揮成本效益的地步；(3)發覺人們所長，達到目標。管理學演變至今則逐漸強調其應具有科學性，故需要運用清楚的邏輯及分析的技巧，而管理者必須透過有系統的觀察紀錄、分類及研判，方能較準確的解決問題[18]。

二、杜拉克對管理意義的概述

（一）管理的本質

　　學習管理科學的起點應從歐洲在 18 世紀（1700 年起）的工業革命開始，在當時出現人性假設是經濟人，解釋著個人、組織及企業是如何追求利潤最大化，這成了管理的基本思想，也形成了資本主義的基本思想。泰勒的科學管理理論（重視個體效率）、費堯的組織管理理論（重視企業組織效率）及韋伯的行政集權組織理論（社會組織效率），都是在這個時期興起[19]（郭咸綱，2014）。當代的管理思想則可以關注杜拉克提出的見解，他從認識論的層次來比喻管理的意義，他說：「什麼是管理？管理到底要做些什麼事？管理其是就像是人體的器官及運作，如果是這樣的話，我們就必須從它的功能來界定這個器官的分工（器官分工就是讓身體各種器官發揮其自身應有的功能）。於是，從一個具體的企業組織而言，管理要發揮三個主要功能。管理的第一個功能，就是管理該組織從事的事業；第二個功能，是去管理組織中的各種管理者；第三個功能，是去管理員工的心智與員工的工作。」因此，杜拉克認為管理是工作，是紀律，也是人。所以，管理的本質實為一種實

---

[18] Williams, K. & Johnson, B. 著、高子梅譯，2004，「管理在管什麼：管人、管作業、管資訊、管資源」，台北：臉譜出版公司。

[19] 郭咸綱，2014，「西方管理思想史」，北京：中國計量出版社。

踐有效率的活動，以達成預設目標，管理的本質不在於「知」，而在於「行」；管理是否具備效率，其驗證不在於邏輯，而在於成果；而工作成就將是管理唯一的權威。

企業管理往往需要面面俱到，因此，管理的範圍應該涵蓋整個經濟鏈或是供應鏈的過程。所謂供應鏈管理(Supply Chain Management)是指商品從生產端到消費端整合性的管理程序，包括原料採購、半成品製造、測試組裝、成品生產、儲存、配送、行銷、銷售、售後服務的管理作業，供應鏈管理的架構已成為提升企業營運效率的重要知識，許多原本不存在的市場商品，就在一個目標下的供應鏈管理，一個一個的出現，不動產的高層建築物，正是成功的供應鏈管理具體成就。藉由「威權」就能製造出「產品」，管理學發展的知識與方法是富有價值的。

（二）管理要發揮三大功能的詮釋

依據杜拉克(2000)的認識論觀點，一個具體的企業組織在管理活動要發揮三大功能[20]。

1. 管理的第一個功能

(1) 企業組織本身不是目的，而是完成商業運作和結果的手段，組織結構是不可或缺的手段，錯誤的結構將嚴重影響商業運作，甚至破壞它，故討論組織結構，也即是思考一個企業「我們的業務是什麼？」「將來會變成什麼業務？」「我們究竟應該從事什麼業務？」因此，企業的兩大生產性功能是行銷和創新，這將位企業創造價值及獲利，而其他的工作都是成本。

(2) 企業成立之目的，只有一個正確而有效的定義：即是「創造顧客」。而管理的政策和策略皆應以顧客重視什麼？顧客如何分配其可支配所得？管理的起點必須以「什麼是顧客為有價值的？」做為起點。

2. 管理的第二個功能

(1) 即管理者務必實行「目標管理」。管理者並非只是「監督」部屬的工作，而是和部屬共同設立目標及建立績效衡量標準，且放手讓部屬員工努力去達成目標。

---

[20] Drucker, P. F.著、劉毓玲譯，2000，「21世紀的管理挑戰」，台北：天下遠見出版公司。

(2) 「經理人的工作應以某項任務為出發點，以期達到公司的目標，故應該讓績效目標來領導和控制每位經濟人，而不是老闆。」也即是所謂「管理者」，即是在企業內負責運用和整合各種資源以創造企業績效任務的人與制度。張正等人(2004)探討國內鴻海科技集團的興起，鴻海科技從電視黑白旋紐起家，再投入連結器與模具事業，能夠在短短幾年內成為全國最大的民營企業，靠的就是明確的發展目標，讓目標來領導每位員工，同時管理者執行著有如軍事化制度的執行紀律，才能在極為競爭的高科技製造業中闖蕩一片天地[21]。

3. **管理的第三個功能**

(1) 杜拉克指出：「人類不僅想要工作，並且想要從工作中獲取成就感，因而『需要』工作，故對員工的要求重點為：認真工作及願意接受變革。」

(2) 管理者應將工作者當作一個「全人」看待，管理他們，除了要他們的手，更要關懷他們的心和腦。故管理員工，要講求人性和符合人性，以創造能夠激發積極工作動機的環境。

(3) 對於組織員工，管理不是「管理」人，而是「領導」人，目標是讓每位員工的長處和知識得到發揮。

三、管理的功能

依據費堯的觀點，管理活動要能夠確保企業組織效率，故需要具備功能性，需要將工作設定一種先後秩序或程序，也可說是組織進行運作的程序為先有規劃（計畫），其次根據規劃架構來執行，最後將規劃與執行的績效加以控制，同時對於規劃或執行工作時時加以修正（反饋）（圖 1-3，圖 1-4）。現代用以分析管理職務的方法有許多種，第一種常用的方法是以管理者所執行的功能（工作）來檢規管理；第二種是專注於管理者所扮演的角色；第三種是分析管理者所需具備的技巧。

---

[21] 張正主編，2004，「管理藝術：100 家頂尖企業的經營哲學」，台北：聯經出版公司。

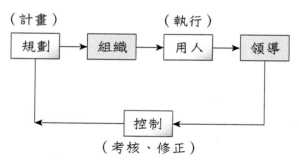

圖1-3　管理五大功能關係

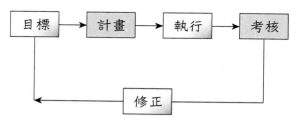

圖1-4　計畫執行與考核關係

　　綜合前述說明，現代管理理論家杜拉克定義管理的本質，視為一種實踐有效率的活動，古典管理理論家費堯定義管理的本質，管理就是實行計畫、組織、指揮、協調和控制」。管理者從事某些基本的分工活動，這些活動經常以概念的方式來分類，於是有了我們不斷對管理功能的重視，管理功能亦可說是管理工作的細項內容。現代管理學理論在費堯定義管理的基礎上，將管理的五大面向功能歸納為(1)規劃、(2)組織、(3)用人、(4)領導與(5)控制。

1. 規劃(Planning)工作：就是為探索未來發展而制定行動計畫。決定未來追求的目標是什麼及以何種方式達成這些目標。包括訂定目標、策略及方案。

2. 組織(Organizing)工作：就是建立企業的資源和社會關係的結構關係。整合活動、分派活動及為執行這些活動給予必要的授權。包括建立適當組織系統、協調組織內人力、物力等資源，指派人員並授予職權等項。

3. 用人(Staffing)工作：就是使企業員工發揮作用。確定所需的人力資源及招募、甄選、訓練與開發人力資源。包括人力資源需求之決定、人員甄選、任用、訓練及發展。

4. 領導(Leading)工作：就是連接、聯合與調和所有的活動及力量。指示及導引員工行為朝達成組織目標方向發展。包括人員之激勵與領導等。

5. 控制(Controlling)工作：就是注意是否一切都按已制定的規章和下達的命令進行。比較績效與目標、確定造成差異的原因，並採取必要的矯正措施。包括員工績效衡量、差異分析與改正行動之採行等。

　　不難發現，管理的功能僅是為方便認識管理而予以分類。事實上，各個管理功能之間是重疊的，實務上進行管理工作，實在是很難清楚區分純粹的計畫、組織、用人、指導或控制工作。表 1-1 顯示著不同管理功能下之管理活動的分類，但這並不表示經理人是依序執行各功能下的活動。事實上，各管理功能間彼此是相互依存，且不能分割的。例如，沒有計畫則組織將使其他功能難以發揮效用。同理，經由用人功能而遴選出優秀的員工，但在缺乏好的計畫及組織欠佳的工作環境中，就很難確保這群員工能持續在工作上有優異的表現。

　　此外，表 1-2 顯示著每一個管理階層對管理的功能所強調的重點是不一致的，而且，在每一個功能下的管理者，他需要負擔的責任程度，常依其在管理階層中的地位而定。例如高階層管理人員要為整個組織的長期計畫負責；而監督階層人員則為短期計畫、特定工作的每日計畫負責，中階管理人員則應在高階管理者與基層管理者之間充分協調合作達成目標。

⑤表 1-1　管理功能與各項內容

功能分類	內　容
計畫	1. 執行自我審核及確認組織目前現況。 2. 檢視環境。 3. 設定目標。 4. 預測未來情勢。 5. 說明必要的行動及資源。 6. 評估建議行動。 7. 依據控制結果及改變中的環境，修訂及調整計畫。 8. 在整體計畫過程中傳遞相關訊息。

表 1-1 管理功能與各項內容（續）

功能分類	內　容
組織	1. 確認及定義必須執行的工作。 2. 將工作劃分職責。 3. 將職責整合成職位。 4. 定義所需職位。 5. 將職位組成可管理及適當的相關單位。 6. 指定應完成工作的責任及授權範圍。 7. 依據控制結果及改變中的環境修訂及調整計畫。 8. 在整體計畫過程中傳遞相關訊息。
用人	1. 確認所需人力資源。 2. 招募有潛力的員工。 3. 甄選員工及塑造特質。 4. 訓練及開發人力資源。 5. 依據控制結果及改變中的環境修訂及調整人力資源數量及品質。 6. 在整體用人過程中傳遞相關訊息。
指導	1. 向部屬溝通及說明目標。 2. 選定績效標準。 3. 訓練及教導部屬達成績效標準。 4. 依據績效獎勵部屬且建立獎賞分明制度。 5. 依據變化中的狀況及需要提供經過溝通後具有激勵作用的環境。 6. 依據控制結果及改變中的環境修訂及調整領導方法。 7. 在整體計畫過程中傳遞相關訊息。
控制	1. 量測及設定標準。 2. 監控結果並與標準比較。 3. 調整與改正差異。 4. 依據控制結果及改變中的環境修訂及調整控制方法。 5. 在整體計畫過程中傳遞相關訊息。

資料來源：Rue and Byars[22] (1998)。

---

[22] Rue & Byars 著、吳忠中譯，1998，「管理學（第七版）」，台北：滄海書局。

表 1-2 各階層管理相對重要性

管理階層	功　能				
	計　畫	組　織	用　人	指　導	控　制
高階管理	＊＊＊＊＊	＊＊＊	＊＊＊	＊＊＊	＊＊＊
中階管理	＊＊＊	＊＊＊	＊＊＊	＊＊＊＊	＊＊＊＊
基層監督管理	＊	＊＊＊	＊＊	＊＊＊＊＊	＊＊＊＊＊

資料來源：Rue and Byars(1998)。

四、管理的階層

　　在一個非常小型的組織內部，若經營者可以掌握每個人執行專業與分工的情況，此時是不需要組織階層的。但是，每個人在為他人工作時，往往會有惰性，甚至藏其所知藏其所為，這將引起生產成果的失敗。而且，現代企業面臨的市場環境複雜性相當高，複雜性高也表示營運成敗的不確定性高，面臨失敗的風險高，當許多工作必須藉由不同的專業分工來執行，越具規模的企業與組織，越需要許多專業管理者共同協調運用組織的資源，才足以達成目標。組織的階層化往往可約束不確定性及失敗風險，因此，一般的管理階層包含三種不同層次的管理人員，高中低階層分別具有的功能與組織行為，往往重點不同。

1. 高階層管理：高階的或資深的管理階層，一般包含董事長、主要負責人或總裁、營運總裁（執行總裁）及資深副總裁。這一階層的管理人員負責設定企業的目標，並決定為達成企業目標所必須採取的行動及企業資源分配。

2. 中階層管理：中階的管理階層，一般包含生產經理、稽核經理、財務經理及銷售經理等工作職稱的專業人員。中階管理階層人員負責執行並達成組織目標，同時也需擬定部門目標及為達成組織目標所應採取的行動與方案。

3. 監督階層管理：監督的或基層的管理階層，一般職務名稱包括領班、主任、班長、組長、辦公室經理等。監督管理階層人員的主要工作，是管理生產或提供組織的產品或服務的作業員工，基層的監督管理階層往往在生產工作的成本效率與產品良率上，具有重要影響。

在一般性管理階層的人數分配，基層的監督人員為數較多，中階層管理人員較少，而高階層的管理人員則僅有少數幾個人。此外，組織階層內部管理人員或經理人員的職稱也隨社會環境變遷而異，在不同規模的企業或不同的產業之間也會有不同的職稱，例如專案計畫總監、企業執行長、企業營運長為近十餘年陸續出現的。但也需要注意，管理活動的階層化並非必然是需要的，許多行業的組織階層也並不一定是如此設想，企業產品要怎麼更好的出現，往往更重要。

五、管理者的角色

管理者究竟在組織內扮演怎樣的角色，管理學在 1970 年出現一個以明茨伯格(Mintzberg, Henry)為主的經理角色學派，它之所以被稱為經理角色學派，是因它以企業經理所擔任的角色作為研究與分析的重點，並且考慮經理的職務和工作，是如何用於提高組織管理效率。經理角色學派所指的「經理」是指一個正式組織或組織單位的主要負責人，其擁有經營者賦予正式的權力和職位，「角色」是指是指對某一特定的職務，所預定的期望行為。

明茨伯格(Mintzberg,1973)在其「經理工作的性質」一書中，運用了 890 封問卷信及 368 次訪談，研究發現經理有幾個十分突出的特點，包括大量的工作；始終不懈的步調；工作活動具有簡短性、多樣性、瑣碎性；把現實的活動放在優先地位；愛用口頭交談方式；處在他的組織與聯絡網之間。明茨伯格(Mintzberg)進一步將企業經理所擔任的十種角色分為三大類，他們之間相互聯繫且不可分割的。

1. 人際關係方面，有掛名首腦、領導者、聯絡者三種。

2. 資訊方面，有資訊收受者、傳播者、發言人三種。

3. 決策方面，有企業家、故障排除者、資源分配者、談判者四種。

明茨伯格(Mintzberg,1973)解釋管理者的角色之分類方法，參見表 1-3 的說明。依據明茨伯格的研究過程，首先，他由管理者在組織的職位開始定義管理者的角色，正式授權賦予職位，結合授權與職位產生經理人特定的人際關係角色。其次，他決定管理者的資訊角色。最後，他最後經由資訊、授權及職位使得管理者在組織的決策程序中，取得核心地位。明茨伯格更進一步說明管理階層及工作型式，往往直接明顯地影響著經理人員必須扮演不同的角色。例如在組織中低階層的經

理人員花費較多的時間於問題的處理及談判的角色上，而扮演代表人角色的機會則較少。反觀，組織中的主要負責人集中扮演較多的代表者、聯絡者及發言人等角色。不過，最終而言，明茨伯格對於企業高層經理的工作內容，仍難以得出一個一致性的總結。

　　除了經理的職能與工作受到管理學者的重視外，另有學者關注著企業家的角色，於是他們曾經探討企業家與專業經理之間的區別。關於兩者的基本區別，企業家往往是提出生產何種產品或提供何種服務的構想、創立組織並將組織發展至需要額外員工的程度。當企業營運越來越穩定，此時企業家往往會轉換成專業經理或聘僱專業經理來參與企業經營。專業經理需要為成長中的組織執行基本管理功能。值得注意，企業家在創立及發展組織初期執行了絕大部分的基本的管理功能。吳忠中(1998)表示，知名的蓋洛普(Gallup)市場調查公司，曾經為華爾街日報所作的一項研究結果顯示，就整體而言，企業家在就學期間並非是傑出的學生，而且很可能是那群被學校開除的學生，反觀大型企業的領導者，其在學期間則往往是學生領袖或社團成員。因此，企業家在很年輕的時候就甘願冒險犯難培養自身能力來經營企業，不安於現狀的舉動，卻也經常被經營者革職，以致需要經常更換工作。

　　然而，究竟經理人的角色是什麼？威廉斯等人(Williams and Johnson, 2004)指出，各種階層的經理人應清楚認知，是你的工作內容將你造就成一名經理人，而不是你的工作職銜。無論職銜是什麼，真正的管理工作應包括五個重點。

重點一：針對企業的未來、你日後的作業方式，以及各種足以造成影響的挑戰（例如環保因素、政府行政干擾）進行預測。

重點二：針對短期經營（每日）或長期經營（或者兩者兼具）所必須達成的目標進行規劃，各個子目標之間具有關聯的可以優先執行。

重點三：確保你有足夠的資源（人員、設備、預算、物料）可配合目標而執行。

重點四：向部屬下達清楚明確的指示。這個指示原則上越詳細越好，可有助於對目標達成過程中遇到相關問題的檢視。

重點五：爭取員工的支持，使他們效忠組織，全心投入工作。所以，管理的經理人要想辦法營造良好的組織氣氛與學習氣氛。

表 1-3　管理角色的定義與類別

角色類別	定義內容（十種角色）
人際關係角色	1. 代表者：管理者在任何正式場合，代表組織單位。（高階經理人） 2. 聯絡者：管理者與同儕及組織以外的人物之間的互動關係，以取得資訊或利益。（高階經理人） 3. 領導者：管理者對工作團體提供指導與激勵，同時營造工作場所的氣氛。（高階經理人）
資訊角色	1. 監聽者：管理者為資訊的接收與蒐集者。 2. 傳播者：管理者在組織內傳送特殊的資訊。 3. 發言人：管理者向外在環境傳送組織資訊。
決策角色	1. 企業家：管理者的角色是導引組織的變革。 2. 問題處理者：管理者在組織面臨著例如部屬間的衝突、部屬突然的離職、或失去一位重要的顧客等威脅時，必須扮演處理問題的角色。（中低階經理人） 3. 資源分配者：管理者決定組織支配資源的方向。 4. 談判者：當組織發現其與其他組織或個人間有非常重要、非例行性的談判時，管理者應扮演好談判者的角色。（中低階經理人）

資料來源：參自 Rue and Byars(1998)。

六、管理的技巧

　　管理需要技巧，也需要安排在管理程序之中，有一種檢視管理程序的方法，是將管理者在執行工作時所需的技巧加以分類，一般而言，管理者所必須具備的基本技巧有三種。

第一：　觀念性技巧，深入了解組織中各部門間及各部門與整體組織間之關係。諸如決策、計畫、執行與組織功能效率等特殊的管理活動最需要觀念性技巧。

第二：　人際關係技巧，深入了解員工以及如何與員工和睦相處，在技巧上，人際關係的磨合常需要藉助於許多非正式場合來互動。

第三：　技術性技巧，指完成某一特定管理工作所需的技術。在技巧上，建立具有誘因的制度來促進訊息分享與相互學習是重要的。

　　不同的管理階層要如何混合使用上述三種技巧，參見表 1-4 的說明。實務上，各種管理技巧彼此間的關係十分密切，以致於在運用上很難區別開始於何種技巧，結束於哪一種技巧。然而，一般均認同低階層的監督管理人員比高階層的管

理人員需要具備更多的技術技巧。組織中各階層的管理人員是必須具備良好的人際關係技巧，因為，許多市場與組織的重要訊息是透過非正式的命令傳遞與資訊分享而得（權威則為一種正式的命令與資訊傳遞）。最後，當管理人員在組織階層中越往高層升遷時，則漸增其具備觀念性技巧的重要性。

前述三種檢視管理程序的方法，是經由不同觀點來看待管理程序被順利執行，各種方法均有其特點，於是，成功的管理者在執行各種目標下的管理任務，也需要注意：(1)了解所欲完成的工作（管理功能）；(2)了解組織所欲達成的行為（管理的角色）；(3)精通執行職務所需具備的技巧（管理的技巧）。因此，這些用以分析及落實管理的方法，其彼此間並非是互斥的，而極可能是互補的，當有足夠的人力資源，也可以是相互替代。

⑤ 表 1-4　各階層管理與技巧相對重要性

管理階層	技　巧		
	觀念性	人際關係	技術性
高階管理	＊＊＊＊＊	＊＊＊＊	＊＊＊
中階管理	＊＊＊	＊＊＊＊	＊＊＊＊
基層監督管理	＊＊	＊＊＊＊	＊＊＊＊＊

資料來源：Rue and Byars(1998)。

七、管理的系統

基於計算機的計算功能越來越強大，管理程序被建構成一個科學化的系統。一個具有開放性的管理系統，包括六個子系統：(1)輸入子系統；(2)計畫擬定子系統；(3)執行子系統；(4)成果評估子系統；(5)矯正程序子系統；(6)輸出子系統。管理系統的建構主要在了解各種影響因素之間的因果關係，同時也有助於預測未來的情況，模擬未來可能遭受問題的情境，進而建構及設想預擬的彈性對策。

（一）輸入子系統

管理乃是將資源加以轉換為產品的過程，而這些資源就是輸入子系統，包括資金、資材、設備、方法、人力與資訊等資源。

1. 資金：包括設備資金與周轉資金。管理者對於自己負責的部門所分配到的資金，必須做最有效的配置與應用，而且必須達到充分預期利益的回收。

2. 資材：製造業的資材，包括原料與成品，零售業以其庫存貨品為資材，服務業亦有各式各樣必須管理的資材，包括知識管理系統。

3. 設備：包括電腦、事務機與機器等機械設備。其適當的選擇與利用，是管理者主要工作之一。設備在經濟活動上，往往與人力資源具有相當程度的替代關係，要視設備的成本高低與生產力而定。

4. 方法：指組織的相關其他資源，及達成其功能組織之方法，方法也可視為各種功能不一的制度，其關係組織的成功與否甚大。管理者的能力，決定於如何有效適當地使用各種技術與方法。大多數的組織都會開發有效的方法以處理問題，這也是對組織有利的另一種資源。

5. 人力資源：許多學者認為，縱使缺乏前四項（資金、資材、設備、方法）只剩人力資源，則無論如何，企業仍然可以在較短的時間內重新建立。空有前四項，而獨缺人力資源，對於事業的營運毫無幫助。故有效地運用人的資源可以彌補其他資源的缺乏，若是無法充分利用人力資源，縱使其他資源不虞匱乏，依然會破壞組織的生產力。

6. 資訊：在電腦及網路未盛行之前，企業中的傳統資源，包括前述5M：人(Man)、錢(Money)、原料(Material)、設備(Machine)與方法(Method)。網路盛行之後，企業需要深刻體認到資訊(Information)的重要性，資訊已成為公司中的第六項資源，而且是一種可以增加公司競爭優勢的武器。小至企業，大至國家，資訊已成為大家必須加以保護、控制、規劃、分享的重要資源。例如以台北市而言，土地資源取得不易，交通紊亂的情形，無法用「多鋪道路」的方法解決，但是如果我們能設計一個功能強大的交通資訊系統，讓台北市交通流量控制得使車子等候時間達到最小，無形中等於多鋪設了許多道路。這個例子明白的顯示出資訊確實是一項資源，對於能夠利用的管理者，資訊就像土地或資本一樣的重要。

（二）規劃子系統

　　管理活動中，管理人員最重要的工作就是審視每個人是否都了解組織之目的、目標及達成目標的方法，因此，規劃連接了我們的現況和理想之間的差距，規劃包括了目標的確立，達成目標之方案的尋找，以及組織學習問題解決的路徑。

（三）執行子系統

　　執行子系統乃是負責將投入的有關資源加以組合，以達成目標的過程。一般而言，管理的執行工作，可分為組織、用人與領導三個主要工作項目。

1. 組織工作：即決定組織型態、管理幅度、分權與授權等工作，藉組織工作而有效結合資源。

2. 用人工作：即執行人力資源管理，從工作分析、人力預測、員工甄選、訓練及評估等皆是用人工作的重要項目。

3. 領導工作：即企業領導者藉著激勵措施與領導統御工作，融合著約束性與激勵性的力量，進而引導員工朝向個人目標與總體目標而努力的過程。

（四）成果評估子系統

　　成果評估乃是管理活動中極為重要的程序之一。所謂成果評估乃是「檢視各項作業是否按照設定方向的命令及制定的原則而進行，其目的在於發覺錯誤，以便改正（修正）及防止其再度發生。」故成果評估加上矯正程序構成了控制的機能。依據孔茲等人(Koontz and O'Donnell, 1961)提出的觀點，控制之功能，在於衡量下屬及改正下屬人員的行為績效，以使組織各項工作能按計畫的目標和程序進行，以確保企業目標及計畫得以順利達成。此外，規劃與控制也具有不可分的性質，而成果評估子系統扮演了感應器的角色，亦即蒐集有關系統績效的資訊，其目的乃在隔離其中的問題領域。

（五）矯正程序子系統

　　矯正程序是控制的一環，管理者發現績效與目標有偏差後，可採取適當矯正措施，包括(1)修正目標；(2)變更計畫；(3)輸入資源的改變（如增加人手、解僱某人等）；(4)調整組織的執行（如重新分派工作、改善領導技巧等）。管理人員實際的做法，是預先設定一個控制容許範圍(Control Tolerance)。若差異在控制容許範圍內屬於正常，否則要能採取矯正程序，例如產品良率、目標時程、工程進度。

（六）輸出子系統

管理系統的輸出主要是產品或服務，如製造業的汽車裝配工廠之輸出為汽車，服務業的郵局之輸出為郵件交送之服務等，仲介業者之輸出為達成買賣交易、建設公司之輸出為建築物。

雖然，企業的產品或服務在輸出前，必須經過控制之程序，檢視是否達到標準才可輸出，但是，企業輸出的產品或服務，不必然是成功的，因此，輸出的產品或服務必定合乎效益或效率的要求。

1. 效益(effectiveness)：涵義指做正確的事(doing the right things)，關注焦點為做什麼？定義即選擇適當的方法或手段以達到一定目標的能力。效益乃是一種與顧客滿意度與品質有關，例如汽車的效益指的是品質，郵局的服務效益指的是送達的準確度，建設公司的效益是安全舒適的住宅。

2. 效率(efficiency)：涵義指正確的做事(doing things right)，關注焦點為如何做？定義即選擇最少的成本、時間、體力以達到某一特定目標的能力。效率則是有關時間或成本的因素，例如汽車效率指的是成本，郵局的服務效率指的是平均送達時間與郵件損壞率，不動產仲介業的效率是快速的斡旋達成安全交易。

第四節
管理思潮與演進

管理工作極為繁瑣，只要能夠有產出，每個人都能依據自己偏好及制定一套工作程序。綜觀管理思想發展的歷史過程，實務的企業家與理論的研究者各自發展一套工作程序，日積月累，使得管理學發展出龐大且混雜的理論。孔茲(Koonz,H.,1961)曾出版「管理理論叢林」一書，將各學派不同觀點進行分類研究，並指出各學派主要的分歧所在，仍然無法發現各學派理論的共同之處。管理學之所有存在如此多元的差異點，卻又無法用一個統一的管理理論來相互解釋管理學派的存在，唯一的可行解釋，只能說這些學派是從不同的角度來研究管理（程序、方法及各種議題），每個學派都側重於管理的某一個重點，對管理的真正本質問題卻未能深入且正確的探討。以下茲就管理各學派的思潮，做一簡要說明。

一、管理學的緣起

工業革命帶來了大數量且大規模的企業興起，許多企業也面對大量生產的「工廠制度」應如何建立及有效運作的問題，例如勞動力的專業分工，原料的取得與安排，製程的建構與安排，管理的知識就在工廠制度運作的許多問題中，逐漸的累積並成為一門專業。

但依據杜拉克(1999)的研究指出，「管理」最初並不是應用在企業上，而是應用在非營利組織和政府組織內部的運作，「管理」受到重視更是在二次大戰之後的事，特別是歐洲出現許多跨國公司需要新的管理方式。早期管理觀念的形成，大多來自務實工作經驗者為解決該組織生產的問題，例如泰勒、費堯、巴納德、歐威克等人，為了增進生產效率，他們從實際工作中發覺並歸納某些具有「管理」意義的知識，使得管理學能在此基礎上逐漸發展成一門專業科學。

由於管理學的理論最初緣起於各種營利與非營利組織，也使管理學與其他多元的社會科學或數學產生密切的關係。近五十多年來，許多學者更將某一些原屬於社會學、心理學、經濟學、人類學、政治學、生物學方面的理論和研究方法，應用於企業組織相關問題的探討與解釋，這不僅擴充了管理學的內容，更激盪出許多新的理論觀點，應用於更多元化的組織問題研究。

二、管理思想的演進

管理學是以管理為研究對象的系統知識，其形成的背景包含經濟學、社會學、心理學、數理學等相關領域的知識整合與交叉應用，這使得管理理論更不易形成一種完整的體系，而是包括了形形色色的論述、學說與主張。每一種學說與主張，分別根據其背後的某些理論假定，針對某種問題及範圍，但基本上他們都能是相輔相成的。管理理論之發展速度，則與其時代背景有密切關係，有關管理思想的演進，大致可分為下列幾個重要階段[23]。

---

[23] 此處有關管理思想演變與不同時期的劃分，主要是參自彭若青(2001：53~55)所著之「許士軍、陳定國談 20 世紀管理的演變」一文的部分內容修正而來。

（一）科學管理理論時期（1900~1930 年）

1. 科學管理學派：強調藉由規劃、標準化及客觀分析、合理分工來提高工作效率，而非聽由工人或領班依自己喜好或工作經驗來決定管理。此時期的學派主要代表人物有：提出管理四原則[24]的管理科學之父：泰勒(Frederick W. Taylar)、動作研究之父：吉爾博斯(Gilbreth, F. B.)、甘特(Gantt, H. L.)等。

　　由於此時期在人的生產力不如機械，故人力被視為一種成本與負擔，工人出身的泰勒，基於找出最有效率的工作方式，而發展科學管理，以減輕人對機械生產的干擾。由於泰勒(Taylar)對於當時人力之浪費及工資之微薄感到不滿，他從本身實際工作中發現更有效率的作法，首先是將工作分解為許多最簡單的單元操作，使每一工人可以分工專門做某些簡單的工作單元，其次是從各種實驗中發掘最有效的工作方法，並且為每一個工作訂定一個工作標準量，最後再將這些工作組合為一工作流程。泰勒也於1911年出版「科學原理的原則(The Principles of Scientific Management)」一書，提出管理者應以理性化及系統化的管理原理，取代老舊的個人工作經驗法則，且管理階層與勞工之間的任務與責任應公平劃分。以泰勒為中心的科學管理思想，在於對一個尋求效率與系統化為管理特點，他使勞動分工細分化，提出工資需要合理上升，對後來的科學管理起了重要的推動作用，也讓當時管理思想的可信度增進了。

2. 管理程序學派：此派採取一種廣泛的觀點，企圖建立一些可普遍應用於較高管理階層的工作原則與管理要素。主要是由法國學者費堯(Fayol,H.)依據組織、領導、用人、控制等原則，提出名為管理程序(management process)或管理功能(management function)的理論。或說費堯將管理視為五種成分（規劃、組織、命令、協調及控制）所構成，它們也是管理之五種基本程序或功能[25]。由於這五大功能不僅是存在於企業組織，也存在其他性質的組織中，例如政府、軍隊、

---

[24] 此四個基本原則是：第一、建立一種嚴格的科學，第二、科學地挑選工人，第三、工人的科學教育與培訓，第四、管理部門和工人之間進行親密無間的友好合作(Wren, D. A., 1997)。Wren, D. A.著、孔令濟譯，1997，「管理思想的演變」，北京：中國社會科學出版社。

[25] 此處要注意的，費堯所提的管理五大功能，僅是企業經營活動中六個面向的其中之一。企業的全部活動主要有六個方面：(1)技術活動（生產、製造、加工）；(2)商業活動（購買、銷售、交換）；(3)財務活動（籌集和最適當地使用資本）；(4)安全活動（保護財產和人員）；(5)會計活動（財產清點、資產負債表、成本、統計等）；(6)管理活動（計畫、組織、指揮、協調和控制）。

教會等，也同樣適用，因此屬於一般之管理程序。此時期的學派主要代表人物，為費堯、古力克及歐克威（提出十四原則的管理程序學派之父），還有穆利及雷尼等。

以費堯為例，他對於管理程序的架構，提出14點重要原則，以供管理者遵守實行，這原則包括：

(1) 分工原則：工作應加以細分，藉由專精以提高效率。

(2) 權責原則：職權與職責必須相當，不可有權無責，也不可有責無權。

(3) 紀律原則：一個企業欲求順利經營與發展，必須維持相當的紀律。

(4) 指揮統一原則：一個人不能接受一位以上之主管之指揮。

(5) 目標一致原則：一組活動應根據同一目標同一計畫而行動。

(6) 個人利益應服從共同利益原則：組織的利益超越一人或一群人的利益。

(7) 獎懲公平原則：組織所給工作人員的獎酬應該根據公平原則，並盡量使求每個人及組織均感滿意。

(8) 集權原則：集權乃一個組織必要之條件，亦為建立組織之自然後果。

(9) 層級節制原則：在一個組織內，由最高層主管以至最基層人員，應層層節制。

(10) 職位原則：在組織中，每一成員都應有一適當地位。

(11) 公平原則：公平與正義應充斥於每一組織內。

(12) 職位安定原則：應給予成員一個穩定的任期，使其能夠適應之後，進而發揮效能。

(13) 主動原則：不論組織的哪一個層級，都有賴於積極主動之精神，方能產生活力和熱忱。

(14) 團隊精神：強調組織成員的合作關係。

3. 層級結構學派：此一學派又稱為：官僚理論學派。這一學派之重要人物首推德國之社會學家韋伯(Weber, M.)，韋伯為了保證技術效能而努力探討最理想的組織安排與架構，他認為層級組織係反應現代社會需要的產物，對於分工複雜的機構，例如企業、政府、軍隊、宗教、跨國組織，劃分層級結構是最有效的組織管理方式。層級組織必須建立於理性和法規上的職權，組織成員各因其所在地位，依法取得某種權威，在其位者憑藉這種權威來發號施令，傳遞正式的資訊，並形成層級結構。然而，就現代的管理工作而言，韋伯的觀點顯得過於理想。

（二）行為與管理科學理論時期（1930~1950 年）

1. 行為學派：由於之前的學派將「人」視為管理活動的配角，偏重於機械及工廠的營運管理效率如何增進與如何確保，受到許多批評，因此，才有行為學派的產生。此學派係針對「人」的行為進行更深入研究，研究焦點主要集中於組織心理、人格、工作與權威等關係上，並結合社會學、心理學、人類學等行為科學來探討組中員工的動機、滿足、群體需要、激勵、歸屬感、效率等重要課題，以利提升工作效率。行為學派最著明的實驗是在1924年，在美國西方電氣公司的霍桑工廠進行的一系列研究證實，他們發現，工廠產量的提高不是由於有了工作間的休息與茶點，而是與激勵的付薪機制和監督者的管理風格有密切關係。

2. 管理科學派：第一次世界大戰（1914~1918年）之後，基於軍事作業演習及後方補給的作業過程，逐漸衍生出運用大量數學的管理理論，對管理進行模擬與估算。管理科學和科學管理都是針對如何提升效率，主張以科學方法（尤其是數量方法）來解決管理問題，於是，管理科學學派廣泛應用新的數學與統計技術，尤其是作業研究和電算機運用，他們發展的管理工具相當多元。管理科學學派相信，如果管理或決策是一個富有清晰邏輯的程序，這就可以利用數量方法來求得最優化的解決方法及答案，該學派的興起，讓當時需多的企業與政府開始相信，管理是科學的、可信的且功能強大。

（三）行銷管理與多角化理論時期（1946~1960 年）

自 1945 年二次世界大戰結束之後，工廠制的大量生產模式反而造成生產過剩，許多美國企業開始重視銷售的相關問題，例如美國寶鹼公司(P＆M)，針對消費者進行調查，研究消費者行為，配合消費者角度來開發產品，於是出現行銷管理的興起。不過，當時行銷管理主要偏重於行銷通路的管理，包括批發通路與零售通路的配置。後來，企業除了重視行銷與顧客需求外，此時期的美日兩國企業也意識到景氣循環所帶來的經營危機，開始進行多角化投資與發展，並形成集團企業來強化競爭力[26]（彭若青，2001）。

---

[26] 彭若青，2001，「許士軍、陳定國談 20 世紀管理的演變」，管理雜誌第 319 期，頁 53。

（四）系統與權變理論時期（1960 年代）

1. 系統觀念學派：系統學派強調組織與企業是環境中的一個系統，相互關聯、相互依賴及相互影響。該學派解釋所謂「系統」即是由許多相關的部分個體或稱為次系統(Sub-system)結合或構成的整體，而各子系統又由許多相關的小個體所構成。這些具有層次性且大小不同的個體在一個共同目標下形成交互作用及相互依存的關係。因此，這學派的管理分法就是採取模型化分析，也建立動態的程序設計系統用以預測及分析。程序設計為：確定目標－收集資料（因素）－擬定比較方案－建立模型－對比各個方案的量化指標與質化指標－運用模擬分析確認最優方案－執行方案及收集回饋信息。系統學派學者主張運用系統觀念有助於解析企業管理與產銷營運的各種活動，無論是整合起產銷的集體行動，或是分解各自專業的技術關聯與知識發展。

2. 權變學派：權變學派又稱情境學派，該學派強調經理人只要確知其所處的環境需求特性，可採因勢利導的權變管理原則，解決當下面臨的管理問題。權變學派學者並不認為會存在一種管理工具適用於任何地點、時間及組織。他們認為任何管理方法因地、時、人而異，管理者應該了解組織型態和管理問題，在運用合適的管理方法，立刻解決工作上的困境。

（五）策略管理理論時期（1960~1970 年）

　　1960 年起，美國福特汽車建構大量生產的標準化製程，受到許多大型企的模仿，同時，先進國家的經濟持續成長，人民所得持續增加，富裕階層增加許多，企業逐漸意識到必須因應產品、市場、顧客及生產方式的多元化，而紛紛成立個別事業部組織，同時也必須發展不同策略以賦與產品新形象及不同的成本結構，美國企業於是加速其走向多角化的發展。此外，這時期爆發了越戰加上各國採取匯率浮動金融政策，使得產業環境變動劇烈，更迫使企業更加重視外在環境變動對企業內部組織造成的影響，以及在充滿競爭的市場環境中，如何取得持續的競爭優勢及超越對手的致勝策略？因而衍生出策略管理理論(Theory of Strategic Management)，其中 SWOT 分析模型是許多企業制定策略常用的思維工具，高階經營管理者被要求必須能夠制定策略以突破現狀，應付及超越競爭者，並針對產業環境、競爭對手、顧客、供應商及自身組織優勢劣勢進行分析，形成自身組織

的策略經營單位(SUB, Strategic Business Unit)，例如安索夫(Ansoff,I.,1965)的「公司策略」。這時期更基於面相市場及滿足顧客需求，推動了行銷理論發展，再結合著策略管理思潮，形成了「策略行銷」理論，例如科特勒(Kotler,P.,1967)的「行銷管理」。行銷的重點在於品質和管理都需要以顧客滿意為主要目標，行銷管理與行銷能力逐漸變成一切經營模式的重要靈魂，更是盈利的關鍵。

（六）競爭挑戰與企業重組時期（1972~1988年）

美國企業因為1960年代時期的高速擴張，企業不斷追求大規模量產及市場獨占力，到了1970年代則出現成本上升與生產力降低的不利情況。美國企業製造產品能夠運用規模化量產，取得成本優勢，但產品品質卻難以提升。反觀1970年代起的日本企業發展，因為重視人力資源培育與管理，例如當時特有的終身僱用及年資制度，使得員工對企業具有高度向心力，也發展出成功且獨特的「企業文化」，這個文化造就日本企業的蓬勃發展。日本企業此時所發展出的管理方法受到世人的關注，他們努力於找尋各種品質管控的方式和制定標準，例如統計品管(SQC)、品管圈(QCC)、品質控制(TQC)、全面品管(TQM)等，使得日本產品行銷能力逐漸超越歐美企業的產品，日本企業管理更影響了全球生產製造業的運作方式。美國管理學者湯賽德(Townsend, R.,1970)在「提升組織[27]」書中也提出類似的觀點，菁英管理者應更關注於企業成功的兩個基本要素：關懷人性及尊重前線工作者。管理者應明白生意的本質在於讓員工從事這份事業能感到欣喜，而尊重下屬則引導的第一線員工能夠更勇敢、勤奮、忠誠、公正、果決及承受壓力，完成生產任務。就在日本企業成長領先各國的這二十年間，美國大型企業則面臨組織過分龐大且僵化的窘境，企業為了提升競爭力，紛紛進行組織縮減與組織再造等工作，企業將工作進行整合與重組，同時，基於及時回應市場顧客需求與鼓勵員工創新精神，此時，面對顧客第一線的基層員工被直接賦與更大的權利，高階經理單位則負責支援，管理的思想及工作逐漸走向「由下而上的管理」、「沒有管理的管理」、「組織學習」、「行動學習」及「領導」等。

---

[27] 克雷納(Crainer, S.)及迪爾洛夫(Dearlove, D.)著，覃果、李揮、夏萍譯，2017，「管理簡史(the ultimate business library)」，北京：海南出版社。

（七）全球化發展與知識經濟理論時期（1990 年～迄今）

日本企業歷經自 1970 年代起歷經二十年的高速成長，企業擴張規模的結果帶來市場的供過於求現象。於是，日本自 1988 年之後，國家經濟面臨泡沫化危機及產業經濟出現蕭條的窘境，需要想方設法去突破。亞洲知管理學者大前研一(1990)在「無國界的世界」書中表示，日本大企業已經到了需要重新學習發明的時刻，而且，應該在產業環境及業務環境已經進入全球化的前提下從事發明工作，同時，要能運用全球環境的規模經濟與市場潛力，找出關鍵市場與重點產品進行研發。反觀 1990 年之後的美國企業逐漸走出經營困境，它們憑藉兩項重要策略，第一是讓製程標準化的生產活動移向工資低廉的國家，企業走向全球化發展，第二是重視知識累積與應用引起的經濟成長結果，兩項策略使美國許多企業重登全球經濟霸主。

企業走向全球化發展的動力，主要是基於資源（社會資源＋自然資源）在空間上的差異，因而使某些地區（國際之間）在生產某種產品上具有比較利益（如技術、勞動成本、資金成本），因而導致企業生產成本降低。企業全球化趨勢讓美國企業專注於掌握市場，強化網路行銷與通路整合，更重視顧客需求及不斷研發創新，而不必將資源投入在生產設備、作業方法、土地及勞動成本，這些工作則廣泛地交給東亞國家來生產製造，全球性領先群的大企業更關注在知識累積與技術創新的效應。知識發展引起的經濟效應，讓美國企業不再依賴泰勒式的科學管理，以管理並執行勞力密集的工作，轉而將知識運用在了解顧客、競爭者、企業內部需求及創新活動上，這些轉變也創造新一波以知識為基礎的企業發展模式及國家經濟發展模式。例如麥可·波特(Poter, M., 1990)的「國家競爭優勢」一書解釋，為何有些國家的區域會出現某個產業聚集？但許多國家卻不易形成某種產業聚集，每個國家都應在更開放市場的觀點下，重視資本、技術、勞動及知識的跨國流動。綜合上述的分析，一百餘年來的管理知識發展，自泰勒(Taylor, F., 1911)於 1911 年開拓了現代管理理論起點，透過管理活動讓生產工作更科學化及效率化。1940 年起福列特(Follett, M.P.,1941)、馬斯洛(Marslow,A.,1954)、杜拉克(Drucker,P.F.,1954)等學者，則是拉著管理者們將眼光瞄向人性化與人際關係，這個方現直接延續到 1960 年代。雖然，企業家在 1960 年代仍是普遍重視生產製造的管理活動，但自 1970~1990 年之間的二十年，世界各國降低國際貿易障礙，促

進了產業環境變動快速，管理的理論、思維、方法及工具的發展，則是更多元化，發展速度也更快。自 1990 年之後，特別是在策略規劃、人力資源、生產製造、行銷管理、財務管理、顧客管理及電子商務服務等方面，發展出許多前所未見的管理知識。依據郭咸綱(2014)在「西方管理思想史」的歸納指出，管理的思想演變趨勢正出現幾個重點，包括創新、知識與智力資本、企業再造、學習型組織、彈性應變、知識結構重組、全球競爭、跨文化管理、策略化思維、領導變革等。

產品的經營管理

　　企業需要不斷的製造產品，產品是各方勞動者協力運用知識與技術的成果，也是企業家凝聚各種資源屬性與協作的成果。產品被用來出售而獲利，也是企業與消費者相互對話的媒介，更能為企業建立品牌形象。市場活動因各類產品的出現及消費而更加繁榮，企業耗費心力創造各式各樣的產品，產品也成了各種知識、技術、資本的流動管道，故企業家需要更妥善的採取方法來經營產品。

　　經營產品需要良好方法，有些企業是在維繫一定的品質下，考量最有利（利潤極大化）的訂價，有些企業是在維繫一定市場占有率之下，取得產品訂價、成本控制、價格與銷售量的平衡等，有些企業是在維繫產能運作規模下，取得低成本及大量銷售而獲利。以上都是常見的思維與策略。不過，對於不動產市場中許多中小型規模的企業，例如仲介產業的加盟業者，地政士（俗稱代書）事務所的經營者，他們經營產品的方法有些不同，他們需要在服務品項上追求多元化，需要不斷學習新的服務活動與專業分工，以適應市場的多元化發展。

　　企業努力經營產品，但仍不可避免的在市場中犯錯。因為不同的訊息品質、不同的訊息數量，引導經營者採取與市場發展相同方向或相異方向的決策，引起投資失敗，投資活動失敗正表示有生產卻無法在市場中完成交易。對於不動產建設商而言，投資失敗往往出現了滯銷與閒置的不動產，這些起因於企業家決策行為缺陷而導致產品供過於求的情況，正是引起不動產市場景氣循環與變化的關鍵原因，本章提出一些經濟觀點與策略思維，作為解決對策的參考。

第一節
產品的經濟特性

　　資源可以用來滿足個人效用，這是資源的經濟特性，例如相對稀少性、品質差異性與使用價值差異性，每個人追求的效用程度不一，消費者可以依據自己的條件（經濟條件）與能力（所得能力），獲取價值相對的資源。

　　資源的有效利用是經濟學的核心，各式各樣的產品之所以存在市場中，因為產品可以為消費者帶來各種滿足。然而，運用相對稀少性資源製造出來的特殊產品，可不是每個人都有能力消費這些產品，以及用來滿足自己的效用，例如高價住宅就是案例。依據 2010 年的統計資料，台北市的每年平均家庭國民所得為 150 萬餘，同時期在大安區的住宅銷售，就出現面積 100 坪且售價 1.2 億元的住宅產品。依據經濟學的價格機制觀點，這個高得驚人的住宅售價，使得較佳區位的建築物不斷流向高所得能力者的身上，價格機制將稀有區位的土地及住宅資源配置得讓人不滿意，高漲的住宅價格也傷害中所得及低所得能力者的居住權利，特別是台北都會區，中低所得能力的消費者者，只能不斷地向都市外圍搬遷。顯然地，價格機制無法最優化的配置住宅產品，相反地，當開發商能夠掌握相對稀少性資源（例如土地及地上權），就能運用價格來為自己獲取財富上的滿足與效用。

一、不動產的商品需求

（一）論需求

　　不動產市場中的建築商品出現，一方面是供給者為求獲利而創新發明，另一方面是需求者存有多多益善的慾望及偏好，理想上，市場價格訊息則會決定並調節供需雙方的行動，讓市場數量達成均衡。但實際去觀察市場運行，理論的理想與現實的活動有所差異，同一類的住宅商品往往是價格有所差異，例如觀察都市區內的不動產住宅商品就能發現，同一條街兩邊的住宅是價格不同的，一個位在明星學區範圍內，另一個在範圍外，這個關鍵因素就能造成需求者的偏好差異，需求者願付價格的差異極大。

　　依據經濟學的解釋，消費者對商品產生需求，主要是結合了購買慾望與購買能力兩個主因，其中消費者偏好與預期是影響購買慾望的主要原因，而商品價格及消費者收入是影響購買能力的主要原因。此外，相關商品的數量，例如替代品與互補品的多寡，也影響商品消費者的需求。消費者的偏好經常受到眾人的行動而不斷改變，產生有序、失序或局部不有序，這都是一種群眾行為。購買住宅商品的行為又會受到廣告效果或示範學習效果的刺激，增強或減弱消費行為。例如擁有一間高價豪華住宅以顯現社會地位，這是廣告效果，許多高所得收入者傾向買高價豪華住宅住在一起，這是示範與學習效果。消費者對商品會有預期，包括收入的預期與商品價格的預期，預期也影響消費者願不願意購買商品。不動產開發商很擅長運用建築設計塑造商品的特殊性，例如更耐久安全、更炫耀奪目與更奢華享受，不斷去改變消費者偏好，引起消費者需求。

（二）匪夷所思的需求

1. 炫耀效果

　　台灣地區的住宅數量已供過於求，但新的需求者仍不斷出現。開發商確實擅長於創造市場的新需求，較為用心的開發者，經常會運用建築設計手法來塑造商品特性，再加上座落的區位環境良好，更易塑造新的住宅需求品質及需求數量。高品質的需求往往顯示了商品的炫耀效果，這個效果改變了一般消費商品受制的需求法則。消費商品的需求法則，是指該商品價格上升則需求數量將減少($P\uparrow\rightarrow Q\downarrow$)，因此，若不動產商品是呈現出一般的消費商品特性，則企業銷售的價格與數量必然受需求法則的約束，商品訂價高，則消費需求量降低。對於大量開發卻無法突顯個別特色的房屋，當消費者對房屋價格變動的敏感性較大時，就需要有相當的價格降幅才能引起需求，此時開發案的價格策略，最終將走向降價銷售式的價格競爭策略。

　　經濟學觀點指出，若房屋具有炫耀效果時，此時的炫耀性商品雖仍為正常財（所得越高則需求量越多），但炫耀性商品就能突破反需求法則（價格與數量是反向變動）的限制，能夠炫耀就表示具有稀少性或獨特性，十分稀有自然會引發較高的售價，開發商可藉由屋房的炫耀效果，激起消費者更高的滿足，進而引發對房屋的需求。房屋具備炫耀特性，供給者可由良好的價格策略獲取極佳的利潤，

因此，台北市有許多開發者仍然在貴得驚人的都市中心取得土地，興建高價產品出售獲利。台北市信義計畫區的不動產住宅市場是個炫耀效果的典型，因為生活環境的獨一無二，造就該處房屋價格高（新成屋平均每坪售價達新台幣 100 萬元以上），買的起自然是一種可炫耀性，偏好此味的需求者仍在。

2. 互補效果與替代效果

除了炫耀效果對消費者需求帶來影響，房屋的互補效果及替代效果也會影響消費者需求。互補效果是指對兩件商品（互補商品）同時消費才能帶來滿足，一間好房屋與許多商品具有互補效應，例如購買高價住宅與自身努力的成就相匹配。也有人會將高價豪宅與名車作一互補的聯想，擁有一部高級車總是需要有個安全的地方停放，任何具有特殊價值的收藏品，都需要一個安全的居所存放及觀賞，所以，高價的豪華住宅與許多炫耀商品（例如稀有名車、珍貴古董字畫、藝術品、貴重金飾金屬、個人優異好名譽等）往往具有高度互補性，因此，理解不同商品之間的互補性，就能理解有些炫耀商品需要高價房屋來收藏。

關於替代效果，是指兩件商品可供同時消費時，購買了其中一個商品，就不再購買另一個商品。一間房屋與許多商品具有替代效應，例如許多人將資本購買較多的金融商品（股票、基金、黃金、貴重飾品等）之後，就會轉向購買房屋，以避免投資標的太過於集中而遭致失敗的損失。對於開發商而言，如何降低消費者選擇時的替代性是重要的，當房屋（區位、建築設計、社區管理、生活成本等）的可替代性越小，則開發商的價格控制能力越佳，開發商就能由良好的售價獲得較佳的利潤。一般而言，為了降低自身產品被他人模仿之後的替代性，開發商往往會努力善用建築設計方法，創造新奇獨特的不可替代性，這也推動產品創新與技術進步。

3. 錨定效果與稟賦效果

主流行為經濟學的觀點指出，許多供給者降售價訂得高，何以人們對於高價商品能夠接受？錨定效果對於消費者需求帶來影響。錨定效果的意義，如果一艘船的主人選擇在某個地點錨定之後，往往就打算讓船隨著波浪在那地點來回遊晃，也在那附近停泊[1]。行為經濟學家經過許多實驗之後發現，人們對於某些毫無

---

[1] 李俊求著（韓）、史麗譯，2010，「36.5 度行為經濟學」，北京：中信出版社，頁 43~57。

意義的數字往往存在錨定效果，例如一位開發商興建完成房屋之後，訂定一個超乎尋常的售價，雖然，開發商會宣稱該房屋是如何地富有價值，實際上不是一般人買得起的房屋，然而，當越來越多開發者不斷將價格向上推升，消費者最後也就認可了這個房屋價格，進而構成了買賣交易的市場行情。

　　台灣北部區域的都市房價高得驚人，出現高房價的另一個解釋可能來自稟賦效果。稟賦效果的意義，就某一件商品，與未能擁有該商品的人相比，擁有者對該商品的評價往往更高，因為，人們都是不願意放棄自己現在所擁有的商品，更厭惡損失，一旦放棄商品就需要以更高的貨幣價值來彌補心理上的失落。行為經濟學家在許多實驗之後發現，商品擁有者在出售富有價值的商品會產生失落感，故會以高價出售來彌補失落感，這個心智過程形成了稟賦效果。不難理解，對於許多不動產開發商而言，好不容易整合財產權及購買取得之土地，興建完成房屋之後，需要訂定一個自己認可的售價，就算已是超乎尋常的售價，開發商仍然熱此不疲，房屋價格也就被推升上去了。

二、區位環境特性與投資獲利特性

　　一般商品或財貨強調的是具有生產及消費上的交換價值（對於產權的使用及帶來的效用），例如家具、汽車、手機、個人電腦等，而不動產商品的固定性、異質性、增值性與高價性等特性，所產生的交換價值內涵則有別於一般商品。因此，在認識不動產此種特殊商品的內容，必須先對不動產商品的特性有所了解。基本上，不動產商品特性可概略劃分為區位環境特性與投資獲利特性，這兩種特性很可能強化了錨定效果，讓許多人感覺將資本投入生產或消費不動產，獲利會隨著房屋價格上升而累積得更為龐大。

（一）區位環境特性

　　不動產商品的區位環境特性，主要是表現在「土地」坐落的區位，土地結合附近環境品質構成了區位環境特性，它是影響該商品價格的重要原因，有時候表現在數量的相對稀少性，有時表現在品質的突顯。

1. 稀少性：不動產市場中可開發利用的土地數量，相較於其他自然資源（如水源、陽光、空氣等）而言，具有相對稀少性。人們喜歡群居生活及工作特性，對於

土地需求多了，相對稀少性也就出現。土地相對稀少也表示在自然供給上是缺乏彈性，特別是許多可開發使用或具有開發潛力的土地，受制於政府部門訂定各種法令加以規範，例如台灣地區實施都市計畫，進而採取土地使用分區管制、建築容積率管制、建蔽率管制及建築物高度管制等。許多都市中心精華區可開發或待開發的建築用地，例如台北市信義計畫區的住宅及商業辦公用地，因無法大量增加供給以因應市場需求，以致土地及建築物的價格高昂，故在土地的經濟供給，更是常見相對稀少性。

2. 固定性：固定性也即是位置特性，也稱為不可移動性，它是引起區位特性的重要原因。由於不動產的位置固定無法移動，因此，在土地使用的價值上呈現出異於一般商品又獨特的區位特性，諸如交通便捷且鄰近市場、工作地點、生產地點等，此種區位特性使得擁有者可以大量節約交通成本，節約日常生活各類交易活動的交易成本，導致一種特有區位特性，使不同區位的不動產商品之間，往往可替代性不高。然而，不動產在位置固定性的價值並非完全不能取代，超高速的交通運具出現，正改變人們在房屋固定性的價值觀。依據台灣高鐵公司(THSRC)的統計，2010年搭乘人次約3,700萬人次，2017年已高達約5,700萬人次，每日約16萬人次的民眾搭乘高鐵往來北部與中部的都市，從事工作、商務及旅遊。

3. 異質性：異質性也即是個別性或地區性，也可說是由固定性所衍生出來的另一種特性。建築物需要興建在土地上，土地具有區位固定特性，再加上每一塊土地周邊環繞的自然條件及社會經濟條件往往不相同，大環境方面，例如聯外道路、公共設施、治安狀況、區域排水及商圈距離等；小環境方面，例如臨路寬度、基地座向、基地形狀、地形地勢、面積大小等，造就每一塊土地皆有其個別性與異質性。

4. 耐久性：許多商品具有使用上的耐久性，不動產商品無疑是最耐久的，經濟使用年限至少五十年，實際使用年限可能超過一百年，這在許多現存的百年古蹟不難發現。以房屋為例，除了偶爾受大自然災害（如地震、水災）的影響外，房屋具有堅固耐用不易折損的特質，能提供消費者或生產者長久的使用，折舊幅度較小，因此，許多人以金融的角度而論，土地及房屋成了最具有維持價值及抵押價值的有價資產，它甚至是能對抗通貨膨脹的投資標的。

（二）投資獲利特性

選擇投資活動，每個人都會有自己的想法，但也受到身邊朋友的影響而做出適當反應，當大家都努力購買自用與投資的住宅，自己很難不心動，這是一種群眾行為[2]。雖然，不動產商品的投資特性是來自市場供需機制形成的，但是，個人追求報酬的提高及受到廣泛群眾行為的相互影響，是不可忽視的重要原因。當個人逐利行為受到刺激而增強，社會制度與經濟環境的發展又提供了各種機會，共同引伸出不動產的投資獲利特性。

1. 使用上的投資性：人類生存有著食、衣、住、行等四大基本需求，四大需求皆無法離開土地而單獨存在，而其中人類對居住安全性有著基本需求，對於房屋則有自主性需求，因此，不動產成為一個人生命週期中需要且重要的商品之一。

2. 收益上的投資性：依據統計，台灣地區總人口約80%是居住在都市地區，而都市土地數量相對於居住求人口數量是不足的，此外，人口結構由單一住宅的大家庭走向小家庭結構，小家庭也需要住宅，以致住宅需求更為多元性。當人口在土地上的分布不均勻（集中於都市地區），且一定範圍內土地上的人口數量呈現逐年增加情況下，不動產之供給與持有，會有時間上的落後且無法瞬間大量製造供給市場所需，一旦市場呈現供不應求情況，消費者常預期房價會上漲，此時不動產往往具有極高的增值性而值得投資。不難發現，購買400萬的賓士汽車(BENZ)之後，使用五年之後，很可僅剩200萬的價值，但購買400萬的良好品牌住宅，使用五年之後，很可能還保有400萬以上的價值。除了增值及收益上的投資特性，不動產商品也具有保值、避稅、彰顯個人經濟能力及社會地位等特性，常成為大眾關注的投資或理財標的。

3. 多樣權利狀態的投資性：我國民法的規定，不動產商品之所有權與使用權可以分割且單獨存在，其中使用權的權利內容更有多種面貌，例如租賃權、地上權、典權、抵押權等，由於所有權的權利範圍可以有條件的轉讓及供不同需求者使用，藉以增加所有權人的收益，此種權利的可分割性及多樣性，增進了商品利用的經濟效率，市場中擁有更好獲利訊息及更佳使用知識的人們，增進了不動

---

[2] Johnson, N.著、林俊宏譯，2011，「大科學：解析群眾行為、金融風暴、流行病毒、戰爭衝突背後的共通脈絡」，台北：天下遠見出版。

產商品的投資性及豐富性。台灣地區許多銀行正進一步將抵押權應用得更廣泛，推動住宅的逆向房貸，確保人們在退休及老化之後的晚年生活，能夠再次以房貸來照顧自身生活。

4. 資本市場的一種商品：不動產雖因具有資源利用的相對稀少性及使用性，而成為市場經濟中買賣交易的一種商品，但從會計學的觀點而言，不動產的建築物與土地可列為一個公司企業的固定資產，而固定資產可用來融通企業所需資金，故不動產商品亦屬於資本市場中的一種資本性的合成商品，在先進國家的資本市場中，股票市場及不動產市場是最重要也是規模相對較大的兩大市場，不動產證券化的金融市場，更將股票市場、金融市場與不動產市場融合為一。

5. 高集約利用的投資性：土地利用的「集約度」，是指每單位土地上所投入資本或勞動的數量與程度，投入數量多即稱該土地利用的集約度高，而允許高度集約利用的土地，相對地較有機會產生超額地租，因此，富有可投資性。例如人類群居的天性進而形成都市，而都市環境提供有利於工作、居住、就學、就醫、及休閒活動能更加便利，這些便利正是節約了工作與生活的交易成本，激勵更多人往都市繁榮地區遷居，成形都市中心區土地利用的高度集約使用，都市郊區土地利用的則相對是較低度集約使用。

三、產品的品質特性

商品的市場價格會調節供需雙方的生產消費決策，形成市場均衡數量，但供需其中一方的數量改變，則將使商品價格產生波動並重新調節，故市場供需雙方在數量決策的變化，深深地影響產品價格。但是，市場中是誰在發動供需均衡數量的破壞，依據熊彼德(Joseph Schumpeter)經濟理論提出的「創造性破壞者」觀點，有能力的企業家基於強化商品銷售的競爭力，往往必須有創造性的破壞行動，一般會表現在供給產品的創新與品質的提升。一項產品的品質高低，是影響產品價格競爭力的重要關鍵，對於經營多年的建築開發商，往往有著相同體認。產品在質量的改造與創新也需要消費者願意買單，依據管理學的解釋，產品的「品質」認定必須是來自於顧客認同及願意支付價格消費，品質也包括產品的有形及無形的部分，因此，建築開發者了解產品的品質內涵是極為重要知識[3]。

---

[3] 此處關於產品之品質特性的部分內容，參自楊錦洲(2001)「顧客服務創新價值：如何做好服務管理」一文，台北，中衛發展中心出版。

（一）品質的意義

　　許多管理學者對品質提出觀點，卓蘭(Juran, 1974)對「品質」的定義：「它是符合於使用，且由顧客來評價的」。克勞士比(Crosby, 1979)對品質也有獨到見解，他認為好品質是要「符合需求的」，企業必須由顧客的角度來制訂一組產品的規格，而合乎這些規格之後才能真正的符合顧客需求。謝悌及羅斯(Shetty and Ross,1985)的定義：「品質是產品或服務能夠滿足顧客需要之能力」。雖然，許多管理學的專家及學者各自解釋了「品質」的意義，但最普及的則是戴明(Deming)的觀點，他認為「品質是由顧客來衡量的，是要滿足顧客需求，讓顧客滿意的」。商品的品質是決定品牌能否建立的關鍵基礎，而對於執行品質管理的態度應該堅定，否則商品是難有好品質的。

（二）不同角度的品質意義

　　早期談到品質的定義，經常會讓人想到「產品」品質。但今日定義品質之對象已經不止侷限於產品上，實際已擴及服務活動（銷售中及銷售後的服務），例如旅館飯店，服務水準的高與低，已是四星級飯店與五星級飯店的區隔。由於對產品的定義已涵蓋了更大的範圍，更脫離了傳統工廠中所生產出來的產品觀念。因此，許多管理的專家學者進一步將品質定義的對象再加以擴充解釋，包含所有的人、事、物及環境的各個層面：(1)人的品質：品德、敬業精神、專業能力等。(2)事的品質：工作順暢、沒有缺失、流程合理化等。(3)物的品質：產品品質、設備何保養、材料品質等。(4)環境品質；工作環境、周遭環境、風景區之規劃等。

　　達成優良品質可以有具體的面向，蓋文(Gavin, 1985)整合許多專家學者及相關文獻的見解，對品質的具體定義區分為五個向度來討論。

1. 從超越的角度：品質指的是卓越的狀態，是要達到最高的標準，最高的水準，猶如表現在藝術或文學中之最高的境界，1990年之後，美國蘋果電腦公司對產品的藝術要求，是一個經典。此定義不易實際運用在企業中，但大多數一般性事物的品質卻頗合以此角度來定義。

2. 從產品的角度：此定義指的是由產品的某些功能、特性或屬性來衡量，進而決定品質的好壞。例如錄放影機之功能，如可錄影，可放映，畫面可停止，畫面可放大、音響可擴充等。

3. 從使用者角度：不論是產品或服務，只要能讓使用者滿意就是好品質。因而業界必須先去了解顧客的真正需求，然後盡力的做到所生產的產品或所提供的服務能夠符合顧客的這些需求。如此做法，自然也就能獲得顧客的滿意。因此，從使用者的角度來定義品質，也就相當於定義品質為「顧客滿意」。

4. 製造的角度：克勞士比(Crosby,1979)由製造的角度來定義品質為「符合需求的」，因而設計工程師為了滿足顧客的需求而擬定產品的功能及品質特性，再由這些功能與品質特性展開到品質規格與尺寸。生產時，品質測量值不但要符合所訂之規格，且其變異也要越小越好，亦即精確度越高，品質也越好。台灣地區豐田汽車公司(Toyota Motor Corporation)的售後服務，建立用車者使用習性與維修歷程，是個良好範例。

5. 從價值的角度：Broth(1982)從價值的角度來定義品質為：「品質是在可接受的價格下的優越程度，以及在可接受的成本下的變異控制性」。所謂「物超所值」就是由此角度來定義品質的最佳、且最簡單的描述。因而，可接受的價格下，產品的功能越多，故障率越低，甚至服務越好，則品質也就越好。於是，價值(value)是由價格與品質共同來決定的。

　　我們可以了解到任何「對象」的「品質」皆可加以定義，但可能要由不同的角度來定義。若嘗試給出一個可適用在任何對象的通則式品質定義：「品質」是一次就要做到或達到最好，沒有缺失，且能符合需要者（顧客）之需求與期望，並讓他們滿意。最後，本文以條例式綜合各家學者對品質的定義，但其中可能會有意思重疊之處。(1)品質是具備應有之功能，(2)品質是符合規格的，(3)品質指的是一致性高，(4)品質是適合於使用的，(5)品質指的是變異非常小，(6)品質是零缺點，(7)品質是符合顧客的需求，(8)品質是可接受的價格下之可接受性，(9)品質是顧客滿意，(10)品質是讓顧客感受到「物超所值」，(11)品質是優越程度或水準。

　　從以上對與「品質」定義的討論，就今日不動產相關服務業（如房仲業）已是蓬勃的發展環境，各家業者之間競爭更激烈，如何提升服務品質及職業責任，確保交易雙方能合理且安全的取得不動產，已是不可或缺的認知。服務品質並非服務業的權利，現今許多製造業的建築開發商，也都把服務品質提升視為企業競爭的重要策略。例如有些建設公司努力於建築工程的品質良好，因而不去強調建築物硬體保固的售後服務，這樣的公司越來越受消費歡迎，因為，搬進新房屋使

用一年之後，若經常需要建設公司來敲敲打打維修更換硬體與設備，使用住宅是極為不便的。

　　不過，產品在生產製造的品質較易定義及評價，例如符合規格、具有必要之功能、使用方便、外型美觀等，但服務活動的品質似乎很難有明確的定義。然而，服務活動的品質如能深入了解，應不如想像中的困難。從幾位品管大師的見解，例如戴明(Deming)、卓蘭(Juran)及石川馨(Koaru Iskikawa)等人近年來對品質的闡釋，我們可以發現，這些管理學者對品質的觀點似乎頗為類似，可以這麼說，品質是由顧客來衡量，是要符合顧客的需求，使顧客高度滿意，才能讓顧客願意來購買。

　　服務品質如何藉由顧客消費活動來衡量？其意義是指顧客接受服務之前，對所可能接受到的服務會先有所謂的期望品質。期望品質的意義，是當顧客接受某項服務之前有對該項服務的一種預期或預估，是顧客認為在他接受該項服務時所可能得到的對待，所最可能出現的品質狀態；也可看成是顧客所希望得到的，或是服務提供時所應該提供的品質水準。雖然，品質提升是企業成長與銷售產品的重點，但應注意！主觀上認為產品具有高品質，是否就可以訂高價追求最大利潤？那可不一定，你仍應測試消費者的需求價格彈性，當消費者對價格的變動極為敏感時（例如市場存在許多類似的替代品時），此時可說消費需求的價格彈性是富有彈性的，因此，調升價格反而會帶來銷售收益的減少，所以調升價格顯然是不智的。

　　台灣地區的國民所得成長仍是顯而易見，在高所得地區，例如台北市、新北市、桃園市、台中市、台南市、高雄市等直轄市，不動產商品的銷售競爭，必然是走向品質的競爭，品質的精進與競爭又能表現在商品的「差異化競爭」，進而更清楚的定義一個值得深耕的市場。例如西蒙(Simon, 2017)研究全球超過 2,700 家中小企業的過程中發現，中小企業以自身優勢去界定市場的標準，包括產品使用目的及需求(63%)、顧客及目標族群(55%)、產品總類及科技領域(42%)、價格(24%)、品質(22%)、地域(14%)[4]。不可忽視品質要能結合需求者的使用目的及需求內容，

---

[4]　赫曼‧西蒙(Hermann Simon)著，張非冰等譯，2017，「隱形冠軍：21 世紀最被低估的競爭優勢」，天下雜誌（股）出版。

以期進行差異化競爭。波特(Porter, 1980)對於競爭的「差異化策略」提出解釋,它是指針對競爭對手提供具有獨具特色,且與競爭對手的產品或服務有所差別的產品或服務策略。而實現產品差異化策略的做法,可以表現在產品的內在因素與外在因素。

(1) 使產品的內在因素產生差異化:主要在創造良好的使用價值,例如在產品性能、設計、品質、附加功能等方面有所差異。重要方法包括尋找創新想法、強化研發工作、引進新技術等。

(2) 使產品外在因素產生差異化:主要在創造良好的商品形象,例如在產品訂價、包裝方式、促銷方法、品牌形象、廣告設計、媒體宣傳、送貨安裝服務、付款條件等。重要方法包括尋求顧客真誠建議、不斷改進服務缺失等。

第二節
訂價、價格彈性與成本

　　產品訂價是經營重點之一,訂價與銷售成敗及企業利潤有密切關係,產品訂價高則可能不易銷售,進而傷害到企業利潤,而且,產品行銷難免會有價格競爭,價格競爭則又會與生產成本相關,若當成本無法有效降低時,調降商品價格正表示企業利潤會受到影響,此影響可能有利也可能是不利。消費者看待產品訂價高低往往會調整購買決策,因此,當產品價格變動,消費者對於該產品的價格是否具有高度敏感,進而改變自身消費決策,這是需求價格彈性的觀念,企業調控產品價格能力往往與成本控管有關係,本節將詳細討論相關的議題。

一、思考產品訂價的主要因素

　　產品訂價是一門大學問,你是賣方要怎麼訂價,應該在買方會怎麼議價的基礎上思考。當訂價太高則產品銷售不易;訂價太低又會傷害利潤。因此,訂價的決策實與銷售數量及銷售利潤之間具有密切的關係。吳凱琳(2005)在一篇名為「價格越低,賣得越好?」一文中,經訪談台灣大學張重昭(2005)教授及 P&G 寶僑產品企劃部副總經理之後,其對訂價的基本理論架構與管理實務提出深入的分析。首先,什麼樣的價格,最容易打動消費者的心理?其次,降價真的能帶動買氣嗎?

要如何釐清複雜的成本利潤關係？這些問題背後只有一個原則：好的價格，不僅能吸引消費者購買，且必須能兼顧到公司的利潤。具體的訂價思維應該包含兩個步驟，首先，你要確定產品的價格區間，是要定在高價、中價、或低價？其次，你需要再進行細部的微調，假設你確定產品的價格區間是 2 萬元左右，那是要定21,000 還是 19,900？事實上，要決定產品的價格區間，往往必須考慮到以下幾個重要的因素。

1. 成本：製造產品需要投入成本，賠掉成本的生意沒人做，故企業經營一定要知道商品成本是多少。這其中可能包括銷貨成本，也就是製造所發生的成本，另外還有管銷成本，例如廣告、行政、或是其他費用的分攤等。你必須將所有相關的成本加總計算之後，得出「總單位成本」，總單位成本就是你的商品底價，除非有特殊情況（例如先賠掉一點成本換取提升品質），否則不可能訂出比這個更低的價格來出售商品。

2. 需求：你的商品不會賣給各種不同需求動機的人，而是針對特定的目標顧客（主顧客）。若目標顧客對你產品的需求偏好很強烈，訂價可以稍高一些；但若需求是較弱或考量決策變數較多，就不能訂太高的價格，以免流失顧客。此外，在執行低價策略時，往往可以吸引一些具有忠誠度的顧客，進而提升未來的銷售利潤。

3. 競爭：除了成本與需求的因素之外，尚須考量到競爭對手的反應。一般情況下，市場上一定有其他的企業提供類似的產品，因此，消費者往往會有一些替代品可選擇，消費者不一定要買你的產品，故產品訂價一定要考慮類似產品競爭對手的訂價決策與行動。此外，前述提到的目標顧客之需求程度，其實也和競爭的情況有關。如果市場有相當多類似的產品，目標顧客群對於你的產品的需求自然會較弱的。

4. 上市時機：一般產品的生命週期大致分為導入期、成長期與成熟期，不同階段會有不同的訂價策略。以不動產建築為例，許多新建築產品剛上市之時，在初期沒有其他競爭對手，企業大多會訂定較高商品價格，希望透過高價能快速回收投資的成本，這是所謂的「去脂訂價法」。但應注意若產品價格賣得較高，則會讓競爭對手或潛在競爭者意識到超額利潤，可能因此吸引更多的競爭者加入市場。在成長期，市場的競爭者逐漸增多，價格競爭也就趨於激烈。但也有企

業反其道而行，寧願犧牲超額利潤，採取低價策略以形成進入障礙，且讓競爭對手覺得無利可圖，降低進入市場競爭的意願，這是一種「滲透訂價法」。只要成本控制得當，低價策略並非無利可圖，低價產品有時候更能刺激需求，企業因而有機會提高產量，擴大了市場占有率及銷售規模，在營運生產上能夠出現規模經濟或學習效果時，往往能降低單位成本（平均成本），進而增加利潤。無論是哪一種訂價策略，成熟期的產品價格一定會低於初期的價格，這是因為競爭者加入市場競爭之故。因此，若在產品在導入初期訂價很高，到了成熟期絕對不可能繼續維持同樣的高價。但若一開始採取低價，反而有助於維持相同價格比較久的銷售時間。

5. 需求價格彈性：降價就一定能刺激需求、大幅提高銷量嗎？不一定。原因就在於「需求價格彈性」的大小，價格彈性就是消費者對於價格變動的敏感度。舉例來說，如果價格降了10%，結果需求提高了20%（這時需求價格彈性較高），這樣的降價幅度就可能是划算的。但是如果價格降了20%，需求量只增加5%（這時需求價格彈性較低），那麼就不應該降價。但也有可能是價格提高了10%，需求量只減少3%，提高價格反能增加利潤，則適時的採取漲價策略也是重要的。所以，越能夠清楚產品的需求價格彈性是偏高或偏低，是銷售上的重要事情，而經營者可以嘗試的漲價1%或降價2%，以觀察需求量增減的情況。

前述五個因素關係到一般產品的價格區間，但需注意五者之間相對重要性，事實上在決策時這些因素並不是皆應同等考量其重要性的，而是因應特定情況下，採取某一個或某二個因素視為考量重點。例如你該因應不同類型顧客的需求及其願意支付的價格，訂定不同的價格。或是因應銷售時間的淡季與旺季之明顯不同，分別訂定不同的價格。當銷售的地理區域不同時，價格也可能採取差別訂價。對更多消費者而言，價格可能是購買時唯一的考量因素，只要他們心裡認定商品真正價值比售價還要高，仍然會購買。

競爭對手的反應是你訂價決策中不可忽略的，如果你的競爭對手喜歡競爭，他在價格競爭與非價格競爭皆熟練，例如時常運用降價、送贈品、增加保固、多買多送價格優惠等策略於市場中行銷競爭時，訂價時就不能單只考慮到成本或需求，如何因應競爭對手的價格競爭行動，是此時必須考量的主要重點因素。

　　前述討論了價格區間的決策因素，有助於你決定產品的訂價區間，接著要能順利銷售產品，尚需思考價格的微調區間，以確認最後的銷售價格。首先，在消費者心理因素方面，常見的是以 8 或 9 為尾數的訂價。不難發現，許多銷售中的房屋訂價會有 499 萬元此種以 9 為尾數的訂價。原本正常的價格應該是 510 萬元，雖然只降了 11 萬元，但是卻可能因此大幅提高銷售量。因為對消費者來說，499 萬與 510 萬是兩個不同的價格區間，感覺上 499 萬較便宜，事實上只不過相差 11 萬元（約 2.2%的價格折扣）。其次，在購買習慣因素方面，需要考量消費者已經習慣了某種產品是某個價格區間帶，企業任意改變價格區間則不妥。例如 1990 年代台南市的公寓大廈住宅產品，頂級的產品價格約 600 萬元左右，但當市場建材及工資價格上漲，導致企業必須要調升價格，可以有兩種做法：方法一是直接漲價，但當產品價格不符合消費者的習慣時，只怕產品將難以銷售出去；方法二是尋求較廉價的建材來替代（但注意不可出現品質下降情況），而價格還是維持在 600 萬元左右，這對於消費者來說可能會較能接受。

　　另外，行銷產品採取高價策略也與消費者的心理因素有關，特別是炫耀效應。例如許多精品或奢侈品的訂價很高，事實上，這些產品的成本並不會比普通產品高出很多，為什麼不選擇降價？因為這些產品的價格代表的是社會地位或特殊的享受權利，因此，消費者會基於滿足心中渴望而願意支付高價購買。

　　不動產市場產品的訂價與銷售，開發商採取高價策略，主要是強調著建築品質的優良，包括良好區位、高品質建材、符合人性的設計、未來具備增值性等，但是，實際上可能是依據另一種消費心理因素來定高價。基於許多消費者會以「價格代表品質」來合理化自身消費決策，當產品過於廉價，會讓人基於「一分錢、一分貨」的心理認知，誤以為「便宜沒好貨」。因此，如果價格訂得太低，反而會讓顧客懷疑你的產品品質、是否會偷工減料？是否為瑕疵或庫存產品而急於出售？企業在選擇降價促銷前應考慮消費者心理，不要因降價促銷反而傷害公司品牌形象，減損預期利潤，引發同業價格競爭等。事實上，高價格與高品質在許多 3C 科技、汽車或奢侈品上顯而易見，因為，企業會堅持將高端技術、優越設計觀念及特殊材料應用在高價產品，不會應用在低價產品。

二、訂價、價格彈性與總收入之關係

產品價格的改變是否可以兼顧銷售量與利潤呢？這是一個難題。許多經營者喜歡自己生產出售的商品是高價的，但卻也不願因為高價而流失顧客，導致銷售量或占有率下降。不過，對於不動產的業者而言，重視銷售量勝過於市場占有率，因為，不動產產品具有強烈的區位特性，具有耐久財的特性也讓消費者在購買時考慮時間較長，因此，何種產品類型（大樓與透天）可以定位在何種水準的價格帶，關係到消費者對價格的接受與敏感性，進而影響商品的銷售利潤。

（一）需求價格彈性

商品的需求價格彈性(Ex)，可說是消費者的購買量(Q)對價格(P)變動而起的反應程度，也可表達成「銷售量的變動百分比除以售價的變動百分比(Ex=(△Q/Q)/(△P/P)。當 Ex＞1 時，彈性大，企業應降價以增加收益， P↓→ Q↑（大）→TR↑（因降價促銷有效，故常見廠商採價格戰）。但當 Ex＜1 時，彈性小，企業應漲價來增加收益，P↓→ Q↑（小）→TR↓（因降價促銷無效，故常見廠商採廣告、加值服務、贈品、抽獎…）。而需求彈性的大小受到許多因素的影響，例如替代品的多寡與相近性，商品在消費者心中的地位，以及調節時間的長短等。

不動產產品是否具有價格彈性，在訂價決策方面極為重要，也影響到銷售量、銷售速度與銷售利潤。對於某些重劃區內不動產競爭個案，常因相互模仿而形成同質性高的產品，在經測得價格彈性是富有彈性的情況下，就常見以價格戰策略來降價促銷，也因而傷害預期的獲利。不過，消費者也會基於某種特殊目的，例如小孩的理想學區、上班族的工作地近便、需要照顧父母的需求等，使得購屋的價格彈性是不敏感的。

（二）價格彈性的估計

1. 統計方法

統計是從一系列的數據中獲取資訊的重要方法，關於彈性的估計，首先，你必須取得許多價格變化及其相對應的數量資料，接著可運用統計方法估計，例如迴歸分析法，藉以估計出彈性值，不過要注意的是統計方法估計未必精確，因為，產品會受自身廣告、競爭者廣告策略及訂價策略等影響。

2. 經驗法則

(1) $(\triangle TR/TR)=(\triangle P/P)+(\triangle Q/Q)$，式子中的$(\triangle TR/TR)$是收益變動率，$(\triangle P/P)$是價格變動率，$(\triangle Q/Q)$是數量變動率。經驗法則雖然簡單明瞭，但是有一個缺點，就是在使用上只能處理單一商品的彈性，當銷售兩種以上的商品時，此兩種產品可能互為替代品或互補品，此時要計算各產品的需求彈性並不容易。

(2) 例子：崑山建設因某一個案商品，本月降價 10%，使企業營收增加 30%，則價格彈性＝？

解：$30\%=-10\%+(\triangle Q/Q)$

$\rightarrow \triangle Q/Q=40\%$

$\rightarrow$ 又因　$Ex=|(\triangle Q/Q)/(\triangle P/P)|$

$\rightarrow Ex=|(40\%)/(10\%)|$

$\rightarrow Ex=4$

需要注意！價格彈性等於 4 的經濟意義，是當商品降價一單位來促銷，將可增加四單位的銷售量。不過，實務上不動產的價格貴，消費者需求價格彈性通常在 1~2，建設商要關注非價格策略的運用。

（三）預測目標市場的價格敏感性

儘管有一些以研究為基礎的技巧可用來預估做價格彈性，但實務上要進行這種型態的研究還是有些困難，也許在產品剛銷售的初期，你可以先研究以下的問題，以進行產品的價格彈性的評估，這也有助於你能限制消費者的需求價格彈性。

1. 你的產品定位有多強？在顧客眼中的差異化程度如何？產品差異化的方向是針對重要、相關的特性嗎？（產品差異化的程度越強，而且被顧客認同越重要，顧客對價格的敏感性就越低。）

2. 競爭情形是否相當激烈？顧客感受得到產品間的競爭嗎？還是顧客即使不買任何產品，還是能找到替代方式來滿足同等的需求？（能提供顧客同樣效益的選擇越少，顧客對價格就越不敏感。）

3. 過去碰到價格上升／下降時，對產品銷售量的影響怎樣？企業自行調整價格對競爭者的調價動作要一起考慮。（如果過去產品價格調升並未造成生意大量流失給競爭對手，那麼你的顧客可能對價格較不敏感。）

4. 你的產品是屬於一項大宗採購中的一小部分嗎？（顧客購買你的產品占他要購買的整個採購項目的比重越小，對你的產品價格敏感性也就越低。）

5. 你的產品對顧客而言是屬於資本支出還是費用項目？（產品的絕對價格越低，顧客對價格也就越不敏感。除非顧客針對一項單位產品量很小的產品進行大量採購，以致形成一大筆支出。）

在初步完成評估之後，接著你可能需要進行相關實驗，用以得到更明確的資訊。這裡提供你一些可能有幫助的方向：在顧客有關的考慮範圍與因素，產品的最高與最低價格為何？價格對於顧客的意義是什麼？對顧客而言，比較重要的是絕對價格還是相對價格？顧客是否將產品運送和操作成本當作價格的一部分來考慮？此外，還應該對新產品或新市場（價格因素相對較不重要）進行測試，當成價格彈性分析的參考案例，如此，你所估算或體驗到的需求價格彈性會更精準。

（四）訂價、價格彈性與銷售利潤

雖然，探討產品訂價策略，需求價格彈性是經濟學中的重要觀點，但其實在生活中也可以透過測試、體驗及觀察來了解需求價格彈性，我們可以參看下列兩個有趣的例子，希望能啟發你對自身產品價格彈性的了解，你也可以測試一番。

案例一，情人節套餐的需求價格彈性。每一年的 2 月有西洋情人節，8~9 月有中國情人節，你可以細心觀察及體會一種經驗，就是同樣一間餐廳，在耶誕節、情人節，或母親節所推出的佳節套餐，價格一定比往常貴很多，價格上升除了當日需求增加外，另一個重要的理由是，在這些日子中，人們對佳節特餐的需求彈性變小，為什麼需求彈性變小呢？簡單地說，在情人節時請心愛的女（男）友吃一頓溫馨的情人節套餐，是愛侶表達情意的最好方式。儘管套餐的內容其實大同小異，若情人節當晚沒吃，改在其他日子才吃，那所要表達的氣氛情意往往大打折扣了（5 月母親節、12 月耶誕節亦為類似情形）。人們有這種過節日得心理，使得情人節當晚的情人節套餐商品因不可替代而缺乏彈性。當一個經營者知道當晚的需求價格彈性變小時，運用前面所提到的價格、價格彈性與銷售利潤之關係的結論，此時廠商的最適策略就是將商品變些花樣（稍稍改變套餐組合、內容不變）藉以提高售價，這時可使營收(TR)上升（P↑ → Q↓（數量小）→TR↑）。

案例二，機車安全帽的需求價格彈性。這個有趣的例子是發生在台北市南區，在你行經光復南路和基隆路交叉口，你會看到一家安全帽專賣店打出這樣的廣告——「舊帽換新帽一律八折」。店家的意思是，如果你買安全帽時繳交一頂舊安全帽的話，當場退二成的價格；如果買新帽，對不起！只能按原訂價買。這一種促銷方式讓人覺得好奇，是不是店家加入了什麼基金會或是店家和上游供帽廠有什麼協定，回收舊安全帽可以讓店家回收一些成本，因此拿舊帽來才有二折的優惠。如果大家是這麼想，那可能就猜錯了，通常這種舊帽換新帽、舊機換新機的促銷活動主要是針對不同消費者的需求彈性而定，請大家再回想一下前面的結論：當彈性小，廠商應調升價格以增加收益；當彈性大，廠商應調降價格以促銷來增加收益。以光復南路的這家安全帽量販店為例，店家拿到你那頂髒亂又臭臭的安全帽，其實並沒有什麼好處，常常是在你走後往垃圾筒一丟了事。既然沒好處，店家為何還要多此一舉呢？答案在於店家以顧客是否拿舊安全帽，來區別顧客的需求彈性。簡單的說，沒拿舊安全帽來的顧客表示他沒有安全帽，由於法令的規定，無論價格的高低，他「一定」要買一頂安全帽，因此，這種顧客的需求曲線較陡，彈性較小。相對地，拿舊安全帽來抵二折價款的顧客表示他本來就有一頂安全帽，如果安全帽的價格便宜他有舊換新的需求，如果價格太貴他可以未來再購買（因已有一頂安全帽了，沒有迫切需求性），因此，這類顧客的需求價格彈性往往較大。

談到這裡也許你可以慢慢推敲出來，舊安全帽折二成價錢並不是舊安全帽可以幫店家增加額外收益，而是舊安全帽替店家提供了一個良好的指標，未拿舊安全帽的客人，需求彈性小，訂價高（不打折）；拿安全帽來的客人，需求彈性大，訂價低（打八折）。店家為了追求更多的收入因此採取這種「舊帽換新帽八折」的促銷活動[5]。對於不動產住宅產品而言，雖然，建設商的訂價策略往往是開一個稍高價格讓買者議價，若要避免雙方在議價上的歧見，新成屋建設商與中古屋仲介商相結合，也可採取新屋換舊屋的行銷策略，這樣的行銷策略促使企業更有機會深耕目標客群的顧客關係，更具體的滿足客戶期望、協助顧客成功、建立企業市場價值。

---

[5] 此兩案例，主要參自來勝證券期貨考試資訊網教材中的案例。(http://www.license.com.tw/invest/newspaper/newspaper6/newpaper6.htm)

三、訂價、成本與利潤

　　控制成本很重要，低廉的成本，搭配靈活的價格策略，可使產品價格具有競爭力，成功的銷售，使企業獲取較佳的利潤。因此，成本密切地影響訂價的價格區間及價格調整策略。不過，當產品的價格競爭是激烈的情況下，你一調整，對手立刻跟進，此時努力降低成本就成為企業需要重視的經營策略。企業營運需要考量哪些成本，其實依據不同目地則有不同的分類。

（一）關於成本的分類與概念

1. **機會成本(opportunity cost)**：指資源作為某一用途後，所放棄的選擇機會中，成本最高的機會所對應的成本。機會成本（經濟成本）＝外顯成本＋隱含成本。機會成本常是經營者考量一項投資活動划不划算的重要基礎，它讓經營者能更清楚成本與收益之間的密切關係。

   (1) 外顯成本(explicit cost)：外顯成本也稱會計成本，屬於會計上直接記帳的費用支出，是需要付費（投入資金）才能使用該生產要素，這些投入的資金實具有明顯的機會成本性質。例如工資、辦公室租金、水電費、機器設備等。

   (2) 隱含成本(implicit cost)：是指自身資源自用時的相對成本，這成本不容易掌握。例如將自己的資金投入經營某一企業，則其隱含成本就是該資本存入銀行中每年所犧牲的利息收入。

2. **沉澱成本(sunk cost)**：沉澱成本也稱無法回收成本或沉沒成本，沉澱成本指已經發生的支出，難以再回收的部分。龐大的沉澱成本投入，在寡占市場與獨占市場中，往往是形成市場進入障礙的有利點，也可能是企業發展垂直整合的重要推動原因之一。

3. **攸關成本(relevant cost)**：攸關成本也稱增量成本，指為了執行一個新的決策，例如引進一新的產品或舉辦一場新的促銷活動所導致的成本變動部分。值得注意機會成本、沉澱成本與攸關成本的差異，往往會與企業資源的用途與配置效率有密切關係。

4. **固定成本(fixed cost)與變動成本(variable cost)**：這兩種成本屬於外顯成本，且與產量之間具有密切關係。

(1) 固定成本：支出中與產量多寡無關的成本，例如薪資、租金、貸款利息等。

(2) 變動成本：支出中與產量多寡正相關的成本，例如原料、直接製造費用（水電）等。

5. **邊際成本(marginal cost)**：指產量每增減一單位（例如以100箱、10件為一單位）所導致成本的變動量，也就是單位產品之增減量與成本的關係。經營者對於每單位的產品成本應精確計算，才不至於出現銷售越多，卻導致成本增加過高而遭致虧損的問題。值得注意，電腦網路及社群軟體受到世人的廣泛運用，許多產品的售價及成本訊息十分容易搜尋及比較，取得市場中某一些資源已可達零邊際成本。

例如：A 型鞋子之月產量由 10 單位→11 單位

但生產成本（外顯成本）由 5 萬→6 萬

B 型鞋子之月產量，在收入則由 4 萬→2 萬（減少 2 萬）

則第 11 單位的邊際成本 MC=(6-5)+2=3 萬元

6. **短期成本與長期成本**：短期成本與長期成本的計算，主要與生產要素的使用是否具有固定性有密切關係，也可以說，時間長短是影響生產要素固定性的重要關鍵，企業經營的成本結構中，短期成本的比例不應過高，以免出現資金流動性不足的財務困境。

(1) 短期成本：短期下雇用固定生產要素及變動生產要素所需支出的成本。

(2) 長期成本：長期下雇用所有變動生產要素所需支出的成本。

7. **交易成本(transaction cost)**：是指市場供需雙方所擁有的資訊數量與品質，可能是不完全與不對稱的，這引起供需雙方難以完成交易，若要順利完成交易，就必須付出產品價格之外的成本，這個成本就是交易成本。一般性的交易成本，包括商品質量資訊蒐集、價格資訊蒐集、比價與議價、監督與簽約等。

（二）建構經營能力前先控制成本

企業管理的基本任務，就是不斷地降低成本。美國管理學者杜拉克(Drucker, P.F.)在其「新現實」一書中對成本有一句非常精闢的表述，後來為許多人所引用，他說：「在企業內部，只有成本（行銷與創新才能帶來利潤）。」戴明也指出：「不斷降低成本是企業管理創新永恆的主題。大量的生產和銷售可以降低成本；提高

品質是為了降低品質成本；適時管理和資訊化是為了降低時間成本；降低工資，解雇工人可以壓縮成本，但提高工資和生產力也可以壓縮成本（福特汽車廠的亨利‧福特提出了這個新主張）。」那些被一時勝利衝昏頭的公司，一旦悖離了精打細算，早晚會受到市場的懲罰。正因為看到了這一點，英特爾公司總裁葛魯夫在公司蒸蒸日上的時候，仍然力行節儉，他甚至連自己的辦公室都沒有[6]（比斯蓋特‧舒爾茲，2003）。

然而，獲利佳的企業，就是競爭力良好，這不易論斷。2004 年 12 月號的遠見雜誌，張殿文(2004)以「會賺錢，不等於有競爭力」為標題，說明鴻海科技的降低成本策略。產品平均售價(ASP)每年都在掉，有的甚至一年跌 30%，但我們的營收為何還有 30%成長？」2004 年股東會上郭台銘看著台下的股東充滿自信，「這代表我們出貨量的成長遠大於 30%。」讓郭台銘自信的不僅是數字，而是數字背後展現出的經營實力及拚搏能力。特別是過去五年所有企業面對股市崩盤、SARS、政治環境和油價的紛紛擾擾，鴻海仍維持了預定的成長軌跡，「像油價漲價，或幣值變動，又不是只漲你一家！」郭台銘一貫霸氣的說，「我們從來不講理由，因為面對環境危機和競爭，本來就是 CEO 的責任。」

意識危機感，努力保有競爭力。不管是來自竹科的台積電或聯電，可能都想不到一家來自土城的公司可以在不景氣中穩健成長。一名鴻海員工就指出，他們並不羨慕那些明星公司，「像 IC 設計公司每年賺兩個資本額，景氣如果變差，顧客會讓他們賺這麼久嗎？」這是鴻海式的思惟。外人以為鴻海實力強在降低成本，但對鴻海來說，壓低成本是為了客戶的利益，也形成了鴻海競爭力的一部分。「會賺錢的公司，可能只存在二、三年，但有競爭力的公司，才可以長久存在。」鴻海集團副總經理，同時也是鴻海董事的戴正吳語重心長的道出。戴正吳負責的事業群是「消費電子事業群」，索尼「PS2」千億台幣生意就是他負責。他也被稱做鴻海的「德川家康」，個性內斂而治軍甚嚴，但是在制度嚴明且不易升官的鴻海，他也曾把一名課長，一路提拔到經理，當時引起了內部相當大的側目，說明了他具有擔當的個性。連一名鴻海基層的幹部都表示，「屬於他管轄工廠的餐廳，就特別乾淨和好吃。」

[6]　比斯蓋特‧舒爾茲著、范瑞詳譯，2003，「頂尖管理大師」，台北：讀品文化出版。

　　企業經營，失敗不用講理由。鴻海就是靠十多名這種勇敢善戰的副總級幹部，撐起了江山，也是郭台銘可以「失敗從來不用講理由」的原因。「當產品訂價下降30%，就一定要讓訂單數量增加 30%以上，接下來再拿超過 30%（因為單價比原先更低）的訂單，才能增加 30%營收，但問題是，你不能增加 30%的人力！」戴正吳說，這完全要靠管理的功夫。「等於說幾乎要靠原來的人力繼續成長，否則沒有辦法增加利潤。」戴正吳解釋。依據「管理」？鴻海的績效管理、成本管理和人事管理和其他公司有何不同？戴正吳語出驚人表示：「在生產線上，許多產品我們現在不但沒有庫存的呆帳，而且庫存甚至是負的！」為什麼會是「負的」，主要就是備料零件一進發貨庫房就被領走，反而時間還沒到，下一批出貨單已到了發貨庫房。

　　「我們也要歸功最嚴苛的會計查核系統」戴正吳解釋，要是備料到了一段時間不出貨，就馬上被打成庫存呆料，先折價一半，所以要是沒有準確算好出貨進貨的時間，嚴格執行時間表，財報上的業績就會很慘，所有人年底都拿不到獎金，「鴻海的生產單位幾乎都有這種從進貨到出貨，準確達到預定數目的功力了。」戴正吳說。另外一項可以克服「ASP 每年下降 30%」的優勢，來自於規模。「像我們進貨的優勢，比一般小廠的折扣要多。」一名鴻海內部人士指出，像一次訂兩萬個零件，一定比一次訂兩百個的折扣要多，再加上購買的次數越來越頻繁，達到一定的量後，折扣更多，「鴻海買到的東西，一定是最便宜的。」

　　關於第三項要克服「ASP 每年下降 30%」的優勢，則是速度。也是最大差異化之一。「速度，就是我們成本的一部分！」戴正吳指出，對於鴻海來說，真正的成本，不只是看得見的機器、廠房、原料、人工，還包括了所有組裝、物流、加上人員訓練等等，「今天的鴻海，你也可以說，我們是在經營成本。」「台灣產業結構仍然在調整。」郭台銘指出，「過去習慣賺錢的公司，現在就比較難適應了。」主要是只會追求高利潤的公司，現在遇到一個很大的問題，「高利潤造成大家決策的品質不是那麼仔細，等到外在環境一改變，企業文化一直維持在高利潤時，將來公司整個文化都很難改。」

　　鴻海科技畢竟是國際性大企業，大企業的優勢往往是小企業所欠缺的，但這不足以消滅了小企業。依據西蒙(Simon, 2017)在「隱形冠軍」中給小企業的建議，一個都市的咖啡店，除了星巴克大型連鎖店，也會有地區咖啡店存在。小企業要

能生存,可以採行的策略,包括專注自身遠大目標、聚焦特定的專業、找出競爭優勢、降低員工流動率、加強服務深度等[7]。例如,只要你是該地區最棒的咖啡店、最多人愛去的餐館、最多人愛逛的藥妝店、最多人駐足觀看的房仲店,你的企業仍是一家穩定且富有生存利基的隱形冠軍企業。

(三)訂價、成本與利潤

雖然,企業的生產成本高低會直接影響產品價格的高低,但是價格也會反過來影響成本的,例如低價策略所創造的高額銷售量,可能會因規模經濟或學習效果的發揮,而降低單位成本,帶來有利的成本優勢,進而有助於利潤的維持或提升。

另由層次上而言,影響產品獲利因素的層次,第一層因素是交易成本,你在節約成本的考量,應將產銷工作細心思考要採取自製策略、外包策略或整合策略。第二層因素是銷貨收入和成本,其中銷貨收入等於售價乘以銷售量(銷貨收入＝售價×銷售量),成本則是由變動成本與固定成本所構成。而變動成本的大小又會受到銷售量大小的影響,當銷售量越大則變動成本也就增加,固定成本則不隨銷售量的大小而變化,至於每多銷售一單位而增加的成本為「單位變動成本」,也可稱之「邊際成本」。經濟學理論指出的邊際觀念很重要,這使得你可以更清楚意識到,當下每分每秒的投入,究竟是創造了收益高於成本的模式,或是成本高於收益的模式,不可不慎。

不可忽略,價格漲跌具有高度的槓桿效應,推動著成本結構的改變。當每單位的變動成本較高(高於固定成本)的產品,要調降價格時,往往會有助於提升大量的銷售量(惟你必須確認產能可以負擔),除可抵銷因降價所產生的負面效果外,但有很大的可能性可以提升利潤。特別是變動成本高的產品,企業可以採靈活的降價策略以增加營收,而固定成本高的產品則較不適用。然而,除了成本因素,第三個層次因素是產能,當企業的產能無法及時因應或擴充,則降價後所增加的銷售量,往往超過你的產能極限,員工不斷趕工之下,你的產品品質一定不佳,不良率上升,傷害了產品的形象,結果會降低了原有的利潤[8](Dolan and Simon著,2004)。

---

[7] 赫曼・西蒙(Hermann Simon)著,張非冰等譯,2017,「隱形冠軍:21世紀最被低估的競爭優勢」,台北:天下雜誌(股)出版。

[8] Dolan, R. J. & Simon, H.著、劉怡伶及閻蕙群譯,2004,「訂價聖經」,台北:城邦文化出版。

第三節
成本與經營決策

一、短期下的成本與訂價決策

　　企業經營的短期，是指企業沒有足夠的時間來調整生產組合或產能。在短期的營運重點之一，對於成本結構中占成本份額較大的支出，應該有效率的監控，避免上升或能夠下降。經營者對於衡量成本、控制成本及降低成本是極為關心的，因為，成本越低表示在售價上就越有競爭力，你將有較大的彈性空間及調整策略，因應競爭對手的價格競爭。當然，控制成本控也關係到銷售商品的利潤，因為，單位利潤等於商品售價扣除單位總成本。此外，總成本表示一種資源投入某一特定用途的總機會成本，若在銷售上無法獲利，則該項成本應投入其他獲利更佳的管道，才是正確決策。當企業銷售某種產品具有穩定的市場需求，為了提高價格的競爭力（例如以降低成本來降低價格），則在短期下可分析各種投入的生產要素結構，以支出成本份額較大的生產要素進行節約成本。以不動產的營建業而言，成本份額較大的項目，包括勞動力成本、主要建材（鋼筋、砂石與地磚石材）成本、購地成本等，皆應透過有利的議價條件及適當的購入時機來控制，例如一次購足材料，洽詢更多元的供給者，方能以節約成本使產品售價具有良好的競爭力。

　　控制成本與提升企業利潤的關係密切，但是具有吸引力的適當售價，則是銷售收益的重要因素。短期下，企業應如何訂價才能得到最佳利潤？若假設成本能夠受到良好的控制，則企業可由產品的需求價格彈性差異，擬定具有經濟利益的訂價策略。對於需求價格彈性較大（富有彈性）的商品，可採價格競爭策略，運用降價促銷以提升收益。以建築業為例，他們在明顯的銷售淡季時，願意提供較大的議價折讓空間，實為降價促銷策略。而對於需求價格彈性較小（缺乏彈性）的商品，例如低度替代性及富有獨特性的產品，則會採非價格競爭策略。建設商的非價格競爭策略十分多樣，例如延長保固期、致贈家電家具、確保快速到府維修、協助裝潢設計、協助融資貸款、協助餘屋仲介轉售等。另值得注意，非價格競爭也是創造產品差異化的重要競爭策略。以預售屋為例，許多消費者喜歡購買預售屋，因為，消費者可以在建築物尚未完工前，自行決定變更室內格局和設計，建設商將客戶要求變更格局或建材，稱之為「客戶變更（簡稱客變）」，這情況相

當常見。建設商若能提供消費者變更室內規劃的需求協助，並一次把想做的變更項目與格局規劃設計妥當，例如實體感覺及空間機能，避免二次以上的修改，這種能夠符合客製化的需求，又能兼顧施工品質的行銷策略，在目前市場逐漸增多，這是一個誘人的非價格競爭策略。在居住的室內設計與空間機能，每個人都有自己的想法，也或多或少的想要與眾不同，建設商提供了專業協助，往往增強了購屋者內心的產品價值。

二、長期成本與經營決策

在經濟理論定義的長期，是指企業能有足夠的時間來調整產能及制度，以致產量規模與單位成本之間的抵換關係是個重點。長期下，若當企業的投入成本越高且產出量也越高時，表示企業的規模正逐漸擴張，也就是企業正在成長。當企業的規模擴大，也就是銷售數量持續的增加，而管理活動也具有良好效率，則產品的單位成本就可能是降低的，這現象形成一種內部規模經濟效應。形成內部規模經濟的主要原因來自四個方面：(1)廠房的規模經濟；(2)企業的規模經濟；(3)多樣化的綜效；(4)學習效果的發揮。

（一）廠房的規模經濟

廠房規模經濟的意義，指企業生產的廠房數量（或生產線數量）增加時，但隨產出量增加，且固定成本能有效控制，則產品的單位成本因而下降之情況（廠房數量↑→產量↑→單位成本↓）。廠房的規模經濟對製造業是重要的，引起廠房規模經濟的主要原因，往往來自兩個方面。

1. 標準化生產的經濟效率發揮：當企業使用專一的機器設備，生產出標準化又可互用的組件，並將工作細分化、簡單化及重複化，如此將使企業節省訓練支出，最後以移動的裝配線來連貫整個生產程序，以提高生產速度，如福特的汽車生產及泰勒的科學管理。中度資本密集產業常見，例如，房仲業、連鎖超商、汽車檢修廠、量飯店、連鎖旅館飯店及連鎖主題餐廳等。

2. 大型設備本身存在經濟效率的發揮：企業的大型設備具有難以分割性，只有在廠房規模大時，才值得裝配，而且，大型設備的生產效率比小型來得高。此外，一些設備雖擴大但其設置成本並不會等比率的增加，僅會出現有限幅度的增加，故生產量越大越反而能壓低單位成本。

對於製造業而言，當廠房規模經濟的發揮足以形成最小廠房規模效率(Minimun Efficient Plant Size, MEPS)，已正表示你的企業已形成一種市場進入障礙，潛在競爭者若無良好的技術進步，若無足夠的資本數量，將不易達成最小廠房規模效率，以致不敢貿然進入市場加入競爭行列。最小廠房的規模效率(MEPS)實現也是重要的在，當企業的廠房存在一種規模經濟現象，其長期平均成本(LAC)會隨著廠房規模擴大而逐漸下降，廠房的規模經濟也會導致最小廠房的規模效率之實現（MEPS 即為 LAC 的最低點）。MEPS 的概念表示著某種產品在一個市場競爭，要達到單位成本最低，所必要的最小產能規模。而最小規模效率的概念，對進入新市場的決策很重要，他代表著先達成 MEPS 者，則能夠有較佳的獲利，也就是一種先占先贏的市場策略。在都市發展逐漸龐大，地方政府開闢新的市地重劃區域，建設商尋找土地來開發建築物，採取先占先贏的市場策略，相當常見。此外，MEPS 的存在也會讓競爭中的對手，在利潤微薄而難以有效降低成本的處境下，選擇退出原市場的競爭，另尋其他市場發展。台灣地區於 1990 年代初期的房仲業，就曾經出現某些業者退出全國性的市場競爭，僅深耕某區域性或某個縣市區的中古屋市場，用以確保小企業的規模效率。

（二）企業的規模經濟

企業的規模經濟意義，指經營規模擴大（指產出量），以致其單位成本持續下降的現象。規模經濟一旦能有效達成，往往可創造一種市場進入障礙，同時在降低單位成本的同時，也正建構了具有優勢的競爭策略。企業規模經濟產生的原因主要來自幾個方面。

1. 企業成長過程中，一些固定費用並不會隨企業規模呈等比率的增加。例如固定設備、研發費用、廣告費用、管理人員薪資等。

2. 企業規模擴大需要用料，使其進貨的原物料時能夠享有較高及穩定的折扣率（相對成本較低），例如建設公司在建材上大量採購與穩定長期採購，購料價格通常為市價的30%。此外，付款期可拉長，這可降低其流動資金的使用成本，稍稍取得一些成本優勢。

3. 企業得將數個廠房連結以節約運費及能源使用費。例如鋼鐵廠將煉鋼與軋鋼的工作一次完成，則可省卻再熱的成本，並減輕重量。例如建設公司集中於某個

重劃區中，分期分區開發住宅產品，連結幾個工地在鄰近區位，都能有助於作業機具及人員配置的規模經濟產生，對於土地開發時要取得土地成本也會較有利。

（三）多樣化效率（範疇經濟：Economics of Scope）

多樣化效率的經濟意義，是指企業同時生產兩樣或更多樣的產品時，其總成本比生產各單一產品時的成本加總值更節約。企業營運採取多樣化卻能引起效率，也稱為生產多樣化的範疇經濟，其原因主要來自以下幾個方面。

1. 有些生產程序過程中會有副料出現，這些副料可經由再加工發展出另外的產品。例如木材場生產木材，但木屑可做成合板。山坡地的土地開發，開採陸上砂石可出售。河川的截彎取直工程，可取得河川浮覆地，做為住宅使用。

2. 企業的某些知識或設備可用於生產多種相關的物品。例如Casio公司原只生產液晶顯示螢幕，後來又利用原來的知識技術，生產計算機、電子鐘錶等。會計師在本業之外，可兼做投顧業務，建築師在建築與景觀設計本業之外，可兼做建設開發等，房仲業在仲介服務本業之外，可兼做包租代管或室內修繕。

3. 服務業的某些知識及訊息使得多樣化的勞務提供得以進行。例如會計師事務所源只做稅務及財務簽證，進而做投顧諮詢業務，不動產地政士（土地代書）原只做買賣移轉登記，兼做公寓大廈物業管理糾紛排解或銀行融資，房仲業也可為新成屋與預售屋進行代銷、包銷與代管。

4. 在製造業由於電腦輔助設計(CAD)與電腦輔助製造系統(CAM)的發明與使用，使得各種產品之間的設計與生產轉換變得較為容易。例如建築設計的3D空間模擬技術，運用在網際網路銷售住宅的影音速配，運用在仲介服務的裝修建議，往往具有良好的銷售成效。

（四）學習效果(learning effects)

學習效果的經濟意義，是指企業將某些技術用於產品生產上，常因經驗的累積而導致勞動生產力提升的效果。學習效果也稱經驗效果(experience effects)或邊做邊學效果(learning-by-doing effects)。學習效果的產生，主要源自於經由產量累積增加，使其製造、生產和管理的經驗提升與知識分享，進而使單位成本能下降。若技術進步難以跳躍，則產生學習效果將是企業能否創新發明與技術進步的重要

關鍵，同時更經常顯示在降低成本方面的主要原因。近代管理文獻十分強調「邊做邊學效果」，是基於企業的產量累積所導致的規模報酬遞增持續的現象，進而使長期平均成本下降的經濟效果。

然而，學習效果與規模經濟具有一些明顯的差異，學習效果主要指單位成本隨時間而下降（因為產量累積增加），為動態累積的過程。規模經濟則是指一段時間內單位成本隨規模擴大而下降，屬於特定期間的靜態現象，而長期下規模經濟的效果仍無可避免地會受到規模報酬遞減率的約束。

雖然，前述說明了引起企業內部規模經濟的主要因素，企業內部規模經濟往往可由平均成本的變化可以察覺，但長期下企業在利用前述四種方法作為競爭策略時，尚應注意市場與產業的特徵、企業自身的條件、當時的經濟環境，因為，有一些市場不確定因素會現，若漠視市場中的不確定因素，企業在追求成長或規模擴大的路徑上，常會引起更大的經營風險，甚至遭致關門的噩運。

三、杜拉克談到削減成本的有效方法

努力降低成本是企業生存競爭的重要策略，杜拉克(Drucker, P.)曾說：「成本感覺是管理者最為重要的經營感覺。」管理者在降低成本結構上，應該注意以下三方面成本的變化[9]（比斯蓋特‧舒爾茲，2003）。

1. 相對於銷售額花費了多少直接成本。管理者不應該單純地看直接成本，而應該看相對於銷售額的比率。將附加價值比率作為指標最合適。附加價值是企業在市場中營運活動所產生的新價值。一般來說，包括零售業和批發業的商業是指銷售額總利潤（銷售額減去銷售成本）；製造業等工業是指加工額（生產額或銷售額減去材料費、加工費）；建設業是指完成加工額（完成工程額減去材料費、勞務費）；這些數字相當於附加價值，附加價值與銷售額之比為附加價值比率。在實務經驗的大致平均值，製造業為41~42%，建設業為27~28%，批發業為18%左右，零售業為30%。如果自身企業的數字比這些平均值低，說明直接成本花費過多了。在這些情況下，努力降低進價，降低對外合作成本，洽詢有助於節約成本的協力廠商，將成為經營的重要課題。

---

[9]　比斯蓋特‧舒爾茲著、范瑞群譯，2003，「頂尖管理行為」，台北：讀品文化。

2. 直接成本以外的成本花費了多少。指標為銷售管理費，銷售管理費是指銷售員工資、包裝運輸、廣告宣傳、接待交際等銷售費加上有關人員工資、福利保健、辦公用品、差旅、通訊、房租等管理費。銷售管理費與銷售額之比即銷售管理費比率。平均值：製造業19%，建設業約14%，批發業16~17%，零售業約28%。超過了這個數值，則說明比其他公司銷售管理費高。

3. 人事費的大小。人事費，是指關係到人的經費，合計為工資、獎金、福利保健等。人事費與銷售額之比，及人事費比率。實務的平均值，製造業為17~18%，建設業為12~13%，批發業超過6%，零售業超過13%。人事費過大時，由於不能降低工資，只有削減人員或在現有人員的基礎上，努力提高銷售額。也就是提高勞動力的生產率，企業需要關心每一個勞動力提高了多少成果。

　　除了以上三個數字是管理者應該不斷關注的數字。此外，還有一個不可缺少的觀點：一單位小時的成本和成果，以及公司每小時花費多少成本，獲得多少成果。比起表面上出現的數字，嚴格地關注單位小時成本和成果更為重要。一個成功的管理者為培養這種技能，不妨首先計算一下單位小時的人事費是多少，可能的話以 10 分鐘或以 1 分鐘為單位來計算。算算單位小時產生了多少成果，經常檢視一下，到接近下班時，是否員工還在全力衝刺，或是在拖拖拉拉地加班。

　　現在絕大多數人都會發現，減肥比一開始就不增加體重要困難得多，企業組織要減肥也是如此。成本過高就是過度肥胖。削減成本幾乎無法從勞動者本身獲得更多的支援，因為從根本上而言，這意味著解雇人員。然而，缺少勞動者的積極參與，實行有效成本控制所需的措施就不能輕易得到貫徹。的確，近年來為削減成本所作的很多努力未能實現成本削減的一個原因就是：這些措施是從上面強加給勞動者的，勞動者視其為對他們自己的工作和收入的威脅。而成本預防往往能夠得到勞動者積極而熱情的支援。職員們知道肥胖在於何處。他們明白，低廉的及受控制的成本意味著更好及更安全的工作。因此，杜拉克更明白表示，聰明的管理者若早知道組織減肥的裁員行動，會產生負作用，企業就應在事先注意不要輕易造成增肥。

　　曾經有一家負責建築材料供應的大型建材批發商，面臨市場景氣情況，雖然產品銷售量不斷地增加，但是，管理者基於促進人力激勵效果發揮，將其銷售人員從 167 人減少到 158 人。這使銷售人員可以有更多的時間從事銷售，而不是浪

費時間去填寫冗長的「表格」，表格數據往往會失真，有數據也不一定有能力可以解讀，這樣逆向思考是經營者可以在經營實務上斟酌的。面臨市場不景氣情況，表示你的產品銷售與利潤下降，這時應該警覺到市場環境何以變成這麼嚴苛，於是應該花一些成本，努力走向小突破、小發展及站穩生存的位置。不難發現，需多傳統小企業是在市場不景氣的嚴苛環境逼迫下，展開一波一波的產品創新，例如機械五金產業，將機械技術與電子科技結合，發展出各種電子化的建築物門鎖與汽車門鎖。

第四節
平衡量分析與營運槓桿

　　企業在產品的經營方法上，往往基於自身能力而有不同的考量。有些企業是在維繫一定的品質下，考量最有利（利潤極大化）的產品訂價；有些企業是在維繫一定的市場占有率之下，取得產品利潤、成本控制、銷售價格與銷售數量的平衡；有些企業是在維繫產能全力運作的規模下，採取低成本製造及大量銷售而獲利。以上都是企業在產品產銷上經常見的方法，這些方法恰好表達了一個重點，就是成本與獲利之間的平衡關係需要重視。

一、營業的平衡量分析及績效評估

（一）平衡量的計算

　　企業經營往往是在一定資本數量下，取得某些生產要素，惟生產會受限於生產技術，在特定的期間，生產每個世代的產品往往只能有一定的數量。不動產市場的建築產品也是如此，開發商取得一定的資本額，換取某種面積的土地資源，開發出一定數量的建築物，但這過程不必然是獲利，要取得精準的獲利（特定成本之限制下），需要注意營業平衡量的問題與思維。開發建築產品，可採取興建一定數量的產品，其餘的經營心力則用於提升產品品質為目標，這也有助於建立消費者的獵奇心理。餐飲業經常能運用良好的本益平衡量及獲利邊界值。例如台南市的義豐冬瓜茶店，商店面積不大，經營者想著一輩子只做好一件事，讓冬瓜茶好喝又健康，每天製造一定數量賣完之後就關店休息，這也是平衡量的思維。平

衡量思維對經營者是重要的，這讓你警覺到做事的成本與成果之間對價關係，比起做了十件皆不理想的事，專注做好一件事，往往來得更重要，它甚至是主要的獲利來源。

分析營業的平衡量也就是探討損益平衡點。平衡量的計算，若以貨幣為單位，主要是在估算基本而準確的營業額，進而推估最大利潤之下的收益與成本關係。在一個特定的銷售期間，產品利潤是收益與成本之間的差額，企業在銷售週期結束時，莫不期盼能獲得良好利潤，也就是確保產品銷售的總收益大於總成本。藉助損益平衡點的計算，往往有助於快速得知如何讓總收益大於總成本？分析何種產品及達成何種銷售量才可能獲利？損益平衡量分析能夠具體顯現某特定的時間點，企業應該達成的最佳銷售數量，知道這個最佳數量，可以避免產量過多而導致存貨囤積，因存貨往往會有市場價值的折損，產品出現存貨也表示可替代的新商品不斷出現，這對企業的未來銷售會帶來損失。

1. 損益平衡點(Breakeven Point,BEP)計算式

$$BEP=TFC/(P-VC)$$

BEP：表示在某一價格下，一件商品需要多少的銷售量才能達到收支平衡。

TFC：表示總固定成本。所謂固定成本是指生產上不因生產量或銷售量高低而改變，始終維持大致不變的成本而言（至少就短期下是固定不變），例如：財產保險費用、財產稅捐、折舊及管理薪資、建築物租金。龐大的總固定成本可以創造市場進入障礙，但是銷售量下降之時，則是一種經營負擔。

P：表單位售價。實務上要考慮消費者可接受的產品價格。

VC： 表單位變動成本。所謂變動成本是指會隨生產量或銷售量多寡而變動的成本，例如購買各種生產原料的成本，增加銷售量而引起的成本。

2. 損益平衡點應用

企業從損益平衡點計算式可深入推知，當企業要縮減規模降低損益平衡點的方法，可藉由兩個管道實現。首先，降低總固定成本，例如縮減人事費及設備費用；其次，降低變動成本，例如運用製程創新以降低原料成本，或尋找更廉價的替代性原料，或是聯合性的大宗採購並要求折價。今舉一個案例，假設大大公司推出一種新產品，今先做市場研究及銷售測試，得知產品訂價為 10 元時能夠銷售出 25,000 件，又該公司每月總固定成本為 120,000 元，其單位變動成本為 4 元，

請問該公司推出此項產品是否能有盈餘？透過損益平衡點計算式可知，BEP=120,000/(10-4)=20,000 件（表示有盈餘），從 BEP 的結果可發現，該項商品要能夠每月銷售 20,000 件以上，才能獲利。為了能夠每月銷售 20,000 件以上，緊接著布局銷售通路，以及在廣告上使得潛在銷者更容易接觸，許多企業會將產品設計概念拍成影片，將影片傳送到網際網路之中，點選觀看的人一多，產品資訊被傳播開了，產品銷售得更快速。

（二）有關營業績效評估的主要指標

　　都市街道興建許許多多的店面式建築物，它往往成為產品的實體展售及使用體驗的據點，以手機店為例，從這些前來選購或體驗的消費者身上，你可觀察及發現消費者掏錢消費的速度，進而知道自己能否成功銷售商品，也能發現每月需要達成損益平衡點的營業額，若達不到這額度則表示每個月經營結果都是虧損。雖然，企業在針對一種商品的銷售，以及獲取利潤的銷售基礎點分析，也許是較容易的。不過，經營一家企業獲利的好與壞，還涉及更多的評估指標，企業經營必須具備績效檢討及改善的能力，才能確保企業的競爭能力與獲利能力。關於一家企業或是一家店的經營，存在一些常用的績效評估重點，這些重點在於精準估算出基本的、重要的且必要的營業面積、營業人數、存貨空間與營業資金。常用的重點指標，例如營業額、毛利（率）、商品周轉率、流動比率（流動資產／流動負債）、面積坪效、員工績效（人效）、商品庫存額等，這些財務性指標在一般的財務報表分析或是企業經營分析的相關著作，十分容易發現及閱讀。

二、營運槓桿與財務槓桿分析

（一）營運槓桿

　　企業的損益平衡點與企業的營運槓桿有關係，營運槓桿(operating leverage)的原理，是用來衡量其固定成本與變動成本的相對比率。當固定成本（設備規模的支出）占總成本的程度越高，表示公司運用營運槓桿的程度越高（簡稱高營運槓桿）[10]。企業出現高營運槓桿，也表示企業的損益平衡點將提升，但銷售商品要達

---

[10] 營運槓桿程度(Degree of operating leverage,DOL)的意義：表示當產量變動1％會引起利潤變動多少的百分比。

　　規模（產量）變動($\triangle Q/Q$)與利潤變動($\triangle \pi/\pi$)之間的關係為：

　　DOL=($\triangle \pi/\pi$)/ ($\triangle Q/Q$)。

成高營運槓桿下的銷售數量，往往相當的不容易，競爭者會細心看待你的產品且伺機而動展開競爭。因此，企業的營運槓桿與其產品銷售量也有關係，這個關係更進而影響利潤的改變，當產品銷售量變動某一幅度時，一個高營運槓桿的企業，其利潤的變動幅度會大於低營運槓桿的企業。而高營運槓桿的企業，表示其年產量要大才能達到收支平衡，故企業的發展路徑與垂直整合有密切關係，垂直整合意味著企業將更多專業分工的工作，納入企業內部組織來進行生產，這種垂直整合式或稱演化整合式的企業成長路徑，在購物中心百貨業、便利超商零售業及中型流通量販業，不難見到，他們努力於你能賣的我也能賣，不斷創新跟進且超越競爭對手。然而，企業成長需要擴大籌措資本，於是無可避免要能舉債經營，企業要在多大程度上舉債經營，就涉及財務槓桿的運用。需多建築業的建設商，往往將財務槓桿運用的十分靈活，於是小資本也可參與大型開發案，取得專業分工的獲利。

（二）財務槓桿效果

企業經營及成長的過程，往往會透過金融市場來取得資本，於是就有著財務槓桿效果的考量。財務槓桿的原理，是指企業以舉債經營的方式（引入他人資本），經由融資（借貸）而能夠以較少的資金，從事更大規模的投資活動，並增加其獲利性。至於財務槓桿效果則指，企業引入他人資本透過舉債經營之後，對股東權益報酬率（本期淨利／股本）帶來的效果，財務槓桿產生的效果有正向、負向及中立等三種情況。

1. **正向槓桿**：表示企業透過舉債經營後，資產投資報酬率大於負債利率，表示可再增加融資額度來增加企業獲利。正向槓桿效果經常出現於產品生命週期的成長階段。企業利用特定的市場事件，往往也能創造正向槓桿。例如我國政府為抑制過高的房價，課徵特種貨物稅（俗稱奢侈稅），後來實施房地合一稅，有建設商就掌握這些事件，在實施課稅政策之前，努力銷售住宅產品，為自己創造正向槓桿效果。

2. **負向槓桿**：表示企業透過舉債經營後，資產投資報酬率小於負債利率，這意味著企業舉債過多，舉債利息導致成本上升過速，此時最好減少融資比率，以避免市場景氣下降引發的營運虧損。負向槓桿效果的出現，有時起因於企業經營者個性的好大喜功或過度自信，有時則與企業的市場環境知覺不夠敏感有關，或是快速的環境變遷，企業卻難以適應。這會引起產品價值下降，銷售獲利下降。

3. **中立槓桿**：是透過舉債經營後，出現投資報酬率約等於負債利率的情況。中立槓桿效果的出現，若是屬於企業內部組織效率的問題會較易解決，在引入具有激勵效果的制度後往往可以改善。但若是屬於市場環境變遷的問題，此時應詳加考慮市場風險與不確定性之後，方有所行動為妥。

市場風險與市場不確定性是企業在經營產品上的重要概念。風險可以透過市場保險機制來極小化，向各種保險公司投保就能將風險移轉了。但是，不確定性卻很難移轉，它是來自於人類知識的有限性，除非你能投入大量資本及勞動來取得新知識，否則不確定性必然會干擾營運的。然而，市場的不確定性並不可怕，當企業能夠搜集分析資訊，資訊精緻化之後的將成為有用的知識，而知識就是力量，但對於不動產的投資者及開發者而言，擁有他人所欠缺的市場稀缺的知識，則就力量更大了。

（三）營運的槓桿比率

財務的槓桿比率就是債務權益比，是反應出公司的債務籌措比率。過高的債務籌措比率也正表示公司面臨較高的財務風險。在討論總投資金額的債務或權益比例時，通常會涉及這個內容。一般正常營運的上市上櫃公司，會設法將槓桿比率維持在 50%左右（或更低一些），這表示總資產中一半是負債、一半是權益。至於不動產建設商，許多是將債務比維持在 70~80%（債務比＝負債／總資產），這表示公司財務結構面臨較高的財務風險。

（四）營運的投資風險與不確定性

企業在操作「營運槓桿」、「槓桿比率」及「財務槓桿」時，應考量經營環境的「風險」與「不確定性」的問題。意料之外的風險及不確定發現，引起企業在市場中犯錯，企業犯錯往往造成市場的景氣循環。因此，適當地控制「風險」與「不確定性」的發生，甚至進行初步的預測，對於企業的穩健成長幫助極大。美國經濟學者奈特(Knight, F. H.)曾經解釋風險與不確定性的差別。

1. **風險**：是指未來可能發生的各種情境所呈現的一種機率分配，亦即未來可能有許多不同的情境發生，但各種情境之機率是已知的。經濟學者將一個事件衰敗是起因於「發生不良事件」，這樣的概念稱之風險。奈特認為風險是一種可測量

的不確定性。吳思華(1997)將風險定義為:「發生不利事件而遭受損失的可能性[11]」。

2. **不確定性**:是指對未來可能發生之情境類型無法預知,也不知道各個情境可能發生之機率。奈特認為不確定性是不可測量的,這是起因於人類在知識及訊息上的有限性。例如美國911恐怖攻擊事件、台灣921大地震災害事件。甚至一國政局與經濟的穩定性動搖,就可能引起該國家內部市場的不確定性。

經濟學理論探討風險與不確定性的定義是不同的,市場俗話說:「風險源於無知」,所謂「無知」是指市場資訊及創新知識的不足,而更準確的應該說:「風險源於不確定性」。為了避免市場事件引起經濟的不確定性,進而引起經營風險與引發企業經營危機,企業應該在市場資訊方面多花一些成本收集重要的資訊,例如安排企業中 10%的勞動力從事市場資訊研究調查及分析研判,也需要在經營策略上有一些彈性的調整,面對市場不確定性與風險引發的危機,轉進為下一波創新活動的轉機。值得注意,奈特認為企業培養能力用以解決市場不確定性問題,是企業獲取利潤的重點。而企業面對的風險問題則影響不大,因為,透過市場經濟中的金融自由及保險機制,企業營運的某種失敗或受損風險就能移轉給他方承擔。

依據內政部營建署推估的台灣住宅自有率,在 2006 年已接近 90%,此外,在 2011 年推估低用電度數的空屋,有 155 萬戶,推估空屋率約 19%。許多建設商發現住宅市場需求近於飽和及空屋太多,找不出住宅價格仍然會持續增漲的獲利邏輯,也感覺住宅價格高漲已進入泡沫化現象。前述原因讓建設商意識到市場存在更多的不確定性,進而形成風險意識。於是,許多建設商早於 1990 年代初期便開始投入開發商業型不動產,移轉開發住宅型不動產的經營風險。若以較廣義觀點定義商業不動產,可指:「凡不動產結合某一種行業,進行商業使用,做長期營利的營業行為,則可以稱為商業不動產。」故舉凡零售便利超商、娛樂購物中心、百貨公司、商場、商辦複合功能大樓、量販店、超級市場、工商綜合區、五星級觀光旅館等等皆是商業不動產領域的一種。台灣地區的商業不動產吸引開發商投資,這與勞動工時制度的改變關係密切。台灣地區自 1998 年 1 月 1 日實施每隔一週休息二日,2001 年 1 月 1 日實施每一週休息二日,勞動工時實施 48 小時工時制。

---

[11] 吳思華,1997,「策略九說」,台北:臉譜文化出版。

許多開發商是在 2000 年以後，跨入觀光旅館業的投資開發，建設商不再是蓋建築物及銷售住宅，轉變為日出租型的住宅（飯店與旅館）。

進行不動產市場分析過程，基本的市場風險分析要點為何？企業如何運用風險觀點進行投資評估分析？若以商業不動產為例，說明市場投資風險分析應思考的重點，但在此之前，經營者需要先了解商業不動產投資開發的基本要項。

1. 商業不動產投資應考量要項

投資商業型不動產，追求穩定獲利來源與降低環境風險是重點，故在投資之前須有較正確的投資觀念，否則無疑是自己挖陷阱讓自己跳入，許多人是虧損掉兩個資額才退出，這已負債累累。以下要點的說明為投資之始應考量的重要項目。

(1) 建立購物中心之特色：以今日商業環境競爭之態勢而言，唯有塑造特殊的商業魅力與業種組合，方具有吸引力及競爭力，購物中心的主題、業種業態的多元、產品特色的吸引力，是確立市場地位的第一步。當然，若是經營觀光飯店，或經營過季商品暢貨購物中心，找到核心特色十分重要。

(2) 了解區域競爭狀況：多年以來，政府依據每縣市人口規模，核准設立之購物中心面積似乎有過大情況，以致區域內及區域間之競爭性勢必相當大，因此，分析競爭性慎選投資區域是降低環境風險的要項。在 1990 年代，我國有許多大面積之非都市土地釋出，當時企業使土地增值，紛紛以變更為工商綜合區之大型購物中心為目標，漠視區域競爭的事實，在經營上的風險及難度也就相當高。

(3) 小心錯覺的租金估算：若商業不動產租金估算十分不易，一樓店面租金是否必高於二層以上之租金，已非絕對，需要視賣場規劃的業種組合及聚客動線來進行變化，藉以提升財務計畫推估之報酬率。

(4) 考量空店率去化速度：東亞國家的百貨公司及購物中心之營運模式，是許多企業學習的對象。以東南亞國家之購物中心為例，他們開業 5 年之後，空店比率方能降到 20%以下，此點是財務評估時需考量的。不過，台灣地區購物中心的招商能力尚稱不錯，往往能於開業 3 年之後，使空店率降至 10%以下，因此，招商計畫推展的成功與否，關係資金回收的速度。

(5) 地理區位是立地條件的初始重點：投資區位的選擇，原則上以越接近大都會區之區位越佳，當然，大面積的土地及樓地板面積並不容易取得。區位越是在郊區者，未來的投資開發及經營過程中，必定事倍功半，因為，交通便利性是消費者購物的交易成本（例如停車與搬運的時間），萬一經營不善需要將案場轉手，往往不一定容易找到新的經營者。

(6) 了解聯外交通系統：聯外交通品質好壞及接駁方式優劣，直接關係著商業不動產消費者的購物意願。以開發購物中心為例，消費者至購物中心時的接駁運輸載具相當重要，通常以距離高速公路交流道附近區較為恰當（如桃園南崁之台茂購物中心、中壢之大江紡織工商綜合區等），位於捷運站附近亦具有優勢，且聯絡道路越寬越好。

(7) 停車空間與消費者購物偏好密切相關：以台灣地區經驗（量販店為主），位於郊區者，停車空間必須接近或甚至超過賣場面積，購物中心方具有競爭力，位於都會中心區者，至少需要能夠停置 300 輛以上的小客車，否則賣場之經營將相當不利。

(8) 能否招到好的主力廠商：找到主力廠商就能將高比例的面積出租，台灣地區在商業不動產開發招商，主力廠商大多鎖定於各大量販店、百貨公司、連鎖書城、化妝品業、軟體遊戲業、3C 產品業、主題餐飲、連鎖飯店或華納威秀影城等，使得商場內之業種業態大同小異。因此，如何突顯主力廠商的特色，除結合國內的業者，與他國相關業者策略聯盟或技術合作引入新型態業種，也是投資的要務。

(9) 業者自有資金比例不可過低：經營購物中心需要運用財務槓桿，貸款高且營運風險大，此外，目前各賣場或購物中心逐漸強調薄利多銷，若在利潤無法有一定程度提升之情況下，貸款過高的利息成本，很可能將侵食營業利潤，使得經營難度更高。

(10) 找到優良的經營管理公司：商業活動細分化的市場，商業不動產經營管理之專業性頗高，且經營實務的經驗累積相當重要，若自己無足夠的經營能力，不彷尋找價格適當且富有經驗之經營團隊，將賣場經營管理工作外包給知名的品牌業者，自己參與學習且邊做邊學，較能提高成功率。台南地區有一些建設公司參與大型旅館業的營運，是這樣學會了經營管理。

2. 市場投資風險分析

　　一般而言，投資不動產的市場環境風險分析，包括個案本身內在風險與市場環境外在風險，個案本身內在風險可由經營者掌握，屬於可控制的風險，市場環境外在風險則因影響變化的因素眾多，屬於較不可控制的風險（不確定性高）。探討商用型不動產的投資開發，例如大型購物中心或百貨公司，往往需要對專案的內在風險及外在風險進行分析。

(1) 個案本身內在風險

　　A. 產品類型風險：商用產品之規劃與經營者之間的需求，必須在規劃時期就應協調一致的經營想法，若由開發商自行決定建築規劃設計之內容，容易造成價格設計的產品內容，不符合主力進駐業者或專櫃業者的需求之情況，最後，造成賣場淪為低檔商品的攤販大賣場，甚至空間出現閒置又難以出租。

　　B. 區位風險：購物中心讓開發商在投資區位的選擇，往往有「點石成金」的想法，他們忽視了需求者市調及客源購買力分析，認為只要個案賣場夠大，一定能吸引足夠的人口進駐，雖然區位稍顯偏遠，亦大舉動土開發。諸不知這樣高度自信，極可能因為銷售期過長，而將開發利潤侵蝕殆盡。郊外區與都市區的經營內容是不同的，兩者也會相互競爭，但是，都市區的購物中心有聚集經濟的利益，因此，找到有利的區位以確保競爭力的重要的。

　　C. 營建風險：百貨商場開發之硬體設施具有極高之專業性，舉凡建築立面、出入動線、電梯輸運、防火隔間及逃生動線、貨運出入動線、結構安全、地下室開挖、辦公空間等，皆具有其作為商業使用的種種考量。

　　D. 財務風險：商業不動產開發投資金額大，開發年期長資金回收較慢，穩定的利潤回收尚需有良好的管理，又市場商業環境變遷快速，使得財物上的現金流量穩定極為重要，否則出現資金缺口時，各專櫃廠商又持續撤櫃，這就可能引發倒閉風險。

　　E. 銷售風險：商品銷售能否順利成功，價格是一個關鍵要素。商業不動產之價格通常高於住宅及辦公產品，一般的住宅開發案多將一樓店面視為銷售利潤主要來源。但商業不動產卻不一定適合將一個個案產品分割為

許多的小單元，再加以出售，如此，極易造成財產權複雜，若加上投資者之間的經營理念不同，商業也就難以突現個案的業種特色，財產權難以整合是導致商業環境衰敗的重要原因。

F. 經營風險：商業不動產經營管理之專業性高，商業市場結構變化之市場嗅覺亦須相當敏銳，否則極容易遭到競爭對手打壓及銷售競爭而毫無獲利空間。故今年的穩定獲利不表示明年仍可維持，因為，極有可能因為新的競爭對手加入，而在一年間由獲利轉為虧損，特別是商圈內大型百貨公司及主題商品賣場之間的價格競爭，每年皆無時無刻的陸續上演者。

(2) 市場環境外在風險

A. 不動產市場風險：市場競爭引來經營風險，同行之間更容易在商品價格上競爭。市場的商業利益大餅就那麼大，若市場消費人口增加減緩，每人消費能力增加幅度亦有限之情況下，加入競爭分食的廠商又逐漸增加，同行之間競爭激烈的程度可想而知。因此，各式各樣的價格戰，諸如促銷折扣、會員折扣、購物抽獎及贈品等，很可能使得市場存在永無休止的低價競爭，這時候不斷發現與對手區隔的商品策略，顯得十分重要。

B. 總體經濟風險：總體經濟變化不可忽略，其中與不動產相關之領先指標，包括經濟成長率、國內生產毛額、平均國民所得、貿易順差、貨幣供給年增率、消費者物價指數年增率、躉售物價指數年增率、家戶消費支出比率、匯率、股價指數等項，而總體經濟的同步指標，主要為中長期放款利率一項。我國總體經濟指標亦受到全球國際經濟情勢變化而改變，因此，總體經濟風險掌握極為不易，就算掌握了可能改變的方向、如何因應亦是個高度的專業與挑戰。

C. 金融市場風險：金融交易活動之市場通稱為金融市場，金融市場依其交易資產不同，劃分為股票市場、債券市場、票券市場、外匯市場、銀行借貸市場等。金融市場是募集資金及融通資金最重要的管道。但金融市場對於市場事件又相當敏感，尤以股票市場為最，因此，金融市場風險掌握須持續長期關注，方能有效因應並降低此方面可能的衝擊，特別是融通短期資金的衝擊。

D. 政策法令風險：政府的政策法令變動往往引起制度變遷風險，這個風險也往往直接衝擊不動產的市場變化及土地建物價值漲跌，屬於全國性者，例如治安情況、國宅政策（也稱社會住宅政策）、住宅稅制、營建法令與政策、國土政策、交通衝擊與環保意識等，屬於地方性者，例如市街改造計畫、商圈環境改造、地方營建消防證照申請及驗收等，這些開發案都會影響著不動產開發過程中及完成後的經營環境。

第五節
閒置不動產之處理策略

依據馬丁‧瑞夫斯(Reeves, M., 2017)等三人在(2017)「策略選擇」一文表示，企業經營者基於掌握解決問題的過程及面對複雜多變的市場挑戰，往往需要採取適當策略來因應。例如企業面對市場環境環境，顯示不能預測，但能夠改變，這時候可以採行塑造型策略，自我調節生產要素配置及發展新的產品品項或功能，用以創造新一群市場消費者[12]。

基於市場訊息是分散的，甚至經常顯得多變且有些龐雜，企業家則需要依賴有限知識去理解市場概貌，進行產銷過程將無可避免遭遇各種問題，為了解決各式各樣的問題，這個過程往往強化著企業家的學習能力，甚至也強化去探索市場的進取心。

許多無法預料的事件，構成了市場的不確定性與產銷問題，在建設商投資發的過程，往往受限各種不確定性事件導致不動產及自身資源被閒置，這包括公部門的不動產，例如都市計畫公共設施保留地、工業區土地、公共建築、老舊建築，也包括私部門的不動產，例如閒置的私有產權住宅，或是可開發利用卻未能開發出來的財產權價值。

---

[12] Reeves,M.,K.Haanaes, and J.Hsu,著、廖天舒等譯，2017，「策略選擇：掌握解決問題的過程，面對複雜多變的挑戰」，台北：經濟新潮社出版。

不動產被建築完成卻閒置無人使用，其實是一種社會資源的浪費。就博弈理論(game theory)[13]的觀點，先不論最有可能結果的好與壞，經濟資源閒置，就是社會中許多的開發者採取了非一致的行動，有人投入資源開發，卻無人去使用。海勒[14] (Heller,M.,2010)將許多資源未充分利用的僵局，且被社會大眾所忽略的情況，稱之為「反公地悲劇(tragedy of the commons)」。要如何去思考這個資源閒置之問題，這往往需要利用經濟事件來產生新的訊息[15]。

　　經濟學者米勒(James Miller)曾經指出一個有趣的案例，這在吸引投資者前來運用閒置資源方面，提供了有趣的經驗。當新加坡在 1980 年代初期正處於相當窮困之時，吸引各國投資者前來新加坡投資很重要，當時的國家領導人李光耀總理就運用修剪整齊的灌木而成功吸引外資。他要求政府官員雇用勞動力，將機場聯結到觀光飯店的道路的兩旁的灌木及花草，良好的維護與整修，使得國外的商務客直覺感受到新加坡人是勤奮、可靠且守規矩。雖然，投資者也知道這是政府刻意的吸引外資前來投資的策略，但是，這個策略相較於許多其他東亞各國，不願好好修整機場及聯外道路，卻而不斷強調國家政府的清廉，投資客會更願意在新加坡投資的。

　　基本上，每一位開發者或投資者的最初決策，皆會對於一個不動產投資案進行詳細的構思與聰明的決策，但是，市場的失業率攀升、所得下降、通貨膨脹率上升、餘屋過剩、投資預期悲觀等情況，使得開發者或投資者的投資獲利不如預期，甚至虧損累累。台灣地區往往出現許多建設商，基於過度自信心或高昂進取心，在市場營建技術進步緩慢的情況，不約而同地誤判市場需求，開發出過量滯銷的不動產，面臨閒置不動產問題則需要過多新的市場訊息及策略思維。有需多人都不約而同的採取一致性的投資開發，對於握有資源的經營者，當遇到此種情況應如何有效處理，以下提供一些觀念做為參考。

---

[13] 在經濟學博弈理論的發展過程，納許(John Nash)提出非合作博弈的分析架構。納許(1951:286)透過博弈理論中囚犯困境模型的推論，解釋在互動雙方的利益（或動機立場）不一致時，各自以極大化自身利益而決策，將會忽略潛在利益，使決策結果對雙方的集體利益是最差的。

[14] Heller M.著、許端宋譯，2010，「僵局經濟(The gridlock economy)」，繁星多媒體公司出版。

[15] 在台南市的虎頭埤地區，建設商運用取得一定規模的都市計畫公共設施用地，開發預售型的透天型住宅，售價比起都會區的房價要便宜了 1/2 以上，這些投資者及使用者，正利用了公共設施用地的閒置的開發權利，為自己謀取利益。閒置的資源能利用雖好，若未能建立良好市場秩序，也可能引起新的產權僵局，這是起因於財產權又被細部化的分割。

一、不動產形成閒置的原因

由於市場環境變遷存在的高複雜性與不確定性，故引發不動產閒置的原因相當多元，一方面，可能是市場變化使開發者來不及因應，二方面，可能是投資者過於樂觀看待市場變化，市場發展逐漸衰退卻難以面對事實。

（一）市場變化快速

許多開發計畫是人為的，而市場的繁榮力量可能是自發的。當總體市場經濟不景氣時，消費者的所得能力及消費購買力下降，造成建設商之預售產品銷售不佳，餘屋去化速度慢，一般民眾換屋需求潛藏，投資者握有之不動產價值下跌（賠錢）且又脫手不易（銷售時間拉長）。這時候需要在市場變化的雜亂訊息中尋找軌跡，在軌跡中找尋新的焦點，包括開發新產品、轉換新區位及劃分新價格帶，進而創造新的顧客。

（二）企業家過於樂觀看待未來

建設商經營企業的一連串過程，必然要面對市場變化的種種危機，不難發現，自己悲觀會引來痛苦，學習樂觀及堅持樂觀才可繼續發展事業，但過於樂觀地面對未來又會給自己帶來滯銷問題，需要細心理解其中的原因與問題。

1. **投資區位、產品或價格選擇錯誤所造成**：民眾基於房地產具有保值、增值及期待賺差價之觀念，於經濟景氣時大肆投資置產，建築開發者錯估市場需求性而大舉推案，又上述之投資決策錯誤皆與不動產之區位、產品定位、產品訂價、消費者偏好等原因有關，特別是區位及產品定位之選擇錯誤，往往全盤皆輸，進而產生閒置不動產。

2. **投資方式錯誤所造成**：不動產投資方式可分為下列數種：
   (1) 購地自建：一般是由建設或開發公司所從事。
   (2) 購地合建：一般是由建設或開發公司所從事，但亦有地主私下購地後再與建設公司或營造廠合建之方式，但不多見就是。
   (3) 購地出售：由集團公司、建商、民意代表，研判當地土地漲跌因素及趨勢後，購地後在出售，以賺取差價。

(4) 購地出租：研判交通便利性佳，公共設施完備或極具發展潛力之都市土地、郊區土地或新興重劃土地，以短期出租土地賺取租金，中長期視當地發展條件興建房屋出售獲利。

(5) 購屋售屋：為一般民眾最常利用之投資方式，以賺取差價為主，投資標的中新屋及中古屋皆有。

(6) 購屋出租：通常為一般民眾在已擁有住屋情況下，當手邊又有充裕資金且為提升生活空間所需而進行換屋，或是將多餘的資金投資於另一不動產，以收取租金為主，都會區之大專院校旁或辦公區之不動產最具吸引力。

(7) 購屋自住：中短期滿足於自己與家庭必須之生活空間，長期則視經濟景氣賺取價差，或作為貨幣保值工具之一。

前述七種投資方式，當發生投資方式與預期獲利差異極過大時，建設商經常要面對是否認賠出售而舉棋不定，也許認賠出售損失太大暫時不宜，許多人採取繼續持有等待景氣復甦再作處分之方法，因而，造成不動產閒置。事實上，找到能夠媒合新使用者的資訊提供者，資源閒置的機會是大為降低的，但這也需要支付交易成本，一種取得新訊息的成本。

二、檢視閒置性不動產之潛在價值

有限的知識，使我們僅以有限能力來看待經濟資源的潛在價值與變化。但是，你要將焦點轉向於四周環境出現了何種變化，重新發現資源在新用途的新價值。雖然，不動產閒置的原因是多元的，每個投資者皆想當機立斷快速處分尋求解套，除非背負融資的利息成本壓力，面臨快要融資斷頭被銀行金融機構拍賣不動產，否則在解套前為避免認賠拋售損失過大，可就目前持有之不動產之潛在價值加以檢視，以決定較佳之處分時機及處分價格。

1. 檢視重大公共設施推動時程：例如道路拓寬與快速道路之興建、都市更新與公園綠地之開闢、停車場之興建、非都市土地工商綜合區及工業區開發、高速鐵路及都會區捷運之場站預定地等。

2. 檢視重要產業之發展及引入概況：例如大型產業投資工業區開發、國家政府投資科技工業區開發、大學院校之遷移或興辦設立、科技產業廠辦之投資開發、新興商圈的興起、特色產業的扶植成功等。

3. 檢視新的政府制度發展與獎勵：例如我國的文化創意產業發展條例，激勵地方性的建設商，運用BOT制度取得古蹟建築的經營權，將自身企業發展道路延伸新的未來性，台南市「林百貨」是良好案例。例如觀光產業發展條例，激勵各種大小規模的建設商，投入觀光旅館、主題展館及主題觀光產業園區的經營。

4. 檢視人口快速成長原因：都市之人口要能快速成長，往往是伴隨著地方產業之景氣與否，例如台北市以三級產業群聚為主，新竹縣市以3C科技產業群聚而聞名市全球，南部縣市以綠能產業為特色等。

5. 檢視土地量及餘屋量之供給：土地量及餘屋量（或產品據獨特性）之供給越有限，則翻身之機會越大，因為，短中期不景氣終會渡過，中長期潛在需求屆時可能浮現市場。此外，地區性的餘屋，很可能是產品定位錯誤或建商搶建所造成，但市場卻一直有穩定的自住自用需求。

6. 檢視公民營的投資開發活動：例如民間重要投資開發案（大型購物中心或量販店開發），政府新訂或擴大的都市計畫，新訂國土計畫，都市計畫通盤檢討或土地使用分區檢討等，都值得加以注意。

三、閒置不動產的處理原則

1. 掌握區域產業動態及景氣復甦時機：絕大多數的不動產所有權人及投資者，最想知道不動產市場何時會復甦？房價會再上漲？高房價會泡沫化？但與其關心總體經濟景氣動向，不如勤勞觀察自身所有不動產所處區域中，到底哪些行業賺錢？而賺錢行業的就業者就是尋求解套的可能買主。例如台灣於1998年面臨金融風暴時，電信業的門號與手機（當時俗稱大哥大）卻銷售量越來越高，電信業及手機製造業獲利，許多人轉而購買不動產自住或投資。有些所得能力極佳者，更讓都會中心地段發展出頂級的高價住宅（豪宅）。此外，若景氣並無預期中的壞，只是不動產市場交易時間拉長（例如二至五年），沒有固定利潤就不要急售，轉以出租方式降低持有成本，台灣地區的餐飲連鎖店，往往有展店的需求。

2. 進行市場供需變動預估：若發現投資區位之市場性不佳，未來需求潛力薄弱或供給會再增加，例如開發商積極促銷出清餘屋存貨，套牢投資客準備解套認賠殺出，又恰逢中古屋也大量釋出等情況，在這供過於求之壓力下，原則上，與

其苦撐不如面對投資失敗及決策錯誤之事實，趁早出售，少賠為贏，將資金用於其他獲利性較高之投資管道，當然，新的投資管道是需要學習的。台灣餐飲業的王品集團，他們買房買地興建及經營餐廳，是一個成功的經典案例。

3. 檢視持有成本：除了未來子女需用、已無貸款或貸款不多資金壓力低、保有不動產需負擔之成本不致於損害到其他投資管道，否則應立即檢視持有成本（如房屋稅、地價稅、管理費、修繕費、貸款利息、折舊、價格貶值效應等）並進行財務規劃來加以判斷不動產是否出售，例如藉由計算未來3~5年的現金流量，衡量是否可保有多餘的不動產？是否足以支應維持不動產所需之費用與稅額？償還貸款能力是否逐漸增強？資金分配及投資組合是否恰當？以財務規劃觀點檢視後，做出是否於短期處分之決策。

4. 檢視資金調度能力：當不動產在短期內沒有使用效益，貸款額度高利息支出重，或短期內有資金需求者，留著日後出售不如現在出售。就投資角度而言，房價不漲，利息成本逐年累積，房屋也可能逐年折舊，若非資金雄厚，否則經不起如此折損，況且資金積壓下也喪失了其他投資機會的機會利益，這是機會成本的相對觀念。

5. 檢視使用效益：由於不動產具有其稀有性及耐久性，不動產的最佳最有效利用的使用價值，在投資者有限的市場資訊能力下，很難確切的知道。尤其是在區段佳者，其稀有性將容易分析出最佳最有效利用的使用價值所在，長期而言仍然有其增值性，因為，未來總體經濟究竟會發展至哪種境界，樂觀者與悲觀者看法相異，實在難以斷定。若未來有其存在之需求性及使用效益者，短期內不需急於處分不動產。若持有成本已高，資金需求壓力大，則應快速將不動產持有量降低，避免損失。

6. 檢視產品之異質性：產品異質性會隨時空轉變而出現新價值，台南市老屋裝修成為主題民宿或文創旅館，是個成功經驗。檢視產品相對優異之異質性，外在環境方面，包括交通便捷、視覺景觀佳、空氣品質好、居住寧適性、生活機能佳等，內在環境方面，包括私密性極佳、大樓外型美觀、室內格局方正、通風採光佳等，由於優質產品在市場上往往是奇貨可居，同時也必定有特定買主（特別偏好者）出現，原則上，若產品異質性是別人難以取代的，市場不景氣也無須急於出售。

四、閒置不動產的調節原則

　　每個人都想改善自己的生活，過著更舒適的生活，有了些許資本、知識及更高預期之後，就會展開投資活動，而投資不動產又是許多人視為可靠的獲利途徑。然而，不動產的投資活動與經營活動，往往與經濟景氣變化之間的聯動關係密切，市場景氣不佳環境下，有人會暫時結束營業退出市場，但許多經營者是選擇繼續努力經營著。當市場中有太多建設商過度自信的投資開發，消費者追捧房價高漲的利潤，市場的建築產品容易出現供過於求的情況，當這情況持續沒改善，投資者對市場持續繁榮的信心減弱，經濟景氣下降或景氣低迷的情況就出現了。當經營者仍然想方設法繼續持有不動產，不打算降價出售，以下提供一些調節的方法。

1. 節省開支：管理維護的人事精簡、管銷廣告費用精簡、洽詢低成本資金，商談降低利息或更彈性多元還款方式，例如一年或二年內先還利息，穿越低迷景氣之後，再還本金。

2. 控制成本：台灣地區人力成本漸高、且富有高度專業的人力也不一定能尋獲雇用。持有土地成本高，善於經營的人力成本也高，經營者往往易陷入兩難困境。對於住宅的預售屋開發，控制成本應朝縮短工期、控制營建施工進度、減少安全衛生意外事件、減少消費者交易糾紛。

3. 資金調節：不動產投資的資金龐大，為減少資金成本負擔，有賴於良好財務規劃、活絡現金流量及提升資金調度能力。資產資本具備流動性很重要，融資活動亦須考慮整體經濟環境及匯兌利得與損失，以防資金運用出現金融缺口，造成企業帳戶跳票及信用瑕疵，例如1990年代的國揚實業、順大裕實業與台中中小企業銀行，他們將龐大資本投入不動產開發，但低估銷售不佳時造成不動產變現的流動性問題，出現金融跳票事件，導致企業退出當時不動產市場。

4. 強化品質管制：建築業的施工瑕疵往往高居購屋糾紛之首，開發商採取良好之施工及營建品質，是確保產品快速銷售的重要因素，例如台灣1990年代，遭逢亞洲金融風暴襲擊，當時仍然有些優良建設商（例如國泰建設、潤泰建設、僑泰建設、冠德建設、太子建設等開發商）之新成屋銷售速度很快。

5. 提升售後服務：良好之售後服務是建立企業形象的重要指導方針，且是穩健經營之第一步，國內開發商口碑中售後服務受肯定者，往往公司形象及體質也佳，

絕不會有售後服務不佳卻擁有好形象者。售後服務一旦建立口碑，則有利於交屋順利、退屋率低、易於轉手且房價具保值基礎。

6. 稅費風險：面對私部門的開發案，我國政府落實推動外部成本及外部利益的內部化政策，包括開發案之回饋金額或提供外部公共設施之水準，只會越來越高。尤其以新市地重劃區、山坡地住宅社區開發案、科技工業區及政府已投入較多公共設施建設及交通建設之地區，其應提供之稅費估算不應忽略。

7. 餘屋處理：持有餘屋需要解決，可採降價求售（一至二成）、送贈品、送裝潢、向員工及其親朋好友促銷等策略。最後，流向法院拍賣出售（法拍屋），也是一個管道。區域環境良好或具有未來發展性的法拍屋，是受潛在投資者的歡迎。

8. 縮小個案規模：若開發商取得大面積土地，大型開發案風險大，採取分期分區推案較為妥當。但不景氣下以推小規模個案為原則，畢竟20戶要比200戶好賣，企業改採精兵短打及可攻易手的推案策略，將可節省大筆人力支出，多餘人力資源可用於研究產品創新及調查市場潛在機會。

9. 預防糾紛：面對一種買方強勢的市場情況下，產權計算誤差、公設計算誤差、工期延誤、工程品質不良、廣告不實等問題，皆易造成不必要的糾紛，解決糾紛需要支付成本，減少糾紛就能節約成本，相對地有助於企業形象及產品口碑建立。

10. 儲備土地：不動產景氣不佳，房價向下修正，地價亦向下修正，買賣議價空間加大，地主惜售心態已緩，應運用此時機以較合理價格取得精華區土地，以備作為復甦時期之開發原料，這對上市上櫃的開發商是重要的，畢竟銷售建築產品需要有土地。

11. 多角化經營：當建築本業無法維持公司成長情況下，正表示企業需要轉型，轉型思維就是步入多角化策略。市場機會需要勇於嘗試，危機逼著轉新機，轉新機創造新商機，許多企業多角化經營皆是在此時建立新事業版圖，包括國外市場拓展（例如鴻海中國廠、台塑美國廠、台灣廠和越南廠），由住宅市場跨休閒不動產市場（例如台灣1990年代的太平洋建設跨入百貨經營、太子建設跨入休閒俱樂部經營、尖美建設跨入飯店經營）與商業辦公不動產市場。

12. 策略聯盟：建築開發商與資產較多之企業（製造業）可共同合作開發齊下土地。策略聯盟可以確保營建品質、銷售服務及售後保固服務等，此外更可分散資本運用的開發風險。

13. 自有資金比例：對於建築開發案，建築業的自有資金比例通常僅50%，若在不景氣中大肆擴張信用則相當危險。除非能精確預測房價趨勢，預測未來增值獲利幅度大於每年利息支出及稅捐負擔，否則具備較高自有資金比例值得重視。

MEMO

The Strategies of
Real Estate Management

CH 03　顧客經營與服務管理

　　經營顧客不容易，奎爾奇(Quelch,J.)、喬克斯(Jocz,K.)、麥戈文(McGovern,G.) (2012)，表示穩定的市場占有率可能隱藏著顧客的不忠誠；當顧客整體滿意度高時，卻可能隱藏著讓人不易察覺、很細微又重要的不滿情緒，因此，企業能夠掌握的其實是顧客的消費慣性而非忠誠度，可是，這不表示顧客經營不要耗費太多成本，相反地，企業需要在適當的產品生命週期，主動去發現產品的問題，主動去猜測顧客的可能反應，監測特定產品與特定顧客之間的收益變化，最終讓企業自身經營能力提升，進而發現出更多的產品類型，吸引消費者好奇心理，找到新機會提供新的服務活動[1]。

　　經營顧客需要嘗試及施展一系列的新服務活動，引起顧客的好奇與新鮮，就算不成功也能從中獲取新訊息及新知識。本章討論的重點，首先，焦點放在企業如何運用方法來「經營顧客」及「留下顧客」，其次，在服務業發達的現代都會市場經濟結構，服務產業的企業家應如何管理及發展富有價值的服務活動，以利結合服務活動來增進產品的附加價值。特別是，不動產業中的開發評估、價值估算、產權管理、資產管理、社區管理等，這些經營活動及管理內容已是現都市環境及生活服務產業的重要一環，企業在生存競爭上應重視顧客經營與服務管理的相互關係，以及現有投入資源與未來發展趨勢的相互作用。

---

[1]　奎爾奇(Quelch,J.)、喬克斯(Jocz,K.)、麥戈文(McGovern,G.)著（美），張敏儀譯，2012，「哈佛大師的四堂營銷課」，北京：商務印書館，頁 11~12。

第一節

顧客經營

一、開始經營你的顧客

（一）為你的顧客提供價值

當你選擇購買及住進一棟公寓大廈的住宅，對於建築物的外觀好看或不好看，你往往無法去改變，但是，公寓大廈住宅的每一間房子，每一個擁有者，往往依據自己的想法來規劃設計室內空間及配置家具，這顯示著每一個消費者所需要的住宅功能往往彼此不同。消費者偏好的差異性，提供企業在顧客經營上的實驗機會及獲利機會。因此，不動產市場中的住宅產品內容與功能，可以隨著顧客需求的功能化、細分化與客製化的發展趨勢而不斷調整，做好細分化或客製化，也表示產品對顧客而言，可以透過新奇設計來連結顧客的偏好，成功產品價值與顧客偏好的相互作用與連結，往往激盪出新的學習與創新，引導一種消費面上的價值鏈關係被架構出來，企業意識到這個新服務活動的多元分工價值，就能廣泛在其中尋求分工後的盈利機會。

（二）以產品價格對應重點顧客

顧客的所得能力不同，個人偏好不同，對產品的需求也不同。當顧客自己無法完成或沒時間去做，企業就有存在的分工價值。不過，企業想獲利就需要重視自己能為顧客創造何種價值？何種服務活動？在不動產市場的住宅產品，企業需要在市場中找到自身想要發展的產品內容及價值定位，產品價值對應著產品價格，這使企業可以尋求產品的價值定位，進而尋找經營的重要顧客群。千萬不要忽視產品價格，一個都市區域的住宅，企業能夠以適當的價格售出產品，表示一種產品下的價格正對應了市場顧客，於是各種產品交易下的價格作用，提供了顧客經營的核心。然而，市場是高度競爭的，市場中龐雜的訊息需要費心理解，各家企業之間設想的顧客群也無可避免彼此重疊，以致顧客經營並不容易，卻值得企業投入資源去擷取商機。企業需要將某種成本投資在區隔且值得繼續經營的忠誠顧客，經營忠誠顧客其實是塑造顧客的消費慣性，一旦能夠建立具有消費慣性

的顧客群，企業在顧客經營的努力，就可以從顧客的消費與提出產品的建議之中獲利，甚至可以在執行差異化競爭策略上，較容易且明確的發展出良好的做法。

二、理解顧客經營的方法

（一）顧客偏好與路徑依賴

顧客經營的核心思維是以價格來對應你的目標顧客，進而找尋可行的顧客經營方法。若價格可以無限切割，產品功能可以多元的組合，你就能運用方法及結合各種產品價格，服務你想針對的重要顧客。雖然，現代化的住宅產品，生產模式是以大量生產及標準化製造為主要特色，這種生產模式可為企業帶來規模經濟的生產效率及低成本優勢，惟這樣住宅產品市場也導致了供過於求的結果，住宅的供給過剩，使得市場演化出一種以顧客偏好為特色的住宅產品顧客經營。

建設商不斷在住宅產品技術上改良與進步，顧客偏好下的消費慣性則容易被企業的技術進步來鎖定。例如顧客習慣居住在某種型態的住宅，企業就會在這種住宅產品上加以改良，顧客有在都市中偏好的居住區位，企業就會藉此加以改造更佳的居住環境。但是，技術進步存在一種路徑依賴現象，這是一種以過去的知識來推論未來產品趨勢，而且，企業家以其有限的知識系統，以及應用在極為有限的產品創新，建立自家產品特色其實不容易，於是許多在產品上的模仿行為就會出現，模仿先行者的成功特點，進而改良成自己的新產品。在創新發展上，產品的原創及模仿，使得許多產品從供不應求走到供過於求時程是極為短暫的，這在住宅產品更是常見的競爭過程。

（二）改變顧客偏好及排除路徑依賴

企業生產技術進步使得生產的規模經濟被企業廣泛運用。但企業面對市場供過於求如何解決？企業要獲利，就要努力研擬方法或運用方法，比競爭對手更有策略地的將商品銷售給需求者。雖然，企業銷售商品無可避免地運用價格競爭與非價格競爭，若價格競爭容易傷害利潤，於是非價格競爭及策略就更顯重要。

建設商特別擅長應用非價格競爭方法鎖住顧客偏好，例如銷售住宅也搭配簡易室內設計及家電家具配置，非價格競爭方法凸顯了以顧客為經營導向的非價格策略值得重視。以顧客為導向的非價格策略，需要更清楚地分析顧客購置住宅的

需求，例如銷售預售屋有助於消費者變更設計而接近顧客夢想中的住宅。開發商運用建築設計改變顧客偏好，這有助於尋找可行的非價格競爭策略及實施方式。

消費者購買住宅也是某種自我成就的實現，馬斯洛(Abraham Maslow,1934)提出需求層次理論，他將人類消費物資的需求分為生理需求、安全需求、社會需求、尊重需求和自我實現需求等五個層次[2]。消費物資雖可劃分五種需求層次，但是，購買住宅目的則可以濃縮與歸納成有二種層次需求：

1. 滿足基本生活需求（基本的生理需求及安全需求）：例如一般日常生活必需品、家電、瓦斯、照明等，此類產品有時可由販賣機或便利超商來服務，重點在於商品的齊全度、價格、停車便利。

2. 充實各種慾望上的生活需求（獲得社會需求、尊重需求及自我實現需求）：讓人感到充實、安心、滿足的東西，也是人力提供服務活動的重點。

上述兩種需求皆是今日提供顧客服務與顧客經營的基本需求，也是一種產品附加價值與品質的差異化關鍵點，企業在產品設計上應盡力去滿足顧客，企業方能獲利生存並永續經營。

（三）尋找你的忠誠顧客

在台灣地區的市場經濟結構，是以服務業為主要特徵，服務業占 GDP 的比重早已經超過 50%，未來還在繼續攀升。服務業是直接面對市場顧客的，企業的產出無論是產品或服務活動，最終皆要銷售到市場中的顧客，服務業也必然立刻受到市場中顧客的檢驗。服務業需要重視顧客的檢驗，經營自己的顧客並提高對自己公司產品及服務的忠誠度，已是企業經營重要的一環，不動產的建築開發或仲介服務就是如此。企業資源有限，面對市場顧客的消費活動而潮來潮去，這需要能夠區隔忠誠顧客與一般顧客差別之處，也可以說忠誠顧客與一般顧客所看待的產品價格及產品功能是不同的。

忠誠顧客是企業服務對象的重點，以致在經濟理論上對「忠誠顧客」有著較精準的界定，理解忠誠顧客，促使企業將資源花在刀口上。首先，企業在服務對

---

[2] 三谷宏治著，陳昭蓉譯，2015，「經營戰略全史：50 個關於定位、核心能力、創新的大思考」，台北：先覺出版公司。

象的經營，需要辨別忠誠顧客與一般顧客的差異。「忠誠顧客」則是指由個人或企業（組織）所提供的東西中獲得利益的個人或組織，因此，忠誠顧客的成員包括：企業內部員工、股東、供應商、通路商、營業據點所在地之地方自治團體、地域社會組織等。「一般顧客」是指單純（經過本店）且屬於單一機會事件的買者，下次未必會再購買，但也有可能成為良好且值得經營的顧客。其次，忠誠顧客是指購買頻繁較高的客人，並且對企業提供的產品價值產生共鳴，也逐漸能夠與企業共同擁有該價值的客人。一般顧客則是未能重視或忽略了產品所提供的價值與功能，卻乏對產品價值的消費共鳴[3]（佐藤知恭，2002）。當企業能夠了解自身顧客需求之後，接著就必須想辦法來管理形形色色的顧客，出發點可以由顧客關係的經營著手。依據 Prahalad and Ramaswamy(2000)的研究，市場就像是一個公開討論的場所，企業要擁抱這個市場，就必須迎接各種來路的顧客，每一位消費者對你所曾經銷售產品的經驗與熟悉程度不一，因此，迎合顧客需求的個人化(personalization)與客製化(customization)，成為好好地經營顧客關係的重要工作與趨勢[4]（Prahalad, C.K. 等人，2003）。所以，如何讓顧客感受到對其需求的個人化與客製化，就成為顧客關係經營上的重點之一。

三、顧客經營的方式

顧客經營的重點在於運用特定價格下的產品品質，對應你的顧客偏好，雖然，這會耗費成本，卻值得去投資。在特定價格下的成本控制，使得你的產品可以發展不同的品質，將硬體（產品）與軟體（服務及資訊）更好的結合，為顧客偏好帶來新奇，因此，創新經濟也就成為顧客經營的另一個重點。

（一）展開你的顧客經營

為了將產品更妥善的銷售獲利，你需要知道一些方法來經營顧客，包括新的與舊的顧客。自 1990 年代起，無論是管理思想或管理著作，都大力強調「顧客導向」的重要性，這是起因於大規模量產容易出現生產過剩的結果，要能順利銷售產品需要仔細關注顧客需求，企業的大部分行動和決策都得視顧客的需求和期望

---

[3] 佐藤知恭著，蕭宏誠譯，2002，「顧客忠誠經營」，台北：羿慧出版社。

[4] Prahalad,C.K. 等著（美），李振昌譯，2003，「顧客關係管理」，台北：天下遠見。

而定。依據 Williams and Johnson (2004)表示，經營顧客應掌握的重點有四個面向，包括企業的顧客是誰？企業的顧客在何處？顧客追求的價值是什麼？企業可有能力提供顧客想要的價值？透過這四個面向思考顧客的分布，有助於集中企業的人力及物力，進行歸納且發展精準有利的行銷工作[5]。

1. 企業的顧客是誰

　　想要精準的將企業資源配置在顧客身上，並且來經營獲利，企業往往必須將顧客分類成一般顧客與忠誠顧客。對於一般顧客的經營，最主要是將產品訊息傳遞給他們，吸引他們在歷經特殊事件或節慶時，前來企業購買，例如2010年時期，國內房仲業的信義房屋，基於吸引即將結婚的年輕族群，主打有嬰兒房格局的房屋仲介銷售策略，成功吸引年輕族群對購屋需求的關注。

　　關於忠誠顧客的經營，吸引他們更高頻率的前來消費，同時企業也給於一些回饋，這將是重點。在國內的房仲業，往往掌握搭配的投資客，使得房屋案件的委託與銷售能夠更為順暢，獲取的仲介服務費而轉換的營業額往往極為可觀。不過，在行銷觀點上，顧客經營重點往往要在忠誠顧客及留住忠誠顧客上著力，而滿意度成為其中的聯繫的關鍵。曾經有管理學者研究指出，顧客忠誠度與滿意度之間的關係，發現兩者變數之間並非是一個直線關係，而是一條凸向橫軸的曲線，這表示顧客的忠誠度會隨著滿意度的增進而變化，呈現一種先緩慢後加速的過程（圖3-1）。而且，消費過程的體驗由量變到質變的出現，往往是消費者在多次的購買經驗中，對該企業的產品與服務逐漸產生品質信任與產品信心，以致這些忠誠顧客就會越來越能接受該企業銷售的各種產品[6]（徐為民，2005）。

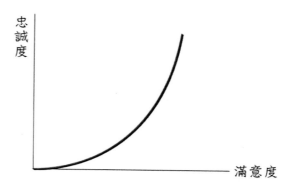

圖3-1　顧客忠誠度與滿意度關係圖

---

[5]　Williams, K and Johnson, B.著，高子梅譯，2004，「管理在管什麼：管人、管作業、管資訊、管資源」，台北：臉譜出版公司。

[6]　徐為民，2005，「大轉折時代的企業經濟學」，上海：復旦大學出版社。

2. 企業的顧客在何處

　　競爭對手也會想要挖你的顧客，因此，若要精準經營企業的顧客，本質上，將會是與對手（在類似產品上是相互競爭的企業）在明示或暗示的市場中，相互較勁。相互較勁要能贏得對手，就是需要一個層次又一個層次的掌握顧客關係。一般的情況，企業與顧客的線性關係發展為：潛在顧客→有望顧客→客人→顧客→主顧客→老主顧，在前述的顧客關係發展中，企業必須劃分及選擇顧客，當然顧客也會選擇企業及其商品，當顧客對出售的產品具有共鳴性時，應有效地運用方法分析顧客的偏好，這些方法就是發展出對顧客評價的理解，這有助於留下優良的顧客，並進而藉由老顧客中創造新顧客。

　　依據奎爾奇(Quelch)等人(2012)表示，評估顧客忠誠的指標，可將顧客分成四類：絕對忠誠、滿意但不忠誠、不滿意且即將離開及不知何去何從的受困者，理解這些差異，可在競爭對手之間取得更多的優勢[7]。

3. 你的顧客想追求什麼價值

　　對於顧客進行評價，也就是探討顧客對於企業行為的認知，企業要如何地提供顧客需求。但在企業營運活動、企業服務活動及益本分析的不同層面上，就有不同的角度對「顧客評價」進行相關的定義：

(1) 整體企業層面：顧客評價是指「顧客對企業擁有的企業形象、企業理念、產品、服務、專業知識、服務態度等多種構面，所持有的印象與認知而產生的綜合評價」。

(2) 服務過程層面：顧客評價則是指「顧客對於服務經驗所知覺的心理狀態」。

(3) 益本分析層面：顧客評價則可以運用貨幣為衡量標準，於是可以表達為「顧客評價＝總合印象／貨幣支出」。

　　現代的市場以服務業經濟為特色，服務需有明確的顧客為對象，顧客是如何看待產品與服務的評價及給出標準，值得重視。一般而言，企業生產出實體產品的品質是較易衡量及評價，例如建材在環保及節能省電的認證，但是，關於服務品質與服務活動則較不易衡量，例如建設商將建築物產權移轉給購屋者

---

[7] 奎爾奇(Quelch, J.)、喬克斯(Jocz, K.)、麥戈文(McGovern, G.)著（美），張敏儀譯，2012，「哈佛大師的四堂營銷課」，北京：商務印書館，頁 11~12。

之後，對於建築物何時該檢視盤點水電管路的安全與通暢，通常很少有建設商會去關注，但是汽車業者則是做得越來越好。然而，經由顧客的角度來衡量則是目前多數研究者認為較為可行的觀點。當顧客對服務活動歷經一系列過程之後，要進行企業整體活動進行評價，可由五個面向加以分析。

(1) 信賴度(Reliability)：對顧客提供所約定事項的執行能力。以不動產經紀（仲介）業為例，信賴度是經營成敗的首要重點，若無信賴為基礎，房屋買賣雙方將產權資料正本交給仲介經紀人，往往會擔心的。

(2) 安心感(Assurance)：是指讓顧客能清楚感到服務人員所具備的自信、親切、用心及達成約定事項的綜合能力。這方面往往需要以書面表單列出且明白就可以的。

(3) 具象性(Tangible)：是指顧客對設備、器材、人員服儀、用詞口條及應對態度等方面，在人體五官所感受的印象。建設商在預售屋產品方面，運用建築物模型及樣品屋，讓顧客先體驗未來可能呈現的良好居住品質，建設商往往在這方面有良好發揮。

(4) 共鳴度(Empathy)：是指顧客能夠感受到的服務活動的細膩、關心及用心的程度。對於企業提供的價值之中，管理學者表示有五點最易讓顧客產生共鳴的價值，包括價格、便利性、品質、親密性、對人類環境的尊重。

(5) 反應力(Responsiveness)：是指對顧客的需求的快速回應能力。若你在銷售服務過程的反應力不良，許多事拖延且達不到要求，顧客最後必然會選擇離開你的企業，因為，許多事務是顧客沒時間去完成，而非無能力去完成，這是服務業需要重視的專業分工價值。

　　當企業對前述的五個觀點越有能力且有效率地達成，顧客就會對企業所提供的服務品質形成更高的評價。但是，除了前述的五個種類的觀點，事實上，顧客對於產品需求的評價往往具有階層性，這類似馬斯洛(Abraham Maslow)的需求階層理論，一般而言，顧客於消費商品過程中對於商品的評價過程，大致可分為四個不同階層。

(1) 基本價值：指在交易的本質上所不可缺少的價值，也就是消費者的支出是具備物有所值的。例如建築物需要結構是安全的。

(2) 期待價值：是指交易活動上，滿足顧客必然期待的價值，也就是消費者的支出是具備物超所值的。例如建築物居住舒適、雨天不漏水。

(3) 奢望價值：是指顧客雖未明確的有事先期待，但若能達成這個期待，則消費者在心中將有極高的評價，也就是達成一種滿意的物超所值。例如建築物的防震上的安全標準，超過顧客的知識。

(4) 預期外的價值：是指超越顧客期待及奢望的範圍，若能達成這個期待，則消費者會有意料外的物超所值[8]。例如建築物的出售及使用五年之後，建設商出現協助檢測建築物的安全性及潛在問題。

企業面對這四種商品需求的評價層次上，基本價值及期待價值是企業應該努力去達成的，奢望價值及預期外的價值，則是超越競爭對手的一種技術進步或技術領先，也是企業準備提升競爭力的重點，許多商業機會的連結，往往在於企業更願意在某次的交易活動，給對方多一點奢望的或預期外的價值，例如在對方的需要之下提供一次的免費服務。這些觀點對於不動產仲介業及建築投資業是需要重視的，你將會發現消費需求層次上的多種變化。

4. 你應有能力協調顧客想追求的價值

當企業透過市場調查能夠知覺顧客服務活動及實體產品的評價程度之後，此時應進一步思考，企業在生產銷售的產品的能力上，是否能夠提供顧客所需要或追求的價值，換言之，也即是讓顧客對產品產生共鳴的價值，共鳴的價值主要來自前述的五個面向：價格、方便性、品質、親密性、對人類及環境的尊重，企業面對顧客經營的策略上應該努力去達成。另在商品需求的評價層次上，則應達成基本價值及期待價值。不可否認，各類型的顧客是不會有一致性的評價存在，以致達成顧客追求的價值就必將成本投入在顧客最在意的評價重點上，例如房仲業服務的買賣雙方，顧客在一個可預期的房價下，更在意誠實、安全且快速的完成交易。

---

[8] 關於顧客價值的衡量與計算，請參見第三節服務管理之「服務財的價值衡量」相關內容。

（二）聚焦於顧客的心態管理

　　知名的亞洲管理學者大前研一(2015)表示，企業管理過程需要重視員工的心態管理，員工建立良好心態，才能妥善管理顧客心態。在企業內部營運活動，每一個人都會緊張、急躁、不知所措、想抱怨訴苦、有工作壓力、感覺競爭、情緒負面消極等，這些情況將會導致工作效率及營運效率低落。高階管理者應學習提供建立員工正面心態的管理作法，包括：(1)建立良好的企業文化氛圍，落實以人為本的管理方法：(2)尋找方法來塑造員工的陽光積極心態，例如給予難度稍高一點的工作，也協助員工解決困難及發現自身價值。強大的正向積極員工心態，往往推動強大的企業競爭力及長遠發展方向。當企業能夠重視及協助員工塑造正向工作心態，接著就能將其中學到的新方法運用在顧客的心態管理。顧客群體的心態管理，主要是更具體詳細的區分顧客的需求動機。例如蘋果電腦的作法，首先，它會為自身產品創造新聞及提升消費者心理預期，這就形成消費者的獵奇心理，其次，善用運用現場實體產品來創造消費者具體使用的新體驗，他們建立產售門市讓消費者免費體驗及廣泛接觸，一步一步了解消費者需要的手機、電子書、MP3、MP4、小筆電，或是將前述功能整合起來，於是 iPad 產品就出現了[9]。前述邏輯也可運用在台灣都市街區特有的不動產商品，例如住商產品、住辦產品、廠辦產品、住醫產品、商教產品等。

四、顧客經營的法則與案例

　　經營顧客並且能有效的留下顧客，是耗費成本的，企業不可能全面顧及所有的顧客，顧客對企業的利潤貢獻是參考基礎，因此，對於企業利潤貢獻高的顧客群是經營的重點，具有潛在發展利潤者，則是另一個重點，於是需要在資源上進行分配。經濟學者在研究產出效率時歸納出「帕累托法則(Pareto principle)」，這法則表示若你將時間、金錢、精力和人脈都集中投入在 20%的重要事情上，則它在未來會為你帶來 80%的產出。管理學者在研究顧客經營的資源分配，曾經提出著名的「80/20 法則」，這個法則適用在顧客與產品的經營策略，在顧客上，是指整體顧客之中有 20%的高頻率使用者，往往為企業帶來 80%的利潤，在產品上，是指該企業銷售產品的利潤結構，企業有 80%的獲利是來自 20%的商品，在效率上，

---

[9]　大前研一著，江裕真譯，2015，「新‧企業參謀」，台北：商周城邦文化出版。

要確定那些 20%的工作投入能夠產生 80%的收益。這 20%具有高頻率消費的老顧客，要能夠有效率地掌握及留住他們，讓老顧客對於企業及產品的忠誠度提升，是非常重要的。因此，依據「管理雜誌」的報導，其曾經指出一則富有管理意義的佳言稱為「盯住顧客」：大多數人認為球賽輸贏是看計分板分數高低，其實，打球時真正重要的是「球」，只有認真盯住球的方向，才是致勝要訣。企業經營面對顧客經營也是如此，企業的財務報表及揭示的數字，只是記錄經營的成果，顧客像是球賽中的球，盯住顧客，以最好的產品及最佳的服務來滿足他們的需求，才是企業致勝的關鍵。

對於顧客經營，觀光旅館業往往有著極高的自我要求及標準。台灣的亞都麗緻飯店集團，他們努力經營顧客也為服務業建立一個值得學習標竿。首先，不妨先看一下一則名為「顧客至上」的管理佳言，什麼是服務顧客至上？早年，顧客服務守則有二條：第一條、顧客永遠是對的；第二條、假如顧客錯了，請看第一條。現在，新版的顧客服務守則有三條：第一條、假如顧客有錯，是我看錯；第二條、如果我錯，趕快認錯；第三條、顧客不認錯，絕不強迫。前述有關顧客至上的服務精神，已被國內知名的亞都麗緻飯店有計畫的落實並努力執行著，他們運用四個顧客經營與服務管理的信條，建構起全體員工共同的服務信念：(1)每個員工都是主人；(2)設想在客人前面；(3)尊重每位客人的獨特性；(4)絕不輕易說「不！」，亞都管理模式表達著幾個服務活動方面的特點。

1. 每個員工都是主人：企業員工是代表著公司接待顧客的主人，也是代表公司提供服務的主人，他必須負起做主人的責任，同時也應該享有主人的決定權。所謂「主人的決定權」，意思是我們把授權範圍放到最大，讓他有權力可以做許多決定。時效是成敗的最大因素，與其讓顧客帶著抱怨離去，不如授權員工快速地反應解決。在此更要強調的是「第一線員工」要讓其有最好的表現，因為，他們的工作對顧客影響極大，也是許多企業取得競爭優勢的重點。

2. 設想在客人前面：好的服務是有求「才」應的服務，也就是當顧客提出要什麼，我才給你什麼。但精緻的服務，是要設想在顧客前面，主動去了解每一位顧客的需要，不待他提出要求，就已經事先為他安排妥當。例如構成一家好的商務旅館通常具備幾個特點，包括位置適當，從事商務活動能節約通勤與生活成本（商務顧客的時間很寶貴，不願意在交通上花太多時間），旅館具有商務活動必

備的提醒通訊及傳輸設施，快速洗衣設施及服務，簡單餐飲環境，協助交通運具的接駁與搭車時間安排等。

3. 尊重每位客人的獨特性：每位顧客都有他獨特的個性與好惡，我們絕不可能以相同的服務來滿足不同的顧客，而必須尊重並深入認識每位顧客的特性，針對他們的需求提供最適切的服務。服務業就是要迎合顧客的要求、滿足顧客的要求，而不是去挑剔他，甚至教育他。「尊重」是服務的基本信念。

4. 絕不輕易說不：「不」這個字，是切斷與顧客關係很殘酷且直接的一個字，可是一不小心就變成了員工服務上的一個擋箭牌。如果真的無法做到，我們可以用婉轉的方法，讓顧客感覺到那分誠意，然後得到他的諒解。

　　一直以來，許多企業奉行「顧客永遠是對的」，但是，另有企業家提出不同觀點，阿里巴巴企業的馬雲(2008)指出顧客大部分時間可能都是錯的，因為，企業家生產商品是要給顧客帶來某些利益或好處，但是最初的時間顧客往往不清楚商品的好處，企業家才是最知道的人，於是要繼續幫助顧客來了解這商品。馬雲(2008)對於阿里巴巴企業的內部人力資源品質也有一定要求，實施「271制度」，努力培養20%是優秀員工，70%是不錯的員工，10%是每年要淘汰的員工。對於外部顧客也實行「271策略」，也就是每年要淘汰10%的顧客，他在電子商務的顧客經營策略，是主動為顧客著想，顧客能滿意能成功，企業才能發展下去[10]（楊艾祥，2008）。

　　做好顧客經營與提升服務活動是如此重要，能夠為顧客進行更多的服務分工，正表示服務業能夠以勞動力專業分工來換取更大的商業利益。因此，曾經有一則管理佳言名為「服務替代推銷」。一位汽車銷售冠軍的成功經驗是「真正的服務始於售後」。他在交車前，將汽車特性、正確操作方法詳細解說一遍，但大多數客戶都不太用心，所以常在交車後發生一些小失誤。他在交車後的一星期內親身拜訪客戶，垂詢客戶使用上的問題，並代為解決任何疑惑。如無問題，就是一位滿意的顧客，請他代為介紹親友，銷售成功的機會就增強了。這個道理應用在房仲業的房屋銷售是同理可推的。汽車業的售後服務值得學習，一輛高價的進口汽車可能售價500萬元，500萬元也足以購買一棟住宅，但是建設商在服務替代行銷上，還未能重視這個重要的行銷觀點。當服務都已可替代或延伸行銷之時，我們實在不能不重視「服務」，經營顧客正是以良好服務為根本。

---

[10] 楊艾祥，2008，「阿里巴巴來了：馬雲的80%成功學」，台北：時周文化事業股份有限公司。

消費者的偏好已改變了企業的顧客管理模式，傳統的管理是金字塔型的，老闆掌握一切權利。在服務業中，管理的模式卻應是呈倒金字塔型的，它的第一線是顧客，得到顧客的認同，才有生機，因此，顧客才是企業的老闆。而企業的經營必須努力的讓顧客與企業產生對話，企業的成本才能獲得足夠的知訊，並培養良好的經營能力，因此，企業經營與顧客經營必須結合在一起共同發揮功效（圖3-2）。

1. 傳統製造業的管理模式（依管理階層分工）

董事長
總經理
各級幹部
基層員工

2. 亞都麗緻飯店的管理模式（依顧客需求分工）

顧客

第一線服務員工
各級幹部
總經理
董事長

圖3-2　傳統式與亞都式的服務管理模式

不可否認，經營顧客在企業的市場競爭過程是十分的重要，下面的經驗數據也會促使企業更重視顧客經營，否則企業就只能想一想！何時該退出市場。楊錦洲(2001)的一項研究統計發現，企業重視顧客的原因，包括：(1)企業 70%的商品是由老顧客所購買的；(2)爭取新顧客的成本是留住老顧客的 5 倍；(3)當 1 位顧客出現不滿意，很可能會告訴另 11 個人；(4)100 個不滿意的顧客中只有 4 人會顯示他們的抱怨；(5)出現 1 個人的不滿意代表尚有其他 25 個人也會不滿意；(6)企業妥善處理顧客抱怨，會讓 70%的抱怨者回頭。

經營顧客的重點中，企業要如何在「留住老顧客與爭取新顧客」之間進行選擇及取得平衡，對於無法在顧客身上取得獲利的顧客，需要從新配置資源，簡易的方法有三種。

1. 提升現有忠誠顧客的利益，以及投資「高價值潛力」的顧客。例如針對忠誠顧客的需求加以因應，同時也促進產品的附加價值，並且加以銷售或搭配銷售其他產品。例如不動產建築物與室內裝潢的搭售，室內裝潢與家具或家電的搭售，建築物與延長保固的搭售。

2. 吸引未來具有交易潛力的新顧客。企業可以妥善運用顧客資料庫，了解顧客不同偏好之下的市場區隔，相應地採取適當行動（折扣、贈品、延長保固、及時便捷地維修等）來因應其需求，以利增加客戶與企業之間的交易量，將理性良好的新顧客經營成具有忠誠性的顧客。

3. 減少低潛力顧客的資源配置。許多顧客善於議價，對於每種商品皆要求以「最低價」成交，或需要因應其特殊偏好而改變產品，企業可採行的顧客經營策略，將是堅持產品售價，減少服務此種類型顧客的成本支出。

第二節
顧客經營與品質管理

一、顧客經營與產品品質

　　除了產品本身的功能，顧客需要的往往是品質，品質的存在，使得企業服務的顧客群能有多元性，有的顧客要求廉價且功能簡單，有的顧客要求功能齊全而接受高價格。於是以價格來思考品質及切割品質，這將能更清楚的掌握顧客經營的核心與重點，並且可運用品質來建立一種可持續的顧客忠誠，將銷售額推向更高的境界。

（一）顧客經營、組織變革與全面品質管理

　　依據 Williams and Johnson(2004)表示，顧客經營與品質管理存在密切關係，要重視顧客，就得注意兩個課題。第一個課題是「組織變革」，現代以資本主義為特質的市場競爭，使得所有組織都身處在一個變化多端、瞬息萬變的大環境裡，

大家彼此競爭，也不斷推動市場進步。許多西方管理學者也抱持相同看法，他們對組織變革的看法都是：組織若想運作得當，就得時常檢討顧客的需求和期望，使顧客滿意才是組織的最大目標，才是變革的目標，而不僅是追求銷售額及毛利潤。第二個課題是「全面品質管理」(Total Quality Management, TQM)，有時候也稱為持續的品質改良。「全面品質管理」的理論基礎也是以顧客滿意作為組織的首要目標，只不過它更往前跨一步。全面品質管理強調的是「組織裡的每個人都是另一個人的內部顧客」。只要仔細觀察內部的「顧客與供應商」關係，便能看出一些意想不到的環節端倪[11]。

　　思考顧客經營，將會進一步發現「全面品質管理」和「組織變革」具有密切的關聯，兩者的基礎概念是：組織內部關係會形成「供應鏈」，運用在各種分工價值的供應鏈關係，最後聯結到外部顧客的身上。如果供應鏈運作恰當，就能找到各階段的顧客需求，整體組織也才能適應外部顧客的需求變化。

　　對於企業的市場角色，需要更前瞻的正視全面品質管理的課題，組織裡到處都是企業的顧客。你的同事就是你的顧客，而你也是他們的顧客。只要他們能做好自己的工作本分，就能滿足企業的獲利需求和成長期望，反之亦然。

（二）顧客經營與產品品質

　　全面品質管理的核心重點在於顧客購買的是品質，而不僅是產品本身。你必須知道在全面品質管理中的全面品質代表什麼內容，它和「高品質」、「一流品質」或「好品質」的意義不盡相同。例如全面品質管理強調，品質必須是「令人滿意的」，換言之，它必須符合顧客的需求。Williams and Johnson(2004)指出兩位品管大師的說法足以證明這一點，Joseph Juran 認為所謂品質無非是「適用」二字而已；Philip Crosby 則認為只要「符合規格」就是有品質。因此從顧客的角度來看，品質可用來說明某產品或某服務對於顧客的需求或期望究竟做到什麼程度。

　　企業經營要能不斷地增加顧客滿意度，誠如前述所提到的，許多經理人鮮少或根本不接觸外部顧客，你將無機會知道顧客最厭倦的品質內容。如果你的組織沒有走向全面品質管理這條路，或許你根本就找不到管道去確認外部顧客的需求

[11] 巴拉康德蘭(Balachandran)著，蔡佩真、李茂興譯，2001，「服務管理」，台北：弘智文化公司。

和期望是什麼。話雖然這麼說，你還是有權利知道顧客對產品或服務的需求是什麼。你該怎麼做？可以參照以下三個步驟：

1. 步驟一：重視所有組織成員必有顧客：也即是承認所有組織內外成員都是顧客。例如病人是醫院和醫師診療室裡的顧客，納稅人是稅捐機關的顧客，道路使用人是當地政府道路養工局的顧客，經常上教堂作禮拜的人是當地教區牧師的顧客。實務上，台灣統一企業集團已故的董事長高清愿先生，他每天都會扮演顧客的角色，吃一些自家企業的食品，藉以確認消費者的可接受程度。

2. 步驟二：你的顧客都有需求和期望：也即是清楚規範出顧客的需求和期望是什麼內容。延續前述的例子，例如病人希望得到即時、殷勤的照顧，以及不會痛苦又有效果的治療方法。納稅人希望稅捐機關站在納稅人的角度提供節稅建言。道路使用人希望道路平穩安全，降低道路施工造成的不便。常上教堂作禮拜的人希望能聽到鼓舞人心的佈道內容、活潑生動的讚美詩，最好還有舒服的長椅可以坐。

3. 步驟三：哪些外在因素會影響顧客的需求和期望：也即是找出會影響顧客需求和期望的各種外在因素，這當然不容易。所有經營得法的組織都會監測自己的外在環境和顧客的外在環境，目的無非是要確認需求與期望，例如他們的產品和服務未來將面臨什麼需求？他們能輕易找到資源來滿足這些需求嗎？他們必須付出多少代價來購買那些資源？顧客想從他們的產品或服務中得到哪方面的滿足？他們將面臨什麼樣的競爭？有哪些外在因素會影響顧客的期望？這些期望最後會出現哪些變化？

　　巴拉康德蘭(Balachandran)表示，導致服務品質高低的重要影響因素，包括服務熱忱、專業能力、服務禮節、服務確實性、敏感度、服務的取得性、安全性、服務的外觀、可信度、溝通程度[12]（Balachandran 著、蔡佩真等譯，2001）。

1. 服務熱忱：是指為消費者服務的精神態度。具有熱忱的人，會樂於服務消費者，會設法考量顧客的利益，為顧客多點設想，關心顧客的感受、舒適與便利性。

2. 專業能力：是指服務人員具備的專業知識與技能。在今日分工極細的市場經濟活動，服務員必須不斷學習才有足夠的專業知識與能力，用於留住顧客。

---

[12] 巴拉康德蘭(Balachandran)著、蔡佩真與李茂興譯，2001，「服務管理」，台北：弘智文化公司。

3. 服務禮節：指在互動的過程中對顧客表現出來的禮貌與尊重。供需互動過程中表現高水準的禮節不僅是恭敬謙虛及良好的態度，也包括意見相左拒絕顧客時，能夠讓顧客感受到你曾經付出的努力。

4. 服務確實性：指對服務人員承諾事項的明確性與信任度。忠誠顧客大多是精打細算的，服務人員對於能夠做到的才承諾，並且要確實能在雙方約定的範疇內達成事項。

5. 敏感度：指服務人員對顧客的需求與感受的了解與反應能力。良好的服務熱忱與敏感度是服務活動的基本條件，要取的顧客的信賴並留住顧客，必須在服務的互動過程中不斷體察顧客的需求，努力的滿足顧客。

6. 服務的取得性：是指一種可以便利接觸服務活動的管道，這些管道包括：場所位置、服務內容、營業時間及獲取的速度。越具有便捷取得服務活動的機會，例如透過網際網路與便利超商通路等，越有利於擴大市場的顧客群。

7. 安全性：指服務提供時應具備的安全、隱私、私密等特性。服務活動的安全性是否周密，已是許多購買炫燿性財貨的消費者所注重的，例如豪華住宅交易過程中，少了安全性及私密性，就顯得價值不高。

8. 服務的外觀：指讓顧客直接體驗的心理感受。服務的外觀應讓顧客感受到親切愉快及自由舒適，才能增進服務的具體親切感。例如不動產代銷業服務員為顧客安排參訪動線及充分的產品解說。

9. 品質可信度：是指服務過程中的一致性品質。服務活動必須控管良好的一致性，才不會因服務品質差異導致顧客流失，因為，只要一次讓顧客發覺品質不佳，它可能會選擇離去你的企業與商品。

10. 溝通程度：指讓顧客對服務的了解程度。企業透過商品與消費者產生互動與對話時，必須有效的掌握顧客的需求與資訊，站在顧客立場解說他要的需求，形成良好的互動與對話，讓此次互動為下一次的再一次消費建立未來基礎。

二、顧客經營也可能會失敗

　　顧客經營也可說是與顧客的產品厭倦感相對抗，這就像你不斷吃著相同食材的食物，久了之後都會厭倦，需要更換食材、烹煮方式、調味料或用餐環境，創

造新鮮感來壓低厭倦感。不難發現，企業努力經營顧客與提供多元服務活動也會招致失敗，此時需要更新細心審視顧客需求，才能找到新的機會。對於服務活動的訂價，顧客會有自己的認知價格，對企業訂價不願意買單，企業需要為自己創造新的機會事件，為顧客帶來新的預期或驚奇，將失敗的原因調整為成功的關鍵因素。葉世明(2005)曾經以「客服失敗十大原因」一文，說明企業無法有效留駐顧客的主要原因，這些原因正指出了 10 個問題面向[13]。

1. 客服滿意度未納入考核：企業考核員工績效僅考量各項業績達成度，未納入客戶服務滿意度，能夠替公司賺到錢就是好員工，當企業獎勵只著重「量」，就無法兼顧「質」。員工汲汲於短期業績目標的達成，急功近利，無心於顧客關係的建立，每筆交易只是一次的成就，不是對顧客長期的承諾。

2. 服務管理策略未具體落實：企業雖認同服務品質與營運績效有絕對的相關性，但因無法客觀驗證，服務品質提升究可增加多少百分比的業績，因而未真確落實與持續服務管理策略。事實上，服務品質提升難以業績創造量來衡量，但服務的良莠卻攸關業績好壞，因此，問題的關鍵在於如何對員工、事業部門進行公平客觀的服務績效考核。

3. 自動化電子化降低與顧客互動：企業致力於效率、程序與成本的控制，以自動化服務設備以及電子商務系統取代人員服務，雖可降低成本，提高效率，卻減少與顧客互動、建立關係的機會。在服務顧客與降低成本之間，企業如認為擄獲顧客芳心最重要，就不可以把「顧客至上」掛在嘴上，而應確實在作業流程和人員服務體現企業的承諾。

4. 顧客分級，差異化待遇：企業實施顧客分級管理，重視眼前貢獻度較高的顧客，又未能落實服務態度一視同仁，員工不知不覺中會對貢獻度較高的顧客獻殷勤，對貢獻度較低的顧客則有不耐煩輕忽的態度。負面感受到企業差異化待遇的顧客，會轉而投入競爭對手懷抱，顧客抱怨反而給競爭對手帶來機會。

5. 沒有全員服務的觀念：有些企業認為，顧客服務是第一線人員的職責，忽略全員服務的重要性。固然創造最佳顧客經驗的是第一線人員，然而就內部行銷概念而言，第一線工作人員正是後勤管理單位服務的對象，若第一線人員熱忱服

---

[13] 葉世明，2005，「客服十大失敗原因」，聯合新聞網，7 月 25 日。

務顧客，後勤單位卻未能相對給予支持與奧援，極易造成部門之間的嫌隙，對服務品質低落互推責任、交相指責。顧客正面、美好的消費經驗，源自於企業每一個接觸點帶給他們的感受，而不只是第一線人員。

6. 主管未能以身作則，服務策略執行不力：主管未以身作則，會讓員工認為，公司未將服務列為要務，因而虛應了事。執行力不佳，服務策略等於光說不練，流於口號，最後產生組織末梢神經麻痺症。

7. 忽視禮儀訓練：員工的聲音、儀態、表情不斷傳遞是否真心歡喜提供服務的訊號給顧客，尤其初次上門的顧客，第一印象更具有決定性影響。企業往往認為，服務禮儀屬枝微末節，忽略禮儀是服務作業流程重要環節，是員工將豐富專業素養傳達給顧客的重要橋樑。外表邋遢、面無表情、聲音平淡的員工，如何吸引顧客的注意，又如何正確無誤的將內在訊息傳遞給顧客？

8. 招募員工鮮少考量熱心等人格特質：專業知識和技術可以學習，態度與熱忱卻短期內很難改變。企業需要熱心服務的員工，招募時卻未忽略這些人格特質。試想，擁有專業知識卻缺乏服務熱忱的員工，如何提供令顧客感動的服務？

9. 忽視顧客抱怨，未積極補救：企業能不斷成長茁壯，除了自我鞭策與努力，靠的就是顧客的期許與壓力。顧客會抱怨是因為他們對企業有所期待，日本經營之神松下幸之助說：「沒有挑剔的顧客，哪有更精良的商品。」忽視顧客抱怨的企業，無疑放棄進步的動力，將顧客奉送給競爭對手。

10. 從企業的立場思考服務：企業若未能站在顧客的角度來考量服務策略，會產生落差。從顧客的角度思考，將會啟發許多新的服務構想，創造出服務差異化，帶給顧客獨特的體驗。

在經濟學的觀點，企業投入資源卻引起顧客經營失敗，你有供給，顧客卻不買單，正表示顧客服務活動的市場中存在價格機制失靈。面對這類問題，往往需要機會事件或偶然事件來調整價格失靈。在台灣地區的便利超商經營，以統一企業的超商 7-11 為例，他們的前任總經理徐重仁運用每一年的 7 月 11 日，帶領直營店與加盟店的門市員工，為社區進行一日的無酬志工活動，企業經營者主動創造服務活動的事件，也將服務活動及為人群分工的價值觀根植在員工的認知行為之中，運用勞動服務分工為商圈住戶帶來便利，也為自身企業帶來經濟利益。

知名管理學者杜拉克(Drucker, P. F.)曾說:「新經濟就是服務經濟,企業存在的目的在創造顧客、服務顧客、滿足顧客,服務就是競爭優勢。」服務經濟時代,顧客取得掌控權,選擇喜歡的企業往來,不再容忍企業的怠慢,顧客關係資產決定企業的存在價值。單純將產品銷售給顧客不足以奏功,企業必須與顧客建立既深且廣的關係,讓顧客願意持續光顧,以降低開發新客戶的成本與風險,並提升現有顧客忠誠度。許多企業已體認,了解並關懷顧客,滿足顧客需求,創造獨特而美好的顧客關係,是企業維持競爭優勢的重要議題。企業形象廣告或經營理念無不揭示「顧客至上」,標榜「以客為尊」。企業內部員工亦深知顧客是最重要的資產,是衣食父母,甚至有人說:「顧客是上帝,是真理,是道路。」但為什麼企業無法贏得顧客的真心擁戴?無法讓顧客真正滿意?無法抓住顧客的心?問題究竟出在哪裡?處於競爭無國界時代,企業應該更積極思考能提供顧客哪些價值,因為,一旦顧客遠離了企業,企業競爭力也會悄然離去。Chase and Dasu (2001)曾在「讓服務更完美的的祕訣」一文指出,在服務過程中只有一件事真正重要,就是顧客的感覺與認知。因此,企業主管們在服務活動的設計與督導過程中,必須更加注意影響這些「認知」的基本因素,以增進顧客美好的經驗及回憶。而如何讓消費者有個美好的「認知」,Chase and Dasu(2001)提出 5 個重要經營顧客原則,用以提升服務的完美程度[14]。

1. 服務結束時要有力:服務活動的結束比開始更重要,因為,留給顧客們的回憶,往往是結束時的那一段接觸與互動,若能有執行更好的招待細節與體貼行為,就更加完美了。

2. 讓不好的經驗早點結束為妥:因為在一連串事件中,消費者傾向偏好先苦後甘。

3. 愉快的事情分段享受、不愉快的是一次解決:由於任何事情一經過分割會感覺耗時較久,最好將不有趣的秩序步驟整合後一次解決。

4. 讓顧客自己選擇,才能全心投入:在消費心理學的研究顯示,能夠將不愉快的過程有所控制,消費者最後仍會感到是愉快的。讓顧客自己選擇,站在顧客立場與他們交談,進而伺機用心投入,有助於提升服務的完美程度。

---

[14] 參自 Chase and Dasu(2001)所著「讓服務更完美的的祕訣」一文,此文收錄於李振昌譯(2003)的「顧客關係管理」一書中。

5. 提供一套奉行的儀式：因為固定儀式，可誘導消費者產生秩序感及消費信心，形成一個良好的理性預期，預測下個階段的互動或交易事項還有更多新奇或創新活動，因而形成內心的消費期待。對於服務活動，若能採取一套奉行的儀式往往更優於無故定儀式。切記，好的服務活動是需要精心設計的，例如兩家鄰近的咖啡店，其中一家優先將「微笑」、「寒暄」、「鞠躬」做好，你將會優先進入這一家來享受他們提供的服務活動及美味咖啡。

第三節
服務管理

一、服務價值是實體產品的加值

　　企業的產出包括產品及服務，產品需要與服務融合，這兩者的界線是越來越模糊了，不動產住宅市場在這方面十分具有特色，開發商出售房子需要站在購屋者的立場考量，考量購屋者的所得能力、區位環境、面積需求等，為他們尋找現階段夢想的家。換言之，在價格對應顧客時，價格中也包含著服務活動的價值，而企業正是以價格機制來對應顧客、掌握顧客及經營顧客。

　　從現代消費者的需求觀點出發，無論自個人之食、衣、住、行、育、樂，乃至一個社會整體基本建設、公共衛生，以至於環保或國防，仔細想來都不是僅靠某一製造業或大型企業所能滿足。即以居住而言，為了提供一個舒適的居住環境而言，僅僅靠製造業所提供的建材、建築機械、油漆、室內裝飾、空調設備等服務與專業分工，是做不到的，因為那些只是素材，有待由建築設計、營造工程、室內裝潢、水電安裝、建築申請、資金籌備、產權登記等等所組成的住宅相關服務業予以規劃、統籌和執行才能達到預期目的。依據上述觀點，今日的各類多元的製造業生產活動，幾乎都是依附於某種服務業，而製造出來的產品也視其所依附的服務業，而決定其用途、角色以及商品價值。例如一塊木頭或一塊地毯即可因用於不同場合而有不同價值，其背後原因無他，即在服務業較製造業更貼近消費者需求之故，因為廠商的創新活動而改變了生產要素本身的價值，銷售競爭的活動更促進許多企業加入市場，從事專業分工，這是市場經濟活動的本質。

在產業活動的類別與層次方面，我們常將產業區分為初級（如農林漁牧礦等業）、次級（製造和營建等業）以及三級（如服務業）的層次。表面上，這三類產業好像涇渭分明，然而事實上，在前二類產業中，也都多多少少含有的「服務」成分，而在三級產業的服務業中，除極少數例外，也都會用到初級或次級產業的產品，例如以教育或餐旅這種服務產業而言，不可能不用到種種有形實體產品。因此，自上述觀點，服務和有形產品（實體商品）之間的關係是難以將其清楚分割的。至於所謂「服務業」之界定，基本上乃代表歷史性和行政性的產物，而非實質上的分類。

服務活動之所以有較高價值，是來自它可能被妥善安排及設計，也指向發揮某些特定功能。首先，服務活動可發揮組合功能，讓不同性質或產業的產品根據某種用途加以選擇和組合，這種例子，大型如都市發展計畫，小型如室內設計。其次，服務活動可發揮「客製化」功能，經由這一層功能，使得有形製品在製造過程中仍可獲得「規模經濟」或「標準化」之優點，然而，經由服務這一層作用，使其能配合個別消費或使用者之需求狀況，大大增加其最後價值。這種情形也已隨著經濟發展程度之提升而逐漸顯著。依上述服務所具有的增值功能而言，它豈不就等同於一般所謂的「加持」或「加值」嗎？將服務活動加值在更貼近顧客的需求目標上[15]（許士軍，2004）。

二、論服務活動的意義

當你在許多高級餐廳用餐，往往被收取 10%的服務費。因此，服務活動是具有市場價值的，這個價值需要透過對服務的管理而落實。於是，服務活動管理也即是探討服務活動呈現出市場價值的相關內容。在服務業的市場競爭中，一個企業能夠勝出的可能因素有很多，「創新」是其中相當重要的因素。在現代市場中充斥著各式各樣的商品，但如何能吸引消費者與受到許多消費者的青睞，找到方法去「創新」是一個重要的條件。有了「創新」則可以讓產品及售後服務具有與眾不同的特色，這些特色也可讓消費者消費商品過程中獲得的更高的效益，或是降低完成該項交易的交易成本，以致今日的企業管理已將創新活動大量運用在服務管理之中。

---

[15] 許士軍，2004，「許士軍談管理：洞悉 84 則管理新語」，台北：天下遠見文化公司。

（一）服務活動價值

依據科特拉(Kotler, P.)的觀點，服務之本質，乃指一方可以提供給他方的任何活動或利益，本屬無形，也不牽涉所有權的問題，並且不一定要附屬於實質的產品。但本節所討論的「服務」則專指能夠為個人或組織體帶來某些效用與功能，或是能夠增進某些價值或具有被利用價值的一種活動，且活動本身必須是市場的交易對象，可以被市場消費者來訂價。例如台灣的房仲業可向買賣雙方收取合計6%的仲介服務費，經營五星級旅館的業者可以向消費者收取租金額外的10%服務費。具體而言，在本節討論的服務活動，是一種受到消費者需求且願意支付某種程度的代價，以獲取的產品，我們也可稱之「服務財」。

創造服務活動已企業營運的重要一環，服務可以被設計創造出來的產品，例如不動產估價，也可以是生產活動中附加或衍生的服務活動，例如都市公寓大廈的物業管理。圖 3-3 表示，一項服務活動(E)的生產製造過程，提供服務之企業主體的人或組織(A)，會利用人與物、管理制度、技術與資訊等生產要素(C)，在一定的經營活動(D)之下，對其市場中的顧客，包括個人或企業(B)，進行有價值的生產性服務活動(E)，如果顧客所購買的是該項有價值的生產活動本身，則該活動即為服務財。

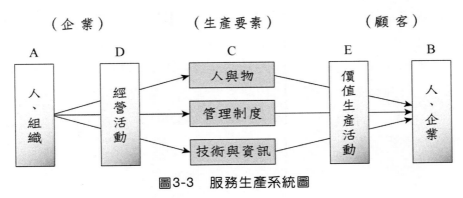

圖3-3　服務生產系統圖

（二）服務活動的分類

何種服務活動是消費者所需，我們先對其有個初步的分類，這個分類有助於你對服務活動提供的真正價值進行思考，形成具體的概念。

1. 態度上的服務：指在人類行動表現方式中的各種情感要素，包括語言、表情、肢體語言。最常見的是「歡迎光臨」與「謝謝光臨」的招呼顧客方式，或是協助顧客了解產品並消費產品的解說過程。態度上的服務需要顯示你的友善，而不僅是賺取對方的利益。

2. 精神上的服務：指態度顯現之前的理念、精神、心理等狀況，這些屬於心智活動的管理，往往直接影響服務上的「態度」良窳。精神上的服務需要顯示你視顧客至上的意圖。

3. 犧牲性的服務：指奉獻的態度與精神，也可指商品折扣或折價的具體行為與活動。犧牲性的服務往往能夠激勵顧客的消費共鳴，建立顧客的消費慣性。

4. 機能性的服務：指有具體且可讓消費者主觀相互比較的活動內容，例如最準時、最快、最好、最舒適、最豐富等服務活動的具體比較。不動產房仲業在機能性的服務，就需要幫顧客做好標地物比較的功課。

（三）態度並非等於服務

　　顧客在一般情況的服務活動中，是否具有高度滿意，態度是一項重要的變數，但並非服務本身，它可以稱之為服務活動的「妝扮」，是構成服務活動的基本內容之一。基本上，服務態度的形成主要來自兩方面，一是由實際接觸的經驗而形成，例如使用高級住宅俱樂部設施所體驗到的愉快經驗。二是由互動過程中的學習而形成，例如銷售服務人員與顧客的多次銷售互動過程中，對於如何完成該項交易活動，以及應具備何種技巧，服務人員往往會在與顧客的互動中體會並學習。因此，管理學者研究服務活動價值的相關影響因素，得出下列關係式，服務活動價值＝f（成本、速度、態度），這個函數式也說明著成本、速度與態度是影響服務財價值高低的重要因素。

　　服務活動做得好，往往讓企業立下致勝基礎。國內著名的「管理雜誌」曾指出一則管理佳言，稱之「服務致勝」。服務致勝說明很多事情的成與敗都可因人而異，能夠掌握相異性是個經營的重點。美國尼曼‧馬克斯百貨公司創辦人史坦利‧馬克斯曾經說過：「顧客從任何銀行領出來的鈔票都一樣，唯一不同是櫃台服務人員！」同樣的道理，特定街道正在銷售中的房子可能都大同小異，而你的服務精神與專業解說則讓買家感覺有所不同。因此，服務決勝一切，企業雇用服務態度良好及服務意識強烈的員工，更會讓經營的一切事項都更順手。

（四）好的服務是設計出來的

市場競爭讓服務業需要設法提出更好的服務內容及服務方式，依據石原直(2016)在「好服務是設計出來的」一文表示，服務產業提供服務的是人，消費及享受服務的也是人，積極有效率開拓新服務的方法，應該注意四個重要面向[16]。

1. 獲取顧客潛在需求

你努力提供服務，但是，顧客不一定給你很高評價，此時是獲取顧客潛在需求的時刻。首先，顧客給你的意見與回饋應該原封不動的保存與良好解讀顧客心聲，因為，這顧客提供的意見很可能包含許多自身經營的問題。例如顧客聽你的解說之後覺得建築物的設計不是很理想，可能包含著選擇建材、功能設計、外觀顏色、設備設施等。其次，妥善的判別顧客抱怨與顧客讚賞，例如顧客表示「終於找到較理想的產品」，這表示顧客已經付出一段時間尋找產品，顧客正好肯定你目前的產品，顧客也可能還期待未來能有更好的產品。

2. 將受到好評的服務做到極致

服務活動能受到顧客肯定並不容易，一旦受到好評就要努力做到極致。第一，此時要抓住這個優點與機會，將服務的內容與價值向整個組織延伸及分享這個訊息，第二，受肯定的服務也應建立成本意識，確保成本不至於增長過快，第三，細心的記錄與分析這個受肯定服務活動的產生原因，藉著此次機會建立培訓手冊，激勵員工們創造更多受好評的服務活動。

3. 重新審視被終止的服務

企業制定及提供服務活動有一定的程序，但是有時候起於某種原因而讓原本的服務活動終止，例如負責此項工作的人員更換了兩次，導致服務活動被意料之外的終止，這個服務項目的終止可能讓顧客感覺到怠慢，若警覺到有這個狀況則應盤點所有服務活動內容，確保好的服務能夠延續。

4. 體驗其他業種、其他公司的服務

企業提供服務活動的內容需要更新或需要增加內容，因此，需要多找尋適當機會體驗其他業種或其他公司的服務，在參與體驗之前應該設想一些期待內容，

---

[16] 石原直著，姜瑛譯，2016，「好服務是設計出來的」，北京：東方出版社。

透過實際體驗過程來感受期待與實際之間的落差，若能發現這個落差則應回到顧客立場來檢視內容。例如在銷售住宅產品的過程，不斷探詢顧客的想法與購買意願，往往給顧客帶來壓力。更好的方式則是讓顧客多來多看幾次產品，你再藉機會提供切合顧客意願的說明，讓顧客喜歡你的服務，進而喜歡你解說的產品。

三、服務活動的特性與分類

（一）基本特性

經營者能理解及開拓服務活動的多元價值，這些服務活動價值可以延伸新的商機，於是我們需要更具體理解服務活動（服務財）的基本特性，這些特性被歸納為無形性（易消逝性）、生產與費用的同時進行（不可分割性）、自身投入與顧客共同生產（一起做出來）、不可觸知性及不具穩定性等，茲分述如下。

1. 無形性（易消逝性）

(1) 意義：主要是指服務業的產品多為非實體，例如不動產業的房仲服務、代書服務、估價服務、包租代管服務等，輸出的產品是服務活動且是無形。由於服務財的無形性且它並非物質，既無法使之流通，也不能事前做起來囤積。所以，餐廳或零售商在客人過多時，常會因此窮於應付而使得服務的品質降低。另外，服務活動（或稱服務財）不能像實體產品一樣，拿出來給顧客看完後試用，這就引起顧客內心的不安定感，這讓供給者面臨個難處，一方面很難以服務的具體成果向顧客銷售，二方面是顧客在第一次享用某項服務時，會或多或少感到不安及產生疑慮。如何去減少顧客第一次使用時心理所存在的風險念頭，是服務經營的重要課題之一。

(2) 克服方法：美國管理學者莎舍(Sasser)教授，曾經針對服務業需要與供給的管理問題，提出需求面與供給面的策略。

　　A. 需求面的策略

　　　(A) 運用「差別取價」的降價策略，將部分尖峰時間的需要轉移至非尖峰時間。例如不動產新成屋銷售或預售屋銷售，顧客在農曆七月中元節看屋，或自發的依據需要而前來看屋，提供較多的優惠或折扣，以降低顧客內心成本來減低不安感。

(B) 開發非尖峰時間的顧客群需要。例如不動產新成屋銷售或預售屋銷售，在五月至七月的淡季時期，供給者不做太多行銷廣告，而需求者自發前來看屋尋屋，可給較多的服務內容或較多的價格優惠。

(C) 善用「補助服務方式」，為尖峰時間等候的顧客提供另外的穩定服務來源。例如高級餐館的號碼牌、告知等候時間及手機電話通知。

(D) 善用「預訂預約制度」，形成預先出售服務數量，抓穩更精準的需求量，也給自身更充裕準備時間，用以維繫良好的服務品質下，出售服務活動。例如旅館的預定制度及告知進駐時間。

B. 供給面的策略

(A) 採用更多兼職員工的服務，用以因應尖峰時間的需要量。

(B) 調整服務活動的程序，採取更便捷的施作方式來因應尖峰時間的需要量。

(C) 調整服務活動的內容及程序，適當引導及擴大需求者的參與程度。

(D) 協同相關同業一起發展聯合服務及引進具備未來商機潛力的設備。例如：數家小型醫院透過契約協議，共同分攤購置尖端或大型醫療設備，促使自身的服務活動更精準。例如主題樂園或購物中心的開發規劃，採多年期將附近土地陸續購入，以供日後擴充之用。

2. 生產與消費的同時進行（不可分割性）

(1) 意義：服務財提供的來源無論是人員或機器，提供服務之時往往需要在一定時間內由生產者在場提供活動。這也就是服務的提供與消費的需求是同時發生，這種特性使得服務業具有勞力密集的性質，也有著無法及時大量生產的限制。這種服務的生產與消費的同時性，在經營上產生了幾個問題。首先是它不能重新再來一次，其次是受限於顧客就在現場親眼盯看，在提供服務過程中的任何錯誤疏失與缺點就會立刻暴露在顧客眼前。這種服務活動的限制，讓顧客越來越知道要對服務的生產過程寄予關心，才能獲得好的品質。例如顧客購買不動產的住宅預售屋，他們會在工程興建過程中，不定時前往工地監工，於是開發案的建築品質好壞及施工方式優劣，將難以掩飾。

(2) 克服方法

 A. 服務的提供者可以設法一次性為更多顧客提供充分服務。例如預售屋的建設方，可以運用工程說明會、結構說明會、使用建物與交屋說明會，提升消費者的理解與認同。

 B. 服務的提供者也可以設法加速服務活動的進行，以降低人員等候時間。例如醫生看診問診過程，若將每個病人的治療時間由 30 分鐘降為 15 分鐘，就可以服務更多病患。

 C. 服務供給者可透過訓練更多合格的服務人員，將服務活動標準化及簡單化，甚至將部分工作外包，使得消費容易理解內容，進而增進顧客對這服務活動的信心。

3. 自身投入與顧客共同生產（一起做出來）

(1) 意義：即服務成果是由生產者與顧客共同生產製造出來的。有些服務是由服務人員與顧客高度接觸之後，甚至加入自身的參與才能完成，例如不動產投資與融資的顧問工作、不動產投資信託顧問工作或包租代管顧問工作，經營者或顧問諮詢者需要清楚知道顧客的委託目的、管理內容及獲利目標，這些內容與目標是專業服務顧問與顧客一起研商及共同創造出來的。

(2) 克服方法

如果仔細觀察顧客參與服務的生產過程，就不難發現，以顧客為服務對象的服務生產體制的全貌，有些服務活動的價值，顧客扮演一定的關鍵角色。我們也可觀察到顧客從一開始的要求服務，到協助顧客自發自助加入服務內容，顧客或多或少都有參與的必要性，也需要獲取更多訊息來理解這個服務成果。

  傳統的服務活動經營管理過程，未能重視顧客在服務生產過程中扮演之重要角色，未來不能忽略顧客角色將是服務生產體制的一個重要變數，從一開始就應該把它列入服務系統設計，服務提供者應融合需求者的目標與經驗，提供更恰當且穩定的選擇。這個做法包含兩項要點，第一，如果讓顧客多分擔一些活動（擴大顧客的角色任務），就能減少提供者的活動量，提高整體服務系統的效率，第二，如果顧客不排斥參與服務內容的生產過程，供給者反而能給消費者很多機會去反映自己的企圖、需求及目標。例如不動產住宅預售屋的室內空

間格局設計，不動產包租代管的獲利目標與室內裝修改善程度，都是顧客能參與的。

4. 不可觸知性

(1) 意義：即服務本身並非是一種有形的產品，在購買它之前，服務活動通常是不易察覺或難以具體意識到。例如不動產業的房仲居間代理的服務活動或地政士居間代理的服務活動，服務內容往往具有不可觸知性。不動產業的住宅預售屋，開發商面對的代銷業行銷服務活動也有類似特性。

(2) 克服方法

A. 企業應利用模型、過去成功經驗或 3D 模擬實境等方法，用以提高服務的可觸知性。例如：整形外科醫生常運用圖形、電腦模擬或黏土模型，向病人說明手術後之樣貌。不動產的住宅預售產品常運用建築模型及實體樣品屋，向購屋者展示建築完工後之具體感覺。

B. 採取強調該項服務具有特別性的各種利益，而不僅是說明服務本身的特色。例如公寓大廈住宅社區之共用部分公共設施，具備休閒、娛樂與集會交流的多樣化功能，專有專用的室內居住空間，具備容易彼此照顧的平面活動，可增進家人親情之間的溫度。

C. 將服務內容冠以特定的型式內容或品牌名稱，以增進顧客的具體意識。例如住宅設計是採取日式禪意風、中式閩南風、歐式華麗風、美式自由風等設計風格。

D. 將服務內容冠以某些受尊重的名人，將服務內容轉化為人格化，增進顧客的消費信心與具體意象。

5. 不具穩定性

(1) 意義：即服務活動本身難以事前儲存，也無法像製造業可以先製作成半成品來儲藏，而且，服務活動的價值只存在於顧客如期接受服務的當下時間。一般而言，服務活動在需求比較穩定的時候並不會造成太大問題，因事前增減服務的供給總是比較容易，若是需求起伏較大，例如尖峰與離峰時段的需求量差距大，再加上服務常隨顧客個人偏好與需要而不同，服務機構就難以提供相同品質水準的服務了。此外，服務活動的品質與內容，又會涉及服務人員的態度與責任心，引起服務品質控制不易問題。例如不動產

的房仲服務活動，經營者往往需要克服不同員工之間提供服務活動內容的不穩定性。

(2) 克服方法

　　A. 擬定一個有效又稍顯嚴格的人員甄訓方案，例如航空業、銀行業、旅館業、餐飲業都努力設法訓練其人員提供更為一致而親切的服務過程。管理學的實務研究發現，提高薪資及福利，且提供嚴謹的訓練過程，有助於激勵員工自發的實施一致化的服務活動及過程。

　　B. 建立完善的顧客反應追蹤及改善系統，包括各種建議與申訴制度、顧客消費調查、改善與回應制度等，以利更早發現問題及糾正服務過程的種種缺失。台灣不動產房仲業的「信義房屋」企業，在顧客反應追蹤系統的運用是相當出色的，它們仲介中古屋服務，已經建立非凶宅屋屋的鑑定與追蹤系統。

　　前述分析可知，服務業的關鍵是人，組織內每個人皆扮演了重要的角色，因此，做好人力資源管理與提升人力資源品質往往顯得格外重要。依據楊錦洲(2001)表示，良好的服務業人力資源管理的重點做法有5點：(1)招募新進員工時應慎重甄選，(2)加強職前及在職的教育訓練，(3)重視每位員工升遷與發展的人性管理，(4)建立彈性化人力運用制度（專職與兼職人力），(5)推行績效獎金制度，激發員工熱忱與潛能。日本的松下電器公司在人才的培育目標，它們指出我們公司的目標是製造人才，進而順勢一起製造產品[17]。

（二）服務活動的分類

　　服務活動可由下列幾種標準加以分類：

1. 該項服務對人員或設備的依賴程度，而在依賴人員的服務方面，又可分為專門職業（如會計、管理顧問）、技術勞力（如裝修水電、修理汽車）及非技術勞力（如門警保全、修剪草皮）。

2. 顧客是否必須親自到場接受服務，顧客若必要親自到場接受服務，服務的提供者不能不顧及他們的各種需求。

---

[17] 楊錦洲，2001，「顧客服務創新價值：如何做好服務管理」，台北：中衛發展中心出版。

3. 顧客的購買動機，該項服務係用來滿足個人的需求（個人性服務），抑或滿足業務的需求（業務性服務）？而服務的提供者可以分別針對個人服務與業務服務的目標市場，擬定不同的服務內容與行銷方案。

4. 服務提供者的動機（營利或非營利）與型態（私營或公營），若將這二個因素交叉組合，就可以得出四種不同的服務組織。

四、服務活動構成的層次

　　服務活動推動著產品價格的提升，經營服務活動，使得企業有了更妥善的價格策略，施展差異化競爭策略，對應新的顧客群，建立忠誠顧客。服務活動具有不同的層次，經營者可用來對應新的顧客群。

1. 核心服務：核心服務是服務業應思考的重點，指整體（全套）服務活動中的主要服務項目。例如飯店提供的住宿與餐飲，航空公司提供航空器的安全、準時與快速，電影院提供的燈光、畫質及音響等，出租公寓大樓提供的安全與寧適。

2. 附帶服務：指整體服務活動中附隨於核心服務項目的重要部分。附帶服務與核心服務通常具有密切的互補性，例如醫院提供的醫療、住院及餐飲為核心服務，另提供隔絕與外接觸的附帶服務。

3. 偶發服務：若核心服務與附帶服務為常態性的業務，而偶發服務則為有別於常態服務活動的一些需及時隨機應變的突發活動需求。偶發服務活動的提供，有助於企業的差異化競爭。例如航空公司的既定飛行行程受他國颱風或地震影響而受阻，所需額外提供的安全、食物、飲水與住宿服務等。

4. 潛在服務：是指顧客基於個人效用或某些特殊理由，所需提供的服務活動。潛在服務活動的提供，也有助於企業的差異化競爭。例如一般餐廳所提供的素食食物、針對腎臟病客人提供的低鹽食物。

五、有形產品與無形服務活動的融合

　　現代市場中的產品，實質內容幾乎都由有形部分與無形部分所構成，兩者結合成一體對顧客形成某種效用。其中製造業應該多注意無形部分的服務活動，服務業則又應該多注意產品有形部分的服務，並設法提高各個部分的品質與附加價值，方能增加企業整體利益（圖 3-4）。

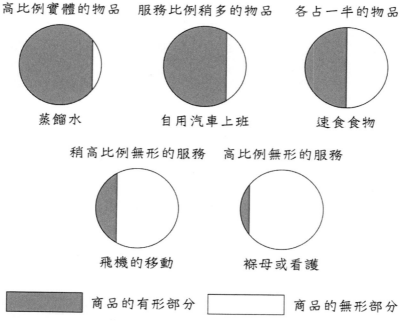

圖3-4　商品的有形與無形比例關係（近藤隆雄，2000）

　　就企業經營策略而言，一般製造業的經營模式，為降低成本、大量生產以及提升產品品質為主；而服務業往往是以顧客為中心，發展出屬於顧客需求的服務性質，兩者有顯著差異（劉家瑜，2012）。但在市場自由化的競爭環境，市場仍是以「人」為中心的模式，以致產品功能必須因應使用者需求內容而進行轉換或加以融合，這個轉換與融合的作用使得原本屬於製造業，在具備更多經驗及知識後，需要將市場定位向服務端移動，或是深化對下游顧客的服務，例如蘋果電腦公司(Apple)成功銷售 iphone 及 ipad（平板電腦）。同時，原本屬於服務業，則往前延伸從事製造生產，例如亞馬遜公司(Amazon)生產電子閱讀器及平板電腦[18]（劉家瑜，2012）。企業在市場中的彼此競爭與自身演化，已使製造業與服務業之間的界線逐漸模糊，製造業結合服務活動已是企業的致勝關鍵。

[18] 劉家瑜，2012，「製造業服務化，產業致勝關鍵點」，貿易雜誌，第 252 期，頁 14~16。台北：台北市進出口商業同業公會發行。

六、服務財的價值衡量

在日常生活中可以發現，消費者經常購買同一商品的原因，並非因為該商品價格便宜，商品價格的「昂貴」與「便宜」是相對的，會因人而異，因為，不同的消費者所認知的商品「價值」是不同的，當消費者認為選購的產品是物有所值的時候，願付的價格也會較高一些，但是，提供良好的服務活動內容以及對它的訂價，不一定是要花大量的生產成本，重點在於符合顧客的需求。就如一些都市中心區的豪華頂級的住宅商品固然產品定位明確，製造成本高，賣相也或許不錯，但是在單位商品的利潤，未必可優於小而美的郊區住宅商品，這要看何者較符合消費者的需求，滿足其效用。但是無論如何，要讓自家商品能夠採取「差別訂價」，經營者一定要在服務上下功夫的。

服務活動要如何進行差別訂價，經濟學理論及管理學理論提供了分析的基礎，差別訂價仍是要從消費者的觀點著手。首先，在經濟學的觀點，任何商品會有一個市場價格出現，主要是該商品具有市場交易上的相對稀少性且又能滿足需求者的效用，此時，也正代表該商品對於潛在需求者具有「價值」，這個價值也就是一種消費者剩餘，消費者剩餘是指對某特定商品，消費者心中願意支付的價格與實際支付價格之間的差額，而商品的實際支付價格也就是市場價格，主要來自市場中的供需雙方所決定。服務活動是特別能夠增加某一商品「價值」的部分，有了這個「價值」的認定就可採取適當的差別訂價，或是結合促銷策略。其次，在管理學的觀點，可以根據商品的「品質高低」採取差別訂價，為了使服務財的品質與價值能夠具體被衡量，哈佛大學的學者發展出幾個利益公式（也稱服務財的利益方程式）用以衡量服務品質的部分要如何訂價[19]（近藤隆雄，2000）。

（一）服務的價值

近藤隆雄(2000)表示了服務價值的估算方式，服務的價值＝｛服務的品質（結果＋過程）｝／（價格＋使用成本）。在這個算式中，服務的品質由該服務之「結果的品質」與體驗該服務「過程的品質」兩項所構成。

---

[19] 近藤隆雄著，陳耀茂譯，2000，「服務管理」，台北：書泉出版社。

1. 「結果的品質」乃從是否獲得預期之結果來判斷的，著重總體（整體）的感受。

2. 「過程的品質」會受到體驗服務的顧客，對服務提供過程的感覺所左右。著重過程的感受。試想！為何量販店的水果常是較便宜的，但傳統市場中水果小販的生意卻也不差，其中關鍵在於傳統市場中水果販的產品可以試吃，以確認結果品質是較佳的，而量販店的水果可能存在許多不如預期的風險。不動產的商品也具有相類似的過程。

3. 顧客所負擔的成本

    (1) 價格：有形商品的價格通常是由成本加上利潤所構成，由於很容易與其他的商品進行比較，所以很容易獲得顧客的認同。

    (2) 使用成本：「使用成本」是指顧客為了使用某項服務除價格以外所付出的金錢、肉體及時間精神上的支出。心理與精神上的成本也是不可忽視的要素。有一則管理佳言名為「夢想中的汽車」。日本豐田汽車把原本專供汽車設計人員使用、具備強大功能的電腦設計工具，提供給一些潛在顧客使用，讓他們在電腦螢幕上設計出自己夢想中的汽車，豐田因而獲得一些設計人員沒有想到的靈感。因為顧客的參與，所以豐田設計出來的車子在外觀、內部裝潢、基本配備及附加功能上，贏得顧客較多的喜愛。顯然「夢想中的汽車」創意提出，能以低成本取得良好設計的概念，也增進了結果的品質。在不動產的住宅投資活動，也應該有一個「夢想中的住宅」創意活動，購屋者希望購買「夢想的家」，主要是購買建築品質、生活方式，以及期待價值的具體實現。

（二）服務的品質與服務實績及事前期待

近藤隆雄(2000)表示了服務品質的估算方式，服務的品質＝服務的實績（結果認知的品質）－事前的期待（期望的品質），廣告行銷豎起消費者內心的事前期待不應太高，這將容易促使顧客感受到的服務失敗的風險，進而影響原先設定的服務品質與內容。

1. 顧客感受到的風險會影響其對服務品質的評價

一般情況，我們在購買無形服務活動之時，會比購買有形商品覺得風險更大。例如我們住進高級旅館，通常會希望藉著購買每一項服務活動來滿足自己

的休閒需求，並且期待著它良好實現，但是另一方面又會預測這項服務可能因服務失敗而帶來不安的結果，因而內心中可能估算著服務的實績與事前期待之間的落差。

(1) 認知品質：指顧客於接受廠商提供的服務或在服務提供過程中體驗到的感受、認知、知覺，而對整體服務產生的評價。

(2) 期望品質：是指顧客在接受某項服務之前，對廠商提供該項服務的一種預期、預估或可能出現的品質狀態與水準。

服務的實績與事前期待之間的落差存在，這個落差值的注意，因為，當服務的實績高於事前期待，服務活動具有一定的品質；當服務的實績低於事前期待，顧客對服務活動會感受到失望，失望會找管道宣洩，於是企業的聲譽往往在這無形中逐漸瓦解崩壞。

2. **判斷及預測服務失敗會使顧客會感覺到不安的風險**

顧客預測或感覺到風險的存在及失敗的可能性，主要受到下面兩項因素的影響。

(1) 主觀判斷服務內容不妥而可能產生失敗風險，例如建築物的快速施工而猜測施工品質可能不佳，事後需要不斷修補及裝修。

(2) 預測服務結果失敗所可能引起的損失，例如市場供過於求的房價下跌，引起包租代管建築物的經營獲利下降。

經營者應該努力去設想種種可能的服務活動失敗，在顧客評價追蹤系統中及時發現且努力改善，藉以建立顧客對服務的信賴感早已是服務管理的重要目標之一，有時候合理適度的降低「事前期待」也是必要的，以免引起非必要的消費糾紛。這是不動產代銷業在廣告訴求前的重要思考，也是房仲業居間代理服務內容要精進的重點。

管理學有一個重要的服務品質觀念指出：在品質管理方面，100-1=99 這是數學意義；100-1=0 這是品質意義，因為一家企業的 100 件產品中，如果有一件為不良品且已銷售給消費者，之後受到消費者的抱怨，那麼該企業的品質名聲也許會降為「0」。

當我們可以較精確地掌握顧客所需要的品質之後，則在增加企業營運收益上，應將資源投入於重要的顧客身上，當然主要顧客身邊可能存在的潛在顧客，以增進收益。以下運用兩個計算式來表達服務事業的收益影響因素。

（三）服務事業收益與顧客的再消費次數

　　近藤隆雄(2000)表示了服務事業收益的估算方式，服務事業收益＝（顧客的再消費次數×利潤）／投資額。這個計算式在表達一個重點，當能夠針對重要的顧客投入資源時，往往投入資源是較精準又富有效率的，此外，也有助於節約投入成本，而當主要的顧客（常客）能夠長期穩定的前來多次的消費，這樣會更有助於企業營運的收益。

（四）服務事業收益與提供給顧客的價值

　　近藤隆雄(2000)表示了服務事業收益的另一個估算方式，服務事業收益＝提供給顧客的價值－事業者的費用。這個計算式的重點，主要表達企業資源如何用於增進顧客的增加。簡單而言，企業要如何由經常前來消費的顧客群中，去挖掘他們身邊的潛在顧客，並有效率的維持顧客數量穩定成長，這樣的做法可以少掉一些不必要的廣告銷售費用，省下的行銷成本，一部分可用於經營顧客並回饋給主要顧客，一部分則用於提升服務內容及增進企業的收益。

第四節
案例分析與討論

　　現代設計精良且富有許多科技配備的汽車價格不斐，消費者在買車子與買房子的購物思考決策相當相類似，兩者皆具有耐久財特性，兩者的售價皆不算低廉，但不同的是，汽車商品市場的競爭，已經由銷售競爭延續到售後服務的競爭，且在售後服務的市場發展出一個市場大餅。反觀不動產的住宅產品市場，無論是預售屋、新成屋或是中古屋的產品經營，大部分的產品利潤仍是來自高於成本價格以上的利潤，但對於銷售之後的產品經營，大多是交由市場中的相關水電建材與機電設備廠商來服務。不過，近十多年以來，開發商已經重視不動產的住宅產品需要管理維護，管理維護促進了物業管理服務業及宅修產業的興起，開發商逐漸

重視住宅服務的售後服務市場。事實上，不動產的售後服務具有專業分工的利益，這個利益又會與相關產業有著廣泛關聯，這種關聯在於交易成本的節約，例如公寓大廈管理維護公司，可就一個住宅的管理維護活動，整合清潔、保全、機電、環保、宅配、郵遞等活動，為住戶們節約營運管理上高額的交易成本。

一、汽車產業重視售後服務的新市場

依據尤子彥(2003)的報導指出，汽車產業的售後服務活動已經成為汽車業的新戰場[20]。他表示將愛車送回維修廠進行檢修，是國內近 600 萬輛汽車的多數車主，所必需經常面對的養車難題，不過，如果你對於汽車維修廠的認識，仍停留在找黑手老師傅與擔心被敲竹槓疑慮的印象上，還不清楚不只人需要 SPA，愛車偶爾也要 SPA 一下，就連車子也有屬於自己的維修 IC 卡，那和汽車產業飛快進步的現況，就顯得有些脫節了。

由於國內汽車市場在經濟景氣不振及都會區道路面積有限的條件下，新車市場近年來逐漸趨於飽和，而新車銷售在各車廠產能出現供過於求的壓力下，車價正陷入競相削價的空前割喉戰，新車銷售利潤也走向微利化的時代，因此，以每部車每年平均約 3,000 元的維修費用估算，每年國內高達 1,700 億元以上的售後服務市場大餅，已成為目前各汽車經銷體系獲利的主要來源，而為搶食維修商機，車商無不挖空心思，提供能令車主感到滿意的創新服務。

以目前在國內品牌車保有數超過 85 萬輛的福特六和為例，在導入全球福特的維修認證機制 Quality Care 之後，去年起在全台各重點維修廠，提供車主上網服務及結合西雅圖品牌咖啡的顧客休憩區，更推出以車主為中心的創新汽車保修概念，包括車內異味去除的 CARSPA 及外觀簡易補漆的 CAR Salon 等服務，而為了替中高車齡車主達到降低維修成本的理想，對於新品動輒數十萬的變速箱等高價零件，福特六和也首開風氣之先，提供二手但仍享有原廠保固的再生零件，顯現出處處站在消費者立場的用心。

---

[20] 此案例參自尤子彥(2003)在「售後服務，成了汽車業的新戰場」的專題報導，(http://tw.news.yahoo.com/2003/03/10/finance/infotimes/3858710.html)

福特六和總裁沈英銓指出，由於新車銷售在市場過度競爭的條件下，除非是暢銷車款，否則目前國內多數經銷體系在新車銷售方面，已難再維持過去的高獲利水準，反倒是服務導向的售後維修部門，目前已成為各經銷商最主要的獲利來源，占經銷商總體獲利的比例高達五成甚至更高水準。

　　福特六和副總張偉昌則表示，國內汽車產業在新車銷售規模成長不易的環境下，正逐漸朝向創造服務差異化的價值鏈發展，由於服務的專業最終仍是回到消費者的滿意度上，因此，福特六和主張，售後服務「不只是修車，還要修人」，換言之，不只要讓車主在車輛機械的修護上得到滿足，也必須重視所有以車主為中心的服務流程和細節。

　　事實上，福特六和早在 1998 年之前，就曾借重在汽車製造的生產線品管經驗，由製造處派遣多位資深的品管工程師，進駐各地維修廠建立標準化的維修服務平台。張偉昌認為，製造部門專長於大量且規格化的產品生產作業控管，有助於傳統過度以人際特質為主體的維修服務，建立一致性的標準化服務平台，除讓後續推動的各項差異化服務能順利發展，站在車主的立場，標準化的服務則能化解被不熟識修車師傅敲竹槓的疑慮。

　　由於及早建立服務平台，創造差異化的服務優勢，福特六和即使在去年車口數因多年前的銷售谷底而銳減 1 成 5，品牌的車輛保有數雖明顯下降，但在售後服務的總體業績卻呈現 5%以上的成長，成功突破原廠維修獲利成長不易的困境。

　　除了福特六和以外，該年初正式返回國內市場的台灣本田，也在售後服務體系的建置投入極高成本，全面建置車輛資料的 IC 卡系統，每部新車或曾返廠的本田車輛，都持有一張內建有車輛基本資料的 IC 卡，在各地本田維修廠，車輛一進廠車主完成插卡後，透過電腦連線在第一時間就顯示出該車的相關保修資料，縮短維修等待的時間。

　　擁有全台 130 餘處維修據點的和泰豐田汽車，自 1999 年起也陸續推動維修服務的品質提升計畫，導入 TOYOTA 生產線的 Just in time 及時管理概念，將過去必須等待 3~5 個小時的定期保養服務時間，透過作業流程及人員配置的改善，壓縮到 1 個小時以內，以迎合都會區車主省時的需求。

　　買車容易養車難，是許多車主切身的體驗。不過，汽車業者在面對新車市場成長不易的情況下，努力朝服務專業化的領域轉型，所帶動的市場競爭，對大嘆

養車大不易的消費者來說，確實是一大利多，而在各原廠正積極整合資源並大舉進軍維修市場的同時，對於徒有價格優勢，及靠人脈經營的傳統汽修廠恐將逐漸帶來衝擊，勢必也會進一步牽動汽車維修市場大餅的重分配。

二、營建業也可以跨入服務業

營建業能不能經營得像服務業一般，從規劃到交屋及售後服務，做出符合顧客需求及達成高度滿意的品質，在增進產品的附加價值後，並從這樣提升的附加價值中獲取較佳的利益，也許這已是重要的不動產商品發展趨勢之一。不動產的開發商及經營者應在「我們究竟是賣不動產的什麼內容」問題上多思考，你將不難發現，營建業也可以是獲利極佳的服務業。

以興富發建設公司為案例，他們自 2005 年開始注意到年輕消費族群的購屋偏好轉變，過去許多消費者購買房子後還要花錢裝潢，平均一坪裝潢費用大約 3~3.5 萬，如果不裝潢，空空蕩蕩的新房子對年輕人來說毫無吸引力，因此，興富發的新成屋銷售內容，包含了所有的設備與裝潢，興富發在推案銷售時，銷售人員會解釋包含地板、牆壁、廚具、家具等，各種交屋時的需求與配備。雖然，銷售房屋時要將所有必備的家具、設備與裝潢全納入規劃設計，這對建設公司是相當麻煩的工作，但該公司董事長鄭欽天認為：「這是一種創新，想想看，在交屋之後，每一樣細節都要顧到，其實非常麻煩，沒有一家建築公司敢這樣做！」但是，為了產品順利銷售，將營建業經營成一種服務業，從規劃設計、施工到交屋與售後服務，公司才能從其中供應鏈環節中增進的附加價值，獲取更加的利潤，由於勇於創新，興富發建設也由過去的營業虧損中慢慢爬起，近而順利地轉虧為盈。然而，許多原屬於住戶應可自行處理的裝修服務活動，更多地納入建設商的建築產銷體系之後，若未能妥善監督各個環節，往往也引來許多的交易糾紛，這是建設商延伸服務活動應慎重考量的。

台灣地區有許多開發商轉向旅館業，由一次買賣的交易活動，轉為多次買賣的交易活動，飯店旅館業正是服務業的典型代表。以國泰人壽及承億建設為案例，依據蔡惠芳的報導（工商時報，2012 年 9 月 19 日）指出，她引述瑞普國際物業公司總裁曾東茂的意見表示，國壽集團將老舊辦大樓出租做為飯店使用，在經營策略的改變是富有創意的，這不但掌握了飯店市場的潛在需求，同時更解決舊辦公

大樓招租不易、租金行情偏低的問題;總體而言,這將提高辦公大樓的租金收益,也活化舊辦公大樓的資產利用價值。此外,曾東茂先生進一步表示,像嘉義地區十分有名的飯店旅館業者承億建設,最近也在新北市淡水漁人碼頭附近,承租 1棟辦公大樓,並改裝成「承億文旅－淡水吹風飯店」,藉由結合淡水文化,跨足台北的旅館市場。營建業與旅館業的相互連結性,加上政府自 2001 年開放陸客可來台從事觀光旅遊活動,陸客來台帶動觀光事業,引導了越來越多業者投入商旅市場,推動了大樓改建成旅館的市場供給,其中交通便利的地段又最為熱門。許多開發商勇於轉向旅館業發展。

三、便利超商的服務活動整合與不動產市場發展

都市中的便利超商(簡稱超商)是許多人每日消費的地點,這個地點「超商」就像母企業嚴密計畫孵育出的小企業,這組織更像是經濟學理論宣稱的「市場」,許多人來到商店似乎很熟悉自己的意圖,例如有人在 ATM 機器轉帳或領取現金,有人購買商品或郵寄出售商品,有人在店中閱讀報紙獲取資訊,也傳布這些資訊給他的好友們。超商的服務活動整合功能,如同 Buchanan(2002)在「連結(nexus):讓 60 億人串在一起的無形網路」書中的「小世界」觀點一般,小世界背後有許多人專業分工著,不斷透過交易且彼此連結。超商就像小世界網路的結點,人們正享受企業創新的超商市場帶來的便利,便利性也成為動力而連結人們彼此的互惠合作,帶起了市場秩序與經濟繁榮。

然而,超商連結下的市場繁榮,是如何在行銷創新與制度安排的基礎上發展呢?一個初步考察的發現,自 1980 年代起,國內食品產業經營者感受到銷售通路的競爭,基於建立自身企業優勢,企業家展開市場的試誤過程(trial and error procedure)及彼此相互模仿,於是在都市地理空間中開拓通路與分店,逐漸創造了一種嚴密又富有秩序的商業空間結構,這網路結構使企業成為在空間配送資源與傳遞訊息極為有效率的結點。行銷創新的制度,使企業家找到生存機會,在利潤上突破,超商小世界的繁榮過程,正像是經濟學始祖 Adam Smith 詮釋的價格機制作用:市場中各種價格訊息的存在,無形中促進理性個人在社會中自發的專業分工,提高了產出效率,更激起繁榮的動力[21](柯伯煦,2011)。

[21] 柯伯煦,2011,「網路連結的小世界繁榮與永續環境的春天」,2010 科普閱讀年得獎論文資料庫。

　　我國人民十分依賴超商的分工服務。依據東方線上董事長詹宏志表示，台灣社會已是便利超商最密集的國家之一，密集程度已超越了日本，而且便利超商的服務內容十分多元，它可以是商店、咖啡店、郵局、銀行、售票口、國稅收稅口、電信公司營業站，甚至是學校註冊組。依據他的歷年調查，2009 年使用 i-bon/Fami Port 的比率僅有 3.9%，但到了 2011 年已成長 3 倍之多，達到 11%。同時，會到便利商店繳交生活費用，也有 72.4%，可見便利商店的服務活動是多麼深入地滲透於我國人民的生活之中。

　　台灣地區的連鎖式便利超商、房仲業、餐飲業、中型百貨業的展店規模及展店速度，以及在各縣市區域的營業據點不斷新增拓展，不難察覺，零售業的市場規模擴大、高速度展店及多元化發展，進而推動著零售不動產的市場發展。零售業需要零售不動產的空間供給，這兩種市場連結與發展，正不斷改變著都市住宅中的商業型態及商業空間結構。在商業型態上，商業物流配置的數量規模更為龐大，也更有效率了，只要在物流配置上具有開拓該區域內消費者購物潛力的市場機會，許多個別資本家往往勇於透過試誤過程，嘗試在一些區位點上展店營運，提供潛在消費者所需的服務，這些連鎖式的商店，就像一種經濟學意義上的「市場」，各自業種銷售不同的商品，更多元的訊息分工，將住宅區中消費者每日生活的消費訊息及活動，連結於企業運籌整合的營運策略中。因此，以便利超商為特性的零售業，服務活動的整合，正將不動產市場規模拓展得更龐大[22]（柯伯煦、曾菁敏，2011）。

---

[22] 柯伯煦及曾菁敏，2011，「2010 年零售不動產市場分析」，台灣地區房地產年鑑(2011)，政治大學商學院信義不動產研究發展中心編著，行義文化出版，頁 427~443。

MEMO

The Strategies of
Real Estate Management

CH 04 企業理論與企業基本問題

　　亞當‧斯密(Adam Smith, 1776)以「國富論」提出了市場運行的哲學基礎，後來形成了現今的資本主義，資本主義強調市場經濟特性是以自由競爭為特徵，為了取得更多的顧客，獲取更大的成果，進一步關注著的重點是分工與效率。基於提升專業化的分工與效率，越來越多的大型企業不再將所有生產製造工作攬在自己身上，不再追求無限成長的大規模，而是透過市場中其他有能力分工的企業來完成，這個分工過程，使得各種大小規模不一且型態各異的企業出現，實現著超乎我們想像的分工，我們需要更深入去理解企業的本質。本章重點是分析市場中何以會有各式各樣的企業（組織）不斷出現？為何企業（組織）規模有的大、而有的小，每一個企業都在追求發展與規模成長，企業規模擴大之後，其組織內部是如何專業分工？分工的效率是如何被激勵？基於分工效率而建立起組織層級架構之後，又會有哪些問題與成本的出現？前述的問題都將在本章中加以探討。

第一節

企業理論

一、企業的起源與演變

　　企業是因應市場需要而存在，經濟學理論探討企業的起源、演變與功能，存在幾種不同的觀點，這些觀點主要有兩個主要方向，一個方向是專業化分工論，另一個方向是降低交易成本論[1]。

（一）新古典經濟理論

　　新古典經濟理論是由技術的角度看待企業，市場經濟人具有完全理性(Rational man)，而企業可被視為一組生產函數，並且假定企業是由一個無私的經理經營著，他會依據市場中（完全競爭市場）已知的產品價格，雇用生產要素投入並獲取產出，而在衡量投入與產出的標準，在於獲取利潤最大化，或是使成本最小化。由於新古典經濟的企業理論強調技術的作用，企業雇用勞動力來從事專業化分工，但這很可能引起成本上升，於是，企業如何有效地達成規模經濟，使生產更有效率，成為企業存在一個重要的決定因素，企業具備專業化分工的能力，也就成了它在市場的重要功能。但是，新古典經濟的企業理論是過於理想化，它與現實市場中的企業有些落差，也存在幾個嚴重缺陷，這些缺陷使得這個理論能夠解釋市場經濟問題的能力是有限的。新古典經濟理論的缺陷主要在三個方面，第一，它假設經濟人是完全理性，於是忽略了企業內部的經濟人存在的激勵問題（忽略了員工會自我決策、想要努力追求利益與理想）。企業被視為一個功能完整的「黑盒子」，任何工作進入企業之後皆能順利的運作，但這是不切實際的。事實上，市場中的經濟人不僅存在自利動機行為，也存在運用適當機會圖利自己及施展機會主義行為。第二，它未探討企業的內部組織，層級結構如何形成？決策如何委託？

---

[1]　參自 Oliver Hart 著、費方域譯，2006，「企業、合同與財務結構」之第一章。上海：上海人民出版社。Oliver Hart 及 Bengt Homlström 共同獲得 2016 年諾貝爾經濟獎，兩人分別發展的契約理論對經濟學及社會學富有貢獻，其中 Hart 對經濟學的貢獻在於研究「不完全的協定」，包括企業如何決定事務，誰決定什麼？以及決定權是如何分配的，他的理論幫助人們更了解現實世界中的合約問題，激勵專家學者應努力於設計更適合私人市場和公共政策的合約。

誰擁有權威等問題，這個問題也就是組織的階層化及運作協調，往往存在交易活動的成本。第三，它未能解釋企業成長的邊界，市場中的企業發展，為何沒有存在一家企業成長且規模大到可以整併整個市場的活動？為何市場中存在著許多規模大小不一的企業？對於這些問題的思考，也正是對市場價格機制的完整性提出了質疑，市場價格機制要趨向於完整，需要良好的制度做為基礎。

經濟人的有限理性，使得交易活動處處出現交易成本。賽門(Simon, 2009)認為市場中的經濟人不可能是完全理性，人們要完成一項交易活動，想要蒐集所有的訊息往往極為複雜，例如商品的比價與議價、簽訂契約、售後服務與保固內容等，要能完全地清楚且明白是極為困難，就算能夠蒐集完整的資訊，很可能是成本高得驚人。企業也如同經濟人一般，是有限理性的。賽門解釋了市場經濟人是有限理性(bounded rationality)，基於人是有限理性的假設下，市場經濟人往往要能承擔某個程度的成本，以利順利完成各種交易活動[2]。不過，人們在有限理性從事交易活動的成本是否得以節約？對於這個成本具有節約作用的是制度，而這個制度可能是起於另一種型態的企業。自 1960 年代起，制度在組織起人們交易活動的多方作用，受到經濟學家的重視，這也形成新制度經濟理論的興起[3]（盧現詳，2003）。

（二）新制度經濟理論

資源的利用需要良好制度以形成知識及技術，於是制度的存在與作用對於技術出現具有影響，惟技術會以何種方式出現？出現的快或慢？各種經濟制度對技術出現具有促進的作用。惟資源的利用價值可因為導入經濟制度帶來新知識及新發現，企業就可從中找到更大的資源價值。例如我國政府於 1954 年制定「實施都市平均地權條例」，人口向都市集中居住，也推動了都市的不動產市場發展，接續在農地政策推動耕者有其田，宅地政策推動居者有其屋，產業用地政策則獎勵民間投資設廠及取得用地，地產建設商追逐獲利也推動了都市建設及都市經濟的發展。

---

[2] H. A. Simon 著、孫滌譯，2009，「基於實踐的微觀經濟學」，上海：上海人民出版社。

[3] 盧現祥，2003，「西方新制度經濟學」，北京：中國發展出版社，頁 15~19。

企業在市場中具備的重大功能受到 Coase (1937,1960)的關注，他討論市場企業源起的研究表示，若企業也是一種有效率的制度，它在市場中調節專業分工的利益，以及交易互動的成本，資源價值因企業分工而被發展出更大的規模。當企業(firm)或公司(corporation)以各自不同型態加入市場中分工，市場制度對其中的交易效率就更顯重要，制度提供企業在市場追求新的專業分工來獲利。不過，若組織成長規模大到可撼動市場運作，這時的組織分工及形成有效率的資源配置結果並非必然，也就是亞當‧斯密(Adam Smith,1776)指出「一隻看不見的手」的價格機制作用，其實是有限的。來自新制度經濟學(New institutional economics)的相關討論指出，市場除了需要企業的技術分工，其實制度如何妥善安排，對於促進人類在資源利用的效率更具有重要影響，若交易活動缺乏良善的制度為前提，則各種交易活動將引來大小不一的成本，這個成本也就是交易成本[4] (transaction cost)。

1. 交易成本理論

　　市場經濟有交易活動必然有交易成本，交易成本的觀念是由新制度經濟學者 Ronald H.Coase(1937)提出，他也是 1991 年諾貝爾經濟獎得主。Coase 指出企業制度本身是為降低交易成本而出現的，因為，企業的生產活動本來也可以透過單獨個人之間的市場交易進行，只因交易成本太大，才由企業這種組織形式取而代之，以節約交易成本及提高效率。交易成本的內容：包括商品質量的資訊蒐集、價格資訊蒐集、比價與議價等。由於 Coase(1937)發現且澄清了交易成本與財產權在維持經濟運作方面的重要性，也進一步說明了市場為何會出現企業及存在企業，是因企業可節省「交易成本」，有效利用規模經濟，並且組織團隊專門化生產（形成範疇經濟），用以協調大部分的經濟活動。但是，如果廠商變得過大與太多樣化，則管理與監督的成本將增加，增加到某個程度時，「市場」則又會取代「企業」成為最有效率的資源協調者。Coase 的交易成本理論及對於市場經濟組織的描述，在人們理解企業垂直整合發展的原因、最佳規模的存在及何時該解體等問題，提供了重要的思維與影響，不過，對於企業實際的運作方式仍顯得籠統，也就是在組織運作的交易成本是以何種方式出現與存在。

---

[4] 柯武剛、史漫飛，2000，「制度經濟學：經濟秩序與公共政策」，北京：商務印書館。

　　Williamson(1985)則進一步注意了交易成本的差異，往往可對市場、階層組織及組織模式帶來影響，在 Williamson(1975)「市場與等級制」及 Williamson(1985)「資本主義經濟制度」的兩書中做了更具體的解釋與拓展。其將企業的本質視為一個眾多大小不同契約的集合，同時，它主張市場經濟人的認知行為是有限理性，並且指出經濟人有時依尋自己的目標與偏好而採取機會主義行為[5]。有限理性是指自利動機的經濟人力圖想要達成完全理性，但因資訊及能力有限而只能做到有限理性，機會主義是指經濟人常常會以欺瞞手段來尋求自利的行為，而有限理性與機會主義的假設是密切相關聯的：有限理性使得某些行為或現象不易被測度，以致可能讓居心不良的自利者有了可乘之機。此外，由前述兩個基本假設的存在，又據以推論出實務中的契約皆是一種「不完全契約[6]」，而不完全契約的大量存在是導致交易雙方存在大小不一的交易成本，企業為了避免在交易過程中受到勒索或敲詐而導致損失，於是企業將這些交易成本較大的工作納入企業組織內部進行，也就導致了企業存在、企業成長與其應有的適當成長邊界。

　　若以座標比喻，企業的對面是市場及政府，我們需要更注意企業(firm)替代市場的過程，在於將無法於市場中被交易的外部性來內部化，特別是在追求利潤的過程，企業透過自己的技術進步過程，將外部性中的利益來內部化為企業獲利。事實上，在曾菁敏(2008)的實證研究表示，政府在進行市地重劃的過程，往往可以有助於外部利益與外部成本加以改變[7]。柯伯煦(2011)的實證研究表示，企業可以透過妥善的管理策略，使環境的外部性的成本節約，進而降低商品售價來獲取利益[8]。不過，當企業將原本在市場中就能進行的交易活動，納入自身組織內部，仍

---

[5] 依據 Williamson(1985:85-90)觀點指出，人不僅是有限的理性，人們還會時常表現出機會主義行為，他將機會主義定義為「不擇手段的牟求私利」，以及做出「不實陳述」，因此，組織面對內部及外部的交易對象，因不實陳述、藏其所知或藏其所為等行為，往往引起交易成本。參自 Williamson, O. E., 1985, *The economic institutions of capitalism,* New York：Free Press.

[6] Hart and Grossman (1986)發展的不完全契約理論（或稱不完全合約理論），指出了市場交易合約問題的三件重要事情：1.合約不可能完全，起因於人們知識有限且無法預測全部風險，也就無法制定完整措施在合約之中；2.若雙方簽訂的是不完全合約，則擁有產權者將能行使剩餘控制權，也進而會影響生產及分配的結果；3.如果公司間進行併購，被併購一方會有機會主義行為且沒有創新的動力。

[7] 曾菁敏，2008，「空間外部性、交易成本與市地重劃對住宅土地價格影響之研究：台南市的實證研究」，住宅學報，第 17 卷第 1 期，頁 23~50。

[8] 柯伯煦，2011，從財產權觀點探討校園餐廳環境的公共領域與管理策略，土地經濟年刊，第 22 期，頁 241~271。

然會形成交易成本，這是起因於企業所有權人與管理人之間存在委託與代理的問題。

2. 委託代理理論

委託代理理論也稱代理理論，主要是關注委託人與代理人之間的互動關係及相關的行為規則。在法律上，當委託人賦與了某個代理人一定的權利，例如使用或配置某種資源的權利，代表其從事某種經濟活動，於是代理關係就建立了。代理問題是交易成本經濟學的一個分支，最早的研究是以 Ross(1973)、Jensen and Meckling(1976)等人為主要代表，他們認為現代企業由於組織結構漸趨龐大，且專業分工越精密，導致管理權與所有權分離狀況越顯著，專業管理者扮演協助企業主經營企業之「代理人」角色，執行企業各種功能的管理活動；然而，管理者與所有者間存在資訊不對稱、部分目標衝突、及風險偏好的差異，於是產生了代理問題(Eggertsson, 1990)[9]。在股份制企業中的股東與經理之間的關係就是一種典型的委託代理關係。事實上，依據 Stigler (1975)研究表示，Akerlof 及 Spence 在 1970年的研究就已經指明市場中無處不存在著交易雙方的資訊不對稱問題，而獲取資訊是需要付出成本[10]。資訊不對稱觀點運用在委託人及代理人的問題，可解釋兩者之間基於利潤、目標或承擔風險的差異，往往存在代理成本(agency cost)，代理成本就是代理人執行工作缺乏效率的交易成本(transaction cost)[11]（陳敦源，2002）。

非對稱資訊的存在是引起代理問題的主因，在委託代理理論中將擁有私有資訊（資訊優勢）的參與人稱為「代理人(agent)」，不擁有私有資訊（資訊弱勢）的參與人稱為「委託人(principal)」。非對稱資訊可從兩個角度劃分：從非對稱資訊發生的時間看，事前非對稱的是逆向選擇(adverse selection)和事後非對稱的道德風險(moral hazard)，代理問題從非對稱資訊的內容看，可能是參與人的行動或知識等的代理問題。委託代理理論的核心內容是：代理人存在追求自身效用最大化的趨向，委託人想使代理人按照委託人的利益選擇行動，但委託人不能直接觀察到代理人的行動，而只能觀測由代理人的行動和其他外生的隨機因素決定的反映代理人行動不完全資訊的一些隨機變數，這種行動和資訊也會具有事後的不可驗證

[9] Eggertsson, T., 1990, *Economic behavior and institutions*, Cambridge: Cambridge University Press.

[10] Stigler, G. J., 1975, *The citizen and the state：essays on regulation,* Chicago：Chicago University Press.

[11] 陳敦源，2002，「民主與官僚」，台北：韋伯文化出版社。

性。委託人不得不對代理人行為後果而產生的代理成本承擔風險。委託代理理論得出兩個重要結論：一是在任何滿足代理人參與約束及激勵相容約束而使委託人預期最大化的激勵合約中，代理人都必須承擔部分風險；二是如果代理人是風險中性者，可使代理人承受完全風險（即成為唯一的效用收益者）來達到最優激勵效果。參與約束 (participation constraint)是指代理人從接受委託中得到的期望效用收益不小於不接受合同時能得到的最大期望效用（是由其所面臨的其他市場機會決定的）；激勵相容約束是指代理人願選擇能獲得自身效用收益最大化並符合委託人期望的行為。委託人和代理人之間的委託代理關係，實質上兩者是圍繞著風險和效用收益分配所做出的一種契約形式的制度安排，委託代理理論之目的是分析不對稱資訊下的激勵問題，進而設計可實行機制來增進彼此的效用。所以，委託人主要考慮如何設計相對較優的契約來激勵代理人選擇委託人所期望的行為，以達到或實現帕累托效率改善的目的[12]（付強，2004）。

二、企業於現代經濟中扮演的功能

一個市場經濟中的企業角色為何？企業形成及存在的理由為何？企業的目標為何？在目前的經濟理論文獻中皆已有相當豐富的討論。依據新古典經濟學的定義，將「企業」定義為雇用並組織生產資源、進而生產與銷售貨品與服務的機構。所以，企業的角色實為一種組織，為了規劃生產，企業會聰明的協調經濟決策與許多個人的行為。可是新古典經濟理論的邏輯顯得過於簡化，在市場中的企業並非是經濟決策的唯一協調者，市場的價格機能，也往往能使買賣雙方的決策趨於一致，結果是供需雙方各自獲得物美價廉的商品。但是，由於市場供需雙方各自擁有的資訊可能是不完全與不對稱，這就可能形成供需雙方無法完成交易，或是要完成交易的話，必須付出相當大的成本，這個成本具體而言是指「交易成本」，包括商品質量的資訊蒐集、價格資訊蒐集、比價與議價等，當市場經濟活動的交易成本太高，則會吸引企業從中更細的專業分工，於是新的企業會在市場中出現，並協調著各種經濟活動與交易的達成。而究竟應由「企業協調（計畫命令協調）」或「市場協調（價格訊息協調）」來決定行為者的經濟活動，則「交易成本」具有決定性的影響。

---

[12] 付強，2004，「多代理人激勵合同探析」，北京：電力技術經濟，第 6 期。

因此，只要市場是依賴一個明確且良好的遊戲規則（也就是在已知的市場制度之中）運作，市場機制（價格訊息）能夠發揮應有的功能，則市場機制往往可以演化出許多的企業，在市場經濟體系中發展專業並從事分工。以住宅市場生產交易活動為例，1960 年代，一個住宅開發案大多是由一家公司獨立負責所有開發工作，包括購地、建築設計、申請執照、發包施工、監造及銷售，在歷經 50 餘年的市場發展，今日一個住宅開發案有許多專業廠商可以從中專業分工，包括土地估價、建築設計、建設開發、銀行融資、廣告企劃、包銷代銷、地政士協助產權登記、稅務估算、仲介買賣、大樓保全管理、公共設施管理等，這樣的市場發展，主因在於制度彈性與制度變遷有利於不動產行業的創新，以及企業從中專業分工。

　　雖然，前述說明著企業的出現與存在是有助於降低市場中各種交易活動的交易成本，但是，企業之所以會繼續存活在市場經濟體系中，它的目標是賺取最大利潤，同時也必須有本事獲取一定程度的利潤。基本上，企業為了達成最大經濟利潤的目標，各家企業往往應思考的五個基本的經濟決策問題：(1)生產什麼財貨及生產多少的數量？(2)如何進行生產及使用何種技術？(3)如何組織員工與給付薪資報酬？(4)產品要如何行銷與訂價？(5)自己生產什麼且向其他企業購買什麼？數量多少？在理想上，這五個經濟決策上的思考，雖有助於企業聰明的思考決策，以獲取最大利潤，但實際上，企業的決策與行為常受制於其所面對的各種限制，而無法達成「實質上最大利潤」，這些限制企業獲取最大利潤的相關因素，包括了技術限制、資訊限制、市場限制。技術限制是指除非技術正在進步或創新，否則企業銷售越多則成本也增加越多，資訊限制是指企業無法搜集所有的資訊以供決策使用，為了多取得一些有限的資訊，則成本將增加，市場限制是指每一家企業的銷售數量與價格受制於消費者的願付價格及其他企業的產品價格與行銷策略[13](Parkin, 2000)。

三、企業家職能與企業家精神

　　理想的市場運作可以通過「市場價格」訊息，對於個人的決策扮演一個訊息指導的角色，理想的企業也能夠透過組織中企業家的「權威命令」與「價格訊息」的傳遞，在內部協調資源交易並完成各種生產活動。不過，新制度學者看待企業

[13] Parkin, M., 2000 , *Economics(5th ed)*, Addison Wesley Longman, Publisher.

（也可稱之為廠商或經濟組織）的本質，他們將企業視為各種生產要素的連結體，而其中的「連結」主要是各種大大小小的「契約」，在今日電腦資訊網際網路發達的時代，又可視為一種交易的「平台」。企業的功能則可透過各種契約讓市場交易協調的次數降低（交易成本降低），進而使資源的配置更具有效率。其中資源配置的機制：1.當資源屬於企業的內部資源時，則具有計畫經濟或人為統籌性的配置特性，透過權威來發揮配置效率；2.當資源屬於企業的外部資源時，則由市場的價格機能來配置資源，此時充分的「價格訊息」透過自由競爭可使資源的配置具有效率。

完全競爭市場的價格機能發揮具有幾個特殊功能：1.使市場協調（交易）成本最小；2.提供誘因使有限資源分配給最有效利用者；3.決定要素擁有者的收入。理想上，市場經濟活動在資源配置的效率雖以市場價格機制為佳，不過，資訊不對稱與資訊不充分的存在，在短期下企業家運用權威的計畫性資源配置，很可能相對較有效率，企業家的職能與企業家的創新精神值得重視。因此，市場與企業組織之間是互為替代也在某種程度上互補機能上的缺失，而一家企業的存在必須能夠扮演市場中某種特殊的功能，不過，在許多大同小異的交易活動中，為何會有些經濟交易活動值得企業家結合一些勞動力及物質資源來從事生產與交易，這是值得關注的問題。依據柯茲納(Kirzner, E. L.,1973)的研究發現，企業家必須能夠培養市場警覺，細心去發現市場運行的缺陷，在取得更大獲利目標下採取行動，進而意識出何種經濟活動納入企業內部來分工會較有效率[14]。

創新創業是許多人想追求的目標，當你內心擁有夢想也渴望很好的成就，再加上一些追逐夢想的熱情與心態，正表示你已具備某種程度的創新創業精神。你想要建立企業組織成為企業家，則需要清楚知道商業計畫的內容，依據岩瀨大輔[15](2016)歸納了從商業企劃到成功創業的策略，提出了一個商業計畫的主要內容如下。

---

[14] 項后軍，2008，「奧地利學派企業理論研究」，成都：巴蜀書社。

[15] 岩瀨大輔著，孔霈譯，2016，「哈佛教我的思考策略：從商業企劃到成功創業」，北京：民主與建設出版有限責任公司。

（一）尋找商機

1. 不僅是自己「能做的事情」，而應是在市場「還可做的事情」，例如：(1)市場巨大，表示是大家每天的生活中都在做的事。(2)市場大，但低效率，表示是多數人感覺到不便或麻煩的事。(3)市場大環境正變化，表示你的企業可消除多數人感覺到不便或麻煩的新解決方案（技術穩定，且制度環境形成）。

2. 借鏡各領域專家的意見，確認機會條件的成熟。

（二）市場分析

1. 徹底了解顧客，能夠浮現出具體的人物。

2. 你的思考與論點，應該包括下列三項：

   (1) 你的商品富有價值，真的能出售嗎？

   (2) 什麼樣的顧客會來購買你的商品？分析年齡、性別、居住地、職業、生活方式、偏好、購買邏輯、購買理性。

   (3) 應該對他們提供什麼樣的商品及服務？分析消費者使用這類商品的渠道，也建立渠道，並浮現這些顧客群。

（三）公司策略

1. 基於服務活動及產品的標準化（壓低成本），對某些顧客群需要的商品要取捨，不必滿足100%的顧客，只要滿足70~80%的顧客。

2. 公司策略：

   (1) 商品能為顧客提供何種價值。

   (2) 商品訂價的 4P 策略(product, price, place, promotion)。主要是指訂價之後的行銷策略內容包括：如何使商品被知道(promotion)？如何使商品進入主要領域(place)？如何使商品被顧客買回(price)？如何使商品被顧客需要(product)？後來，美國行銷學者科特勒(Phillip Kotlor)著眼跨國的大環境行銷策略，指出還可以加上如何使商品具備政治權力銷往外國市場(power)？如何在外國市場的行銷通路建立良好公共關係(public relations)？

   (3) 執行銷售：包括銷售商品、銷售公司、銷售故事、銷售創意，用以引起顧客的共鳴。

（四）財務策略與組織體系

1. 企業財務：運用出資及借入資金來籌措資本，以資本來雇用人才，購買設備，採購原料，生產商品，銷售給顧客，回收資金及利潤分紅，用利潤來歸還借入金，為了成長再投資。

2. 籌措資金的方法：
   (1) 事業比較安定，資金流動可預見，則採取借入資金營運。
   (2) 事業伴隨風險，尋求共同承擔失敗成本和成功利益，則採股份出資營運。

（五）領導力與職業論

1. 企業領導人在凝聚人才的過程中，要能引起「認同」與「共鳴」。所謂「認同」，是指可從理論方面解釋，或運用數據的佐證，來傳達事業壯大與獲利的可能性。所謂「共鳴」，是指讓人們聽到這事業的可能性時，會覺得有社會意義，有市場價值，想要實際去支持。

2. 領導人可以變換到對方的立場去看待事物，以取得更全面的觀點。但值得注意，不同的立場、不同的責任、不同的權限、不同的成長環境、不同的職場價值觀念，這些都是變數，會讓結果完全不同。

3. 在職場中提煉要點：選擇在會議中的自己不發言，聽完贊成及反對意見，才開始下結論。

4. 努力在社會上留下足跡：
   (1) 加入有熱情、有魅力的夥伴群中一起工作。
   (2) 做有社會意義和自己相信的工作
   (3) 尋找能發揮自己獨特個性及特有強項的工作。

5. 努力懷有「一技之長」，建立「自己品牌」。例如張三非常擅長於功能設計的事情（懷有一技之長），這事可以問他。

第二節
企業的規模大小與決定因素

　　企業的存在，它可補足市場價格機能不足之處，也具有降低交易成本的貢獻。基於企業追求利潤最大的行為假設，一方面，企業需要實現規模經濟來確保競爭實力，二方面，企業需要不斷追求成長來強化競爭能力。這也引來一個值得探討的議題，企業是否會無限制的成長呢？企業的成長是否存在一定的限制或界線？本節將進行討論。

一、財產權與企業規模

　　市場中個人自由意志的交易活動能夠順暢，明確的財產權及低廉的交易成本是重要關鍵，這使得各種市場失靈的成本能夠順利內部化為私人可以分享的利益[16](Kasper and Streit, 1999)。若交易活動發生困難，如何規劃及分配財產權就成為建構市場經濟與交易制度的重要基礎，但這不是一件容易的工作，特別是對企業而言，面對的市場具有一定複雜度及變化性，何種交易活動要對應何種經濟制度，經常不容易釐清。就企業的自利動機及節約自身組織運作的交易成本，它所選擇規劃財產權的方案，總是希望能為自己的產出提升更多利益，可是卻不一定減緩或限制市場的發展[17]（張五常，2007:266-272）。低效率或不佳的財產權配置卻經常可見，起因於市場中流通及分布的訊息往往不透明，加上各種組織內部與外部的利益團體，基於自利動機而不斷對企業經營者提供特定訊息，往往改變了企業經營者對財產權安排的選擇，也進而改變企業制度的結構。有效率的財產權制度可推動企業規模，無效率的財產權制度卻可限制企業規模，甚至引發企業滅亡。

---

[16] Kasper, W. and Streit, M. E., 1999, *Institutional economics: social order and public policy*, USA: Edward Elgar Ltd Publisher.

[17] 張五常，2007，「制度的選擇」，香港九龍：花千樹出版有限公司。

二、交易成本的大小與企業成長的規模

（一）交易成本的觀念

「交易成本」的觀念是 Coase 於 1937 年在其「廠商的本質」一文中提出，其所謂交易成本是指，為達成協議或完成交易所需耗費的經濟資源，包括所需的時間精力和物質損耗。人類在造窩居住常耗費許多龐大資源，也從中獲取巨大利益。可是在造窩居住一事，螞蟻都能自行造窩，人類自行造窩本非難事。可是要製造一間高度安全的樓房就存在某種難度。於是，若你需要一間樓房，你可以選擇購買建設公司建築完成出售的產品，也可以自行尋找購買土地，再請建築師協助規劃設計、發包施工與監工。當然，自力建築樓房的前提條件是你必須要懂一些關於營建規劃設計與施工的相關技術，否則很可能基於知識專用性與建材質量的價格資訊不對稱，而多花費許多支出（包括大量的時間成本及議價成本），所以，購買建商出售的樓房與自行興建樓房，兩者包含的交易成本相當不同。

交易成本觀念雖已被廣泛採用，但要下一個確切的定義，仍是一個有爭議的理論問題，依據樊綱(1993)指出一般性且較簡要的定義是指：「交易成本包括事前發生的且為達成一項契約而發生的成本，及事後發生的監督、貫徹該項契約而發生的成本[18]。」其中事前的成本有資訊收集成本、議價決策成本，事後的成本有檢核與執行成本。依據 Williamson(1975)研究表示，引起交易成本的主要六個來源：(1)人類有限聰明才智的有限理性；(2)人類在自利動機而採取的機會主義行為；(3)環境條件多元變化及交易雙方多元動機的不確定性與複雜性；(4)資源資產的專屬性或異質性引起的交易稀缺罕見；(5)市場環境的訊息不對稱；(6)交易雙方缺乏信任引起的交易關係互信薄弱。

任何一項經濟活動中的交易成本大小，深深影響了企業的營運活動，為了降低交易成本，企業可將生產一項產品的活動納入自己的生產體系中（當交易成本較大時），或至市場中向他人購得該產品（當交易成本較小時），或以契約方式在未來確保該項產品的取得。交易成本的存在也決定了企業要如何思考及從事垂直整合是有利的或是合理的，以及企業成長的規模限制。Coase(1937)提出了一個識別企業擴張的臨界點（邊際均衡）：「當某一項交易活動，在企業內部完成該項交

---

[18] 樊綱，1993，「市場機制與經濟效率」，台北：遠流文化出版。

易的成本，會等於在公開市場中完成該項交易的成本，或等於由另一個企業組織完成該項交易的成本」，此時，企業的擴張或成長就應該停止，因為，繼續納入更多交易活動於企業內部並擴張規模，將會導致交易成本上升，使企業獲利降低。交易成本上升的原因主要是內部資源資源配置失當，因為，當企業內部的各種業務環節越來越多時，企業的資源、管理的經驗與能力將相對地不足，而資源在各部門間與各環節上的配置與協調，也會更容易出差錯，這就是導致企業規模擴張後的交易成本上升[19]（徐為民，2005）。

（二）導致交易成本的影響因素

交易成本的觀念相當有趣，這提供企業經營者能夠明確思考各項營運活動，究竟要自製或外購[20](Williamson, 2000)。Williamson (1985)在其一系列的研究中更深化且具體的應用了 Coase (1937, 1960)所提出的交易成本觀念，依據 Williamson (1985)的相關研究，分析一項交易活動的交易成本主要受到幾個主要因素的影響：

1. **資產專用性**：Williamson對於「資產專用性」的解釋是指：「在不犧牲生產價值的條件下，資產可用於不同用途和由不同使用者利用的程度」，資產專用性也可說是與「沉沒成本」有關，為了解決資產專用性可能導致的成本損失或「沉沒成本」，則良好契約保障起了重要的作用。至於導致資產專用性問題，常起於不同的原因而呈現不同型態。

    (1) 位置所致的專用性：上中下游廠商聚集往往形成特殊的位置專用性，進而使市場交易成本減少。

    (2) 物質資產的專用性：物資或設備越具有某特殊用途，則一旦做為轉用他途時，交易成本增大。

    (3) 人力資產的專用性：由於人員對某項工作邊做邊學後的經驗與知識累積，往往形成特有的人力知識專用性，對企業而言，知識專用性有時有助於降低交易成本，但是若組織成員拿翹時卻會增加營運的交易成本。

---

[19] 徐為民，2005，「大轉折時代的企業經濟學」，上海：復旦大學出版社。

[20] Williamson, O. E., 2000, *The new institutional economics: taking stock, looking ahead*, Journal of economic literature, 38(September): 596-613.

(4) 奉獻資產的專用性：奉獻資產是因某個顧客特殊要求而做的投資，有時導致資產轉用的交易成本增加。

2. **交易的頻率**：交易的頻率是指交易發生的次數，交易的頻率是影響各種交易的相對成本，此外，交易的頻率與資產專用性常共同引發效果，當某項某項工作及設備的使用頻率不高時，基於交易成本觀念，應將工作外包且採取租用的方式取得某設備的使用。

3. **交易的不確定性**：交易的不確定性，它既包括事前只能大致甚至不能推測的偶然事件之不確定性，以及交易雙方資訊不對稱的不確定性。當某項工作的交易不確定性較高，此時若交由市場中的廠商來完成，常會有糾紛產生，其中一方被勒索額外利益，雙方可能進而產生上法院控告及仲裁的成本。基於降低交易成本，企業應將該活動納入內部生產體系來完成，或是就不確定性高的交易部分，設計一個雙方皆能接受的新合約安排，以利事件發生後可以採用較低的交易成本方式，對等的協議與談判。

4. **產品標準化的程度**：當市場的專業分工活動讓產品具有規格標準化的特性時，基於節約交易成本，企業應該多利用市場中能夠有效專業分工的協力廠商，將部分成品委託市場中的協力廠商來完成。

5. **對契約執行成果衡量之困難度**：基於人類在市場產品的資訊是有限的理性條件下，以致交易雙方簽定的契約可以說皆屬於「不完全契約」，由於契約的不完整性，往往會使得有些按照契約執行交易的產品或活動之質量不易衡量，以致企業應傾向將該生產活動納入組織內部來完成，以避免交易成本的衍生。

三、企業內部組織管理

Coase(1937)在「廠商的本質」一文中提到，利用市場機制是有成本的。這個成本指的是交易成本，交易成本不同於生產成本，Dahlman(1979)指市場中供需雙方達成交易所需的成本，包括搜尋分析價格、尋找交易對象、議價、簽定與執行契約皆屬交易成本，這些成本皆源自現實世界中市場交易之買賣雙方，有資訊落差(information gap)。實務中供需雙方交易並非都是那麼順暢，因為雙方皆面臨著不了解交易夥伴的動機、不了解產品和服務的真實價格、產品質量的真實性等許多的不確定性。因此，一個市場中，其資訊流通與透明程度往往會影響該市場能

否發展良好，台灣地區的租賃住宅市場發展往往受限前述原因，發展規模受到許多不良因素的限制[21]（柯伯煦、陳建元，2006）。

　　企業利用市場中的其他協力廠商來完成交易是必需付出交易成本的，而交易成本的大小就足以讓企業的成長受限。不可否認，許多企業於最初發展的技術條件下，會將許多工作攬在自身企業內部來完成，此時企業組織規模會逐漸擴大，一旦企業逐漸擴大後，內部組織管理的交易成本（維繫的制度成本）也會逐漸增加，引起組織內部交易成本上升的主要原因來自四個方面。

1. **誘因問題**：組織擴大，員工在工作一段時間後，會出現機會主義行為的「藏其所為」及「藏其所知」的問題。Williamson將機會主義定義為「不擇手段的牟求私利」，以及做出「不實陳述」，這會使得企業營運效率降低，故設計一個良好且具誘因的制度，十分重要，良好誘因的制度將極大化的將個人自利行為結合到企業的集體行動目標上。

2. **溝通與協調問題**：溝通與協調是企業將所有工作高度專業分工之後必然形成的問題，當組織擴大後溝通及協調（包括垂直與水平）的效率將低落，甚至會有部門間在各自目標上的衝突，此時一個決策將存有極大的取得資訊成本，故制度設計就顯得重要，制度必須有助於讓分享資訊後所獲取的報酬更有效率的分配。

3. **工作分派與升遷問題**：「人」的生產活動構成了企業的主體，個人基於自利動機也必會追求升遷與成長，此時如何以適當的薪資與職位來滿足每個人，必須讓個人的努力可以反應在所分配到的報酬中，因此，必須有一個具體衡量效率的制度來管理人的自利行為與努力的動機，更好的是具有激勵效果的管理制度。

4. **決策程序與決策方式問題**：基於人是有限理性的假設，影響決策的因素有許多，而決策也常受許多外界因素干擾，決策者能掌握的資訊其實相當有限，因此，決策權利的集中與分散程度，將影響決策的品質。一般而言，工作的專業化程度越高，則決策權應越下放給工作人員，工作越一般性，決策權則越掌握於高階管理者手中。當一個組織選擇了不同的決策程序時，則產生的決策成本（溝通、協調、資訊取得等）將不同。

---

[21] 柯伯煦、陳建元，2006，「住宅租賃市場中投機行為之法律經濟分析」，第二屆南部區域年輕學者學術研討會，台南：立德管理學院。

四、企業外部組織管理

（一）管理的組織慣性與技術的路徑依賴

企業最重要的功能之一是替代市場機制無能為力之處。從一個生物演化的角度，企業組織的擴張與成長，必須有一個適當的環境作為基礎，因此，產業環境的轉變會形成一種壓力迫使組織改變，而組織也會有以一個自我調節的機制來適應環境的變化，當一個組織無法因應經營環境變遷所帶來的壓力與變化，這個企業有極大的可能會關門退出市場。但不可否認，企業適應生存環境的變遷是較緩慢的，企業組織並不是不會改變，而是很難快速的進行改變，這是因為相對於市場環境的快速變化，除非能夠發現一種更效率的組織來替代，否則企業現況組織會有一種「相對慣性」，慣性是組織具有一種規律性的、可預測的企業行為模式，組織慣性也被視為一種無意識的行為程序，就像是企業經營者未必清楚為何企業為何要存在若干部門，也許是因為同業間相互學習或模仿的結果，而經營者的思維也就被無意識的支配著。好的組織慣性有助於企業生存，不良的組織慣性則使企業滅亡。此外，組織慣性的存在，使得企業面對市場未來發展的不確定性，企業組織重視的是穩定及可靠的經營方式，而不是隨著環境進行組織巨變，組織會產生較大的巨變極可能是由一些機會事件引起（例如因應人員的調整而引起），同時該組織也有了很好的學習能力或是複製能力，此時皆會在一個較適當的時機，因應當時的市場環境而調整組織[22](Douma and Schreuder, 2002)。

組織慣性的發展也會引起技術進步的路徑依賴現象。依據 Setterfield(1999)對「路徑依賴(path dependency)」的定義，路徑依賴是指經濟結果不僅受當前活動和政策的影響，同時也受過去發生的事件影響，該經濟結果就是路徑依賴的。而 Arthur(1994)進一步解釋路徑依賴的鎖定問題，若市場活動存在「頻率相依效應」，就使得實踐活動與過去實踐的程序緊密相關聯，所以，「頻率相依效應」就能導致「鎖定(lock-in)」。例如採用一定的生產技術也許會導致「做中學」，使得這項已熟悉的技術和其他（不熟悉）技術相比，在未來更受歡迎[23](O'Hara editor, 1999:841-843)。

---

[22] Douma, S. and Schreuder, H.著、原磊等譯，2002，「組織經濟學」，北京：華夏出版社。

[23] O'Hara, P. A. editor, 1999, *Encyclopedia of political economy*, USA: Routledge Press.

（二）生產外包與交易成本

　　企業的外部組織管理是指關於生產銷售供應鏈環節上的各種協力廠商，例如生產要素供應商、半成品零件供應商、銷售通路商與售後保固維修廠商等，這些協力廠商與自身企業的供應鏈關係越穩定，將大大地節省企業的產銷成本。現況市場中，基於降低成本，這主要是指降低交易成本，以致越來越多的企業將生產環節中的若干工作外包，但是，將工作外包是否有助於降低成本？是否會因資訊不對稱以致交易雙方出現新的交易成本？所謂資訊不對稱所產生的交易成本，是指市場中的交易雙方，一旦其中一方知道一些對方所不知道的資訊時，則處於資訊弱勢的一方想取得一些額外的資訊所費不低時，而擁有資訊優勢的一方則可藉此獲取交易過程中更佳的利益。在今日許多的廠商之間的合作是基於一種商品的上下游供應鏈關係，每家合作廠商在其中的若干環節執行著「供應鏈管理」，供應鏈管理的意義是指商品從生產端直到消費端的一種整合性的管理程序，包括原料採購、半成品製造、組裝、成品生產、儲存、配送、行銷、銷售、售後服務的管理作業。

　　但在現實的市場環境中，資訊是不完全或不對稱，供應鏈環節中某些協力廠商可能基於利益誘因出現機會主義行為，這是由於市場中存在資訊不對稱引起某一方投機行為的交易成本問題，進而形成一種道德風險和逆向選擇的問題。例如食材方面的食安風暴，建材方面的居安風暴。而道德風險是一種隱藏行為問題，它是一種事後訊息現象，它是指交易雙方可能採取的機會主義行為發生在雙方同意進行此項交易之後。逆向選擇是一種隱藏訊息的問題，它是一種事前訊息現象，它是指潛在交易的一方比另一方獲得關於此項交易較充分多樣性的資訊，擁有資訊優勢一方在機會主義行為發生時，將風險轉嫁給交易的另一方。Williamson (1985)之觀點也指出，人不僅具有有限的理性，他們還會時常表現出機會主義行為，Williamson 將機會主義定義為「不擇手段的牟求私利」，以及做出「不實陳述」。為了解決市場資訊分布不均勻可能引發交易上的不確定性進而導致道德風險與逆向選擇的機會主義行為存在，因此，如何選擇適當的「制度」以降低市場交易成本，就顯得相當重要，而制度設計的重點在於設計一種有效的激勵機制，使代理人自覺地減少和消除機會主義行為，以利管理人由自利機會主義行為轉向為互惠機會主義行為[24]。

---

[24] Williamson, O. E., 1985, *The economic institutions of capitalism,* New York：Free Press.

五、決定企業規模大小的相關因素

（一）外部因素

　　影響企業規模大小的相關因素是相當複雜的，目前在新制度經濟學的探討，有從企業面臨的環境條件劃分為外部因素與內部因素分別加以探討，也有從技術規模與制度邊界來分析。首先，就面臨環境的外部因素而言，決定企業規模的外在因素如下[25]。

1. 企業所提供的商品的「市場類型」：依商品的市場類型又可分為三類：(1)屬基礎設施，例如朗訊(Lucent)或北電(NorTel)這樣的企業，其出售的每一台設備的價格動輒是上百萬美元，其技術所要求的「經濟規模」幾乎沒有限度（與市場需求的規模相比），因此幾乎總是處於規模收益遞增階段；(2)屬大眾消費，由於產品很快便飽和或過時，且因市場的進入壁壘較低，初期投入的「沉沒」資本較小，從而由沉沒成本引起的收益遞增階段很短，這是最容易進入規模收益遞減階段的市場類型；(3)屬新興領域，這裏的主要風險是「標準」（或客戶「口味」與「偏好」）未能確立，企業規模一方面意味著高風險，一方面意味著參與制定標準（或「口味」）的權力，因此「規模」是企業競爭的策略之一，它只在動態意義上影響資源配置效率。

2. 市場開發的階段：市場依開發階段大致又劃分為三階段：早期、迅速擴張期、晚期。這三個階段構成產品和市場的「S型增長曲線」。企業在這一曲線的不同階段上可以有極為不同的最佳規模，運用最佳規模可節約生產活動的交易成本。

3. 技術更新的方式：這方式又大致劃分為二：首先，是連續演變型的技術。對於這類技術進步而言，企業規模似乎有助於知識積累和技術進步的風險分攤，故大企業在平均意義上比小企業有更大的技術優勢；其次，是突變型技術。對於這類技術進步而言，例如知名管理學者克里斯坦森及雷納(2003)在「創新者的

---

[25] 關於企業組織外部因素與內部因素的分析，部分內容參自西安交通大學(2006)於中國管理研究中心論壇登載的「企業規模與企業家能力」一文內容。對於企業組職與能力創新，克里斯坦森及雷納(2003)在「創新者的解答」一書表示，領導人想要獲得成功謀得技術進步，關鍵在於成為破壞者，而不是被破壞。

解答」一書中的討論，當大企業官僚化之後，工作的負責人或管理人之能力無法與業務相匹配，就會傾向於既得利益集團的技術而走向「閉鎖」，他們希望繼續的掌控成功技術，而不願意進入新技術領域，從而與寶貴的「技術進步」失之交臂，在下一輪產品競爭中被逐漸淘汰出局。

（二）內部因素

經由考慮了複雜的「外部因素」之後，則可以進入更重要的並直接決定企業規模的「內在因素」討論。當企業面對人力資源出現新的選擇，短期採用派遣制，長期採用雇用制。當企業經營者能夠較清楚地了解什麼是決定企業規模的外在因素之後，接著所面臨的問題是：基於所假定的外在因素下，如何能夠實現最佳的企業規模？換言之，就是探討如何結合各種生產要素（勞動、資本、自然資源）以便實現最佳規模的產出。在這一問題的討論，企業發展的各種策略都可以表述為企業家與各種要素所有者簽訂的關於產權交易的契約，這是新制度經濟學的重要視角，從而「企業能夠發展到什麼樣的規模？」這個問題可以轉化為制度經濟學問題：「企業家與要素所有者們簽訂的各種契約應當和能夠支持多大的產出規模？」在西方的企業理論談到，影響一個企業的契約效率是內部激勵效率的制度問題，這種具有內部激勵效率的制度則多是隱含在企業文化之中。Hodgson 指出，良好的企業文化不僅是分享資訊，它更通過分享實踐和思想習慣，也提供了學習的方法、氛圍、價值觀和語言，並推動了群體和個人能力的演進[26](Groenewegen, 2002)。

（三）企業規模的最適邊界

再從技術規模的觀點，企業經營者按利潤最大化及成本最小化的原則對投入與產出進行聰明的選擇，為了有效降低成本，企業往往會採擴大生產規模與經營範疇多樣化，以取得規模經濟與範疇經濟的效益，並且增進企業的市場競爭力，而這也是新古典經濟的想法。但是，新制度經濟學派挑戰了新古典經濟派的觀點，他們質疑：(1)為什麼規模經濟的效益一定要在企業內存能獲得？為何不能透過獨立的企業之間在契約上的合作來達成？(2)為何平均成本會在產量大到一定程度的

---

[26] Groenewegen, J.著、朱舟與黃瑞虹譯，2002，「交易成本經濟學及其超越」，上海：上海財經大學出版社。

時候就會上升？若一家大型公司將不同的幾個部門獨立營運，或是分為兩個分公司，或是分為兩個獨立的廠房，這樣在生產技術上還會出現規模不經濟嗎？顯然技術規模已法解釋企業成長規模的邊界，而新制度學者則由制度邊界的觀點回答了前述的問題。

　　若我們將企業生產營運的成本分為生產成本與交易成本兩部分，生產成本是指雇用生產要素投入生產而導致的成本，交易成本則是基於為了完成某項交易而導致的執行制度成本、溝通協調成本與決策管理成本，交易成本的概念有助於我們分析並確定企業自身所需的要素資材與服務應從市場上進行籌措、亦或在企業內部進行生產，由此而確定企業的範圍。今當企業規模逐漸擴大，因為外部合作廠商之間的詢價、議價、訂約與監督執行成果的成本增加，企業內部溝通協調與決策的成本也可能上升，導致整體企業的營運成本逐漸上升，這裡特別關注的是交易成本的部分，這個交易成本上升導致企業出現規模不經濟的現象，此時企業應聰明的計算與選擇，是否應將有些生產活動或營運活動應交由市場中獨立的廠商來完成（市場價格機制），或是仍由自己來完成（計畫管理機制），企業規模的大小邊界，就決定於運用市場中獨立的廠商來完成工作的成本（使用市場價格機制的成本）與自己雇用生產要素來完成工作的成本（使用計畫管理機制的成本），而前述兩種成本的最小組合就決定了企業成長規模的邊界。

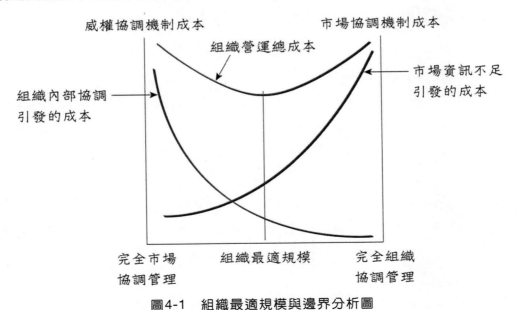

圖4-1　組織最適規模與邊界分析圖

Chandler[27] (1977)從一個冷凍生鮮業興起的故事說明，基於生鮮業市場環境已生變化，以致冷凍生鮮產業的運營逐漸從以前由「看不見的手（價格訊息指揮資源配置）」的市場價格機制，轉變為大企業組織的「看得見的手（計畫命令指揮資源配置）」來管理及營運。在 1880 年之前，美國肉品供應（由西部到東部）是將活的牲畜運送到當地屠宰場宰殺後再分售。但因運送過程中牲畜體重會下降或死亡，導致產地肉商的損失，以致有企業經營者想到，若先宰殺只用送肉品，則損失將可降低許多，於是市場中興起一個運送產品的肉商 Swift，它為了獲取更大的利益（或說是降低交易成本），於是自發的開始有效整合屠宰商、冷凍火車、冷凍卡車、冰塊供應商及肉品零售商等經濟活動（垂直整合），納入自身企業的營運活動範疇中，但這些廠商間的整合經濟活動多是短期契約關係，這些屠宰商、冷凍火車、冷凍卡車、冰塊供應商及肉品零售商等，可能會基於自利動機的機會主義行為而拿翹，以致造成 Swift 的損失，特別是沿途的冰塊供應商具有關鍵的重要地位，基於避免受冰塊供應商拿翹而使交易成本增加，於是肉商 Swift 決定沿途自行設置冰塊供應，將生產冰塊活動納入企業內部來完成，而企業也在這誘致交易成本大小可能原因的衡量下，有部分生產活動或納入企業內部來生產，有些則仍交由市場中穩定合作的廠商來完成，而在這於市場交易成本和內部組織的營運成本之間取捨的結果，就形成企業規模的適當邊界。

六、組織型態、經營模式與外包模式

企業內的各個組織人皆有其自利動機，為誘導個人自利行動能結合動企業整體的集體行動，以致近年來的管理理論發展，紛紛強調諸如願景、文化、信任等觀念，並將改採團隊化或扁平化之類的組織型態，實際上即係反映個人在組織中所居的主導地位而來，讓他們有更大的彈性和活動空間，而不是以組織階層制度的威權命令去束縛他們。當我們每天看到、也接觸到形形色色的組織時，一般都視之為當然，但是卻有學者似乎很認真提出一個問題：為什麼我們需要組織？或是說：為什麼必須透過組織已達到合作的目的？因為我們也會想到另外一種合作方式，那就是經由市場以尋覓合作對象，形成合作條件。人們不是歌頌市場萬能和效率嗎？

---

[27] Chandler, A. D., Jr., 1977 , *The Visible Hand: The Managerial Revolution in American Business*, Cambridge, USA.: Harvard University Press .

　　針對在市場中尋求合作對象之問題，Coase(1937)針對這一問題的思索提出了「交易成本」理論，用以解釋何以人們放棄市場交易途徑，而改採取企業組織的道理，主要即在於前者必須經由諸如尋覓、比較、磋商、簽約這些步驟，因此所引發的「交易成本」可能過於昂貴。反之，經由企業組織方式，人與人間，部門與部門間，可以立即遵照既定規則、程序、或指揮系統進行合作，威權命令制度很可能較自由競爭度更能簡化成本。然而，建立龐大的組織不是沒有代價的，組織越大，結構越複雜，則所需要的規定和程序也越嚴密，因此，所導致行動僵化以及市場現實脫節的結果，使得龐大組織被譏為恐龍或大象。然而，長久以來，在沒有解決「交易成本」問題的狀況下，人們只好忍受前述的「組織官僚化」現象；反正大家都免不了這種負擔，彼此仍然可以在相同基礎上從事競爭。

　　隨著資訊和網路技術發展，市場資訊取得成本低廉，這不但使得交易成本大幅度而急遽下降，不必經由組織就能進行各種有價值的交易活動，或是交易活動可不經由企業就能完成。而且，這些活動得以擺脫時間和空間的限制，以世界市場為舞台，尋求和促成不同機構間互利的合作。換言之，原來的合作方式，一方面變為不受組織範疇的限制，可以找到外界更適宜的合作對象；另一方面，也可避免擔負上述的「官僚化成本」。這種改變，導致了十餘年來諸如「外包」、「策略聯盟」、「個人工作室」及「微型企業」這些現象的普遍化，形成一種「無組織疆界」和「無國界」的潮流。當然，有學者將這結構稱為社群（或稱社群平台），用以解釋個人的小世界與企業的大世界之間的關係，也可能是環環相聯或節節相關的。

　　在一個更開放的現代市場經濟中，人們不再畫地自限，也不再想受組織疆界、產業分類以及國界之限制，努力建構自己特有的「經營模式」，以最有效方式去滿足所選擇的市場需要，也另闢一種獲利的新戰場。這時，取代傳統組織的，乃是「社群」的觀念，它代表一種建立在網路上的新商業夥伴關係，常見於網路商店平台、網路企業平台及網頁入口平台。在這種人們不再畫地自限與自我設限的世界中，只有創新和創業能力才是決定企業成功最重要的條件，而企業家如何有效率的塑造自己的企業文化，以及內在激勵機制的制度，進而激發組織內人們的創新精神，這也與企業成長規模具有正向的關係。

企業經營者要能掌握一個產品的所有技術，這將付出極高的成本。越來越多企業為了因應全球化與劇烈的競爭，特別是時間上的競爭，已經無法採取自己包辦一切的做法，而有賴於和許多原料與技術得供應商，建立起一個「供應鏈」體系，供應鏈體系是指提供產品與服務給顧客的產業上、下游廠商，在生產上所形成之系統；體系內的個別供應商在所有權上多屬於獨立自主的個體，但是在某種任務目標下，各盡所長，彼此密切配合以發揮整體效能。1990 年代我國眾多電子資訊業廠商中絕大多數都是以 OEM（原廠委託製造）或 ODM（原廠委託設計製造）方式承接美國大廠訂單，即屬這種經營方式。在這系統中，個別承包商所扮演的角色，並不是單純地依照訂單的規格和條件，機械地產製產品和準時交貨而已。反之，他們所獲訂單，往往只是代表某種需求概念，至於什麼是具體產品，有賴他們充分了解客戶立場與顧客需求，彼此協同努力予以開發[28]。

第三節
現代經濟組織的形成

　　過去以來的管理學者，提出過眾多關於組織的相關理論，這些理論對組織概念各有其解釋。由於各種理論的角度不同，例如從組織結構、組織形態、組織行為、組織控制、組織領導、組織文化等方面去理解組織，因而對組織概念的解釋觀點不同且理念差異較大，以致對於組織本質的了解大多是片面的。

　　本節關於現代經濟組織形成的相關問題探討，主要包括市場中為何會有各種不同型態的組織形式出現？在市場環境壓力的推動下，現代市場經濟中已經演化存在的組織型態有哪些？在一個高度專業化分工的的市場經濟體系，組織是協調集體活動活動的基本工具，一個組織的存在，可以有助於透過各的合作，發揮共同實現某種集體目標的功能。雖然，許多經濟學者強調以價格為中心的市場機制，在協調個人的經濟活動是重要的，但市場價格機制發揮協調經濟資源的功能卻處處受到限制，以致許多學者更重視組織內部在計畫命令與協調活動的機制，這是另一個更重要的問題。

---

[28] 許士軍，2004，「許士軍談管理：洞悉 84 則管理新語」，台北：天下遠見。

　　管理學者討論經濟組織的意義，若從廣義的觀點，指組織是由諸多要素按照一定方式相互聯繫起來的有機體系統，若從狹義的觀點，認為組織是指人們為了實現一定的目標，互相協作結合而成的集體或團體，如黨團組織、工會組織、企業組織、軍事組織、法人社團組織等等，這些市場中的經濟組織由人們所創造，借以實現個人的願望。但是在一個複雜的經濟體系中，為何會有各種不同型態的組織？不斷的以不同形式、不停演變且出現不一樣的規模？

　　Coase(1937)提出「交易成本」的觀點，並解釋了廠商（組織）的出現。它的交易成本理論解釋了經濟組織（廠商）出現並取代市場機制的道理。換言之，現代社會存在的各種經濟組織的出現大多具有降低經濟活動交易成本的作用，同時經濟組織存在也是市場競爭的結果，效率不佳的組織，或是無法適應市場發展趨勢的組織，往往在無利可圖下關門退出市場。不過，市場價格機制指導各種經濟資源的配置並非完美，也就是完成某些交易活動的交易成本是極大的，就像你要自立造屋，那怕是極為簡單的組合屋，除了土地，勞動及建材的生產成本之外，你要找建築師設計建築物的樣式、格局與功能，找土木技師發包施工與監工，找建築材料商配置建材內容與尺寸，找土地登記代理人協助土地及建物所有權登記，前述各種專業技術人員的協商、議價、訂約與監督皆會引發交易成本。所以，最好有個廠商將造屋的經濟活動全部包下，這個角色就是像建設公司或建築開發公司一類的經濟組織（簡稱建設商），他們的經營者運用計畫經濟式及權威命令式的協調機制，會比自力造屋者以價格協調機制的方式來得更有效率且更安全，因此，組織與市場都是協調市場經濟資源配置的工具，權威命令式的組織協調機制有時候比自由競爭價格機制有著更高的效率，所以，市場才會存在如此多元的組織，它們以自身專業將市場中的工作納到企業內部分工。然而，許多組織的出現與存在是市場自由競爭及演化後的結果，這些組織往往有自身適當的結構設計及應當發揮的功能，茲分述如下。

　　在經濟學始祖亞當‧斯密(Adam Smith)於 1776 年出版「國富論」之前，市場被視為一個由時而穩定時而紛亂的交易活動而組成，當時人們想到經濟組織或組織結構，往往會想到王室組織、政府組織或教會組織。但亞當‧斯密的「國富論」指出，在一個明確的產品價格下，市場本身是有條理的，市場也比任何經濟組織夠有效率。但是，Coase(1937)指出除了大型組織之外，市場中無數的小型組織從

事與特定產品有關的經營活動，並且不斷與人們相互交易，故小型組織的市場效率是值得重視的。Simon(2017)花費 20 餘年蒐集研究全球超過 2,700 家中小企業，特別是德國內部的中小企業占了 99%，這些企業低調又隱形，也都具備極為優越的核心能力與關鍵技術。例如建築工地的山貓其實稱為鏟裝機，它是位在美國北達科他州格溫納市的 Bobcat 公司所生產，而不是汽車大廠所生產[29]。依據王尹[30](2002)表示，中小企業組織若以集資方式區分，主要有三大類型。

一、以集資方式區分

1. 獨資企業：又稱個人企業，乃是由一個人獨資投資經營的企業，所有權及管理權均屬出資人所有，為市場中最簡單的企業組織型態。

2. 合夥企業組織：合夥企業是由二人或二人以上，共同訂定契約或出資經營的企業。

3. 公司企業組織：是指依國家法律（例如公司法）而設立的社團法人，享有與自然人相同的權利和義務，是自然人根據國家法律所造的法人。基本可分為以社員為成立基礎的社團法人，及以捐助財產為基礎的財團法人，而其所享有的權利與義務在法律上皆有明文規定。

由於市場專業與分工趨於細分化的結果，同時經營者面對市場中各類資訊的不完全與分布不均，而公司企業組織是企業家較能兼顧營運成長與風險分擔的一種組織型態，今由企業家風險承擔的觀點，公司企業組織的類型又可為以下數種：

1. 無限公司：指由二人以上股東所組成，對公司債務負連帶無限清償責任之公司。

2. 有限公司：指一人以上股東所組織，就其出資額為限，對公司負其責任之公司。

3. 股份有限公司：指二人以上股東或政府、法人股東一人所組織，全部資本分為股份；股東就其所認股份，對公司負其責任之公司。

4. 跨國公司：指其經營範圍或業務範圍超過一個國家以上之公司，其認定條件包括有：母公司必須有總部、須藉由當地人協助之經營、須有母公司以外的子公司或分公司、多角化經營並有營銷單位分布各國。

---

[29] Simon, H.著，張非冰等譯，2017，「隱形冠軍：21 世紀最被低估的競爭優勢」，台北：天下雜誌股份有限公司。

[30] 王尹，(2002，「管理學」，台北：高點文化公司。

5. 合作社：為一種營利的（也包括公利）的社團法人，其成立是依據合作社法規定，由七個以上的發起人在平等互惠原則下，由全體社員共同出資經營某種業務，以謀求其共同的公益，並免除中間剝削的一種經濟組織，其特質有平等互助、利益均分、共同經營、門戶開放等。

二、其他各種不同的組織型態

自由經濟的市場競爭機制極類似動物的叢林法則，生存競爭條件不佳者，勢必難以與條件優越者進行競爭或侵奪，所以，許多經營者就因應市場環境的壓力，加上自己的知識學習與創新思維，發展出特殊的組織型態。王尹(2002)指出常見的四種類型，包括家族企業、集團企業、連鎖企業與企業聯合組織。

（一）家族企業：家族企業在我國是極為普遍的，我國市場經濟中所謂的家族企業具有下列特徵：

1. 組織內的「家族領導者」是該企業的所有人且是管理人，容易形成高度集權之管理作風。

2. 十分注重年資與輩分，特別是在家族成員之間。

3. 異質並存的管理方式，可能引入具有集現代化的管理知識與技術，但也很重視「人際關係」。

4. 組織結構較混亂，也常無詳細明確的專業化與分工化。

5. 創業者大多是白手起家，且全力以赴的經營事業。

6. 以家族關係為主要的升遷標準。

7. 多元指揮型態，家族中容易形成派系對立與產生利益衝突。

8. 內部組織重疊，企業內部存在正式體制和非正式的混雜關係（如同學、同宗、同鄉）。

（二）集團企業：依據中華徵信所的定義，指由若干個獨立的企業結合起來，而具集團性的一種商業團體。集團企業形成的原因有許多種。

（三）連鎖企業：連鎖企業依所有權的集中與分配情況，又可分為公司連鎖體系與加盟連鎖體系，連鎖企業的市場優勢已能挑戰集團企業。其中加盟連鎖體系又分為三種：

1. 自願加盟連鎖店：在意義上是由批發商發起並由已存在之零售店自願加入，以契約明訂連鎖總部與各加盟店的職權與義務，各零售店共同建立形象類似的商店。例如統一超商、全家便利商店。

2. 合作加盟連鎖店：是由許多零售店共同出資籌設批發中心，各零售店以股東身分參與決策，而連鎖總部和各加盟店又以契約明定雙方的權責。

3. 特許經銷體系：指特許授權者與被授權者之間以契約規定雙方的權利與義務。一般依契約規定，授與者在特定期間對其所提供的商品、服務或經營技術享有獨占的經營權，並對被授者在事業經營上能持續控制。

（四）企業聯合組織：當企業為了避免同業之間的競爭，而改以共同發展及增加共同利潤等原因，常形成特有的聯合企業組織型態。例如卡特爾(Cartel)、托拉斯(Trust)、握股公司、併購、合併與整合、策略聯盟。這些企業組織的特性，主要目標在於壟斷市場，獲取更大更長遠的利益，要實現這樣的利益並非容易，它很可能會受到公平交易法令約束而難以達成。但是，若企業是在創造性活動上努力取得領先與壟斷，這又另當別論。

第四節
企業的各種內部組織形式

一、組織功能與結構設計

分散在市場經濟中的各種經濟活動，涉及的相關知識可能十分簡易明瞭，例如傳遞郵件，也可能複雜到沒有任何人可以完全做到，例如自動駕駛的汽車，此時就需要企業能組織一個生產團隊來生產。企業組織往往能以更有效率的方式生產，當然這個方式是指計畫性及權威性的將生產活動的任務、職責、職權予以適當的分組和協調，以達成集體的目標。而組織功能要獲得發揮，必須透過相對較佳的組織結構設計來形成一種制度，這個制度必須具有激勵個人發揮所長的誘因，也必需具有限制個人自利機會主義行為的束縛作用，以利互惠機會主義行為的激發。組織結構設計的重點主要是解釋組織如何分配資源、運用資源、資訊如何有效流通分享及經營決策如何形成並有效執行，許多管理者通常都是用框線表示的組織圖來說明組織結構，這樣有助於清晰的表達出工作任務與上下權屬關

係。王士峰(1998)指出，組織結構設計最初有二大階段，一是分化，二是整合，這個設計過程在於促使人力資源與其他資源之間的恰當配置[31]。

（一）分化

組織的分化設計，就是對其人力資源、個人能力與相關資源的分配方式。分化的過程又可化分為二種類型。

1. **垂直分化**：這是分化第一步驟，由高層管理者透過階層化的組織設計，決定對其部屬授予多少權責的一種分工過程。

2. **水平分化**：這是分化的第二步驟，由部門主管考量分配專業的人力及工作，盡而將這些工作進行部門化的過程。例如市場調查與行銷業務的工作，要分成兩部門，或集中在一個部門。

（二）整合

整合就是協調內部人員及部門，使其達成組織共同目標的過程。當一個組織分化後，可能傾向於追求其各自的目標，因此，組織必須設計一個結構，讓不同的部門能夠得以提升協調活動，而使組織發揮最大的綜效。

若更簡要而言，分化設計意味著一個組織將其劃分為幾個不同功能的部門，而整合設計意味著將這些不同的部門目標及行動過程予以結合之過程。分化與整合雖是組織設計的首要工作，不過兩者的適當均衡點卻不易釐清，而且會隨企業的營運時間逐漸失去了平衡。特別是對於大家都有利的工作目標，分工往往較容易，合作就困難多了，針對組織中的個人，往往無可避免的存在自利動機及搭便車動機，想在工作任務中卸責，想在工作報酬中追求更高獲利。

當組織分化程度越高即表示結構越複雜，整合也變得越困難。因此組織結構設計必須關聯到運作成本，此組織的運作成本，則稱為官僚成本(Bureaucratic Cost)，官僚成本就是一種組織內部運作的交易成本。組織的存在常會隨著發揮功能的強大而茁壯，在達成一定的組織規模之後，無可避免會產生官僚成本，官僚成本的來源主要有四個方面（見圖 4-2 所示），這些原因也是引起整合困境的因素，茲說明如下。

---

[31] 王士峰，1998，「管理學」，新北市：新文京開發出版。

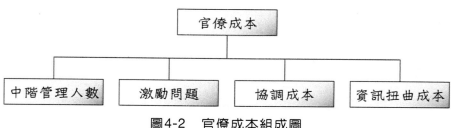

圖4-2　官僚成本組成圖

1. **中階管理人數**：當公司不斷進行分化的過程，新工作需要新的監督者，於是中階管理人的數目就相對的增加。管理人員的薪資、福利、辦公設備及助理人員等，對組織而言是一筆高額的費用。

2. **激勵問題**：當分化越複雜也表示專業訊息更分散，管理人的職權相對的受限制，且其決策會受到上司的審查，使得人們的行為失掉誘因去承擔風險，並易於推諉責任，也更有更多機會藏其所知，藏其所為，而形成了負向激勵問題(Williamson, 1985)。

3. **協調成本**：組織分化越細，就需要整合的工作更多更複雜，於是耗費在溝通協調的時間會越多，這就增加了協調成本。

4. **資訊扭曲成本**：資訊在組織中由上而下傳遞時，不同階層的管理者可能誤解資訊，有意或無意的對資訊斷章取義，以符合自身的利益。由下往上傳遞時，部屬也會僅傳送對自身有利的資訊。因此層級越多，資訊扭曲的範圍就大，同樣的扭曲情形也會發生在不同部門間的資訊水平傳遞。資訊扭曲的結果是犧牲了組織整體的利益。

　　因此，審慎的進行組織設計，除了可以避免官僚成本外，更直接影響到組織的績效。組織結構乃為執行規劃工作中所訂定的目標、策略等而設計。縱使素質再優良、反應再靈敏的組織人力，只要遇到不完善的組織結構，個人潛力受到限制且組織效率也將無法發揮。一個不良的組織結構，可能會引起以下問題：(1)員工缺乏激勵、士氣低落，(2)缺乏決策效率，(3)缺乏協調與控制機能，(4)對整體目標的路線可能會更改，(5)部門之間的溝通狀況不佳，(6)各部門傾向只維護自身權益而不願彼此合作，(7)無法以最迅速的速度因應市場變化，(8)職權重複，造成困惑與糾紛。不過，許多企業管理人努力將組織結構調整到更佳狀態，但仍會遭遇人力資源品質未能提升的問題，知名的阿里巴巴企業調整模式值得學習。馬雲

(2008)表示在阿里巴巴企業內部人力資源的品質也有一定要求,透過實施「271 制度」來汰弱留強,我們會努力培養 20%為優秀員工,讓 70%成為不錯的員工,而 10%是每年要淘汰的員工。馬雲也將「271 策略」運用到外部顧客的經營,也就是每年會淘汰 10% 的顧客,節約的成本用於拓展新顧客,他在組織經營策略與顧客經營策略十分類似,企業主動為員工著想,協助員工職涯獲得成功,也主動為顧客著想,確保顧客能滿意能成功,企業才能發展下去。

(三)組織建構過程

　　王尹(2002)表示,組織的建構需經過一個程序性的思考過程,一般而言,組織結構設計的過程,主要有六個步驟。

1. **確定要做什麼（確立組織的目標）**:建立組織的首要工作是先思索,指派給各單位的任務為何?以確定必須執行的工作項目為何?

2. **劃分部門（指派工作）**:劃分部門是指如何將預計完成的工作加以分割及分派,但應注意並非任何工作皆要劃分一個部門來執行,有時直接權威命令指派也會是最有效率的。

3. **決定協調工作**:當各部門皆被賦予工作後,接著必須設計部門之間協調的機制如何形成?建立協調機制的重點,在於組織內的資訊如何能夠快速及正確的分享與傳遞。

4. **決定控制幅度**:控制幅度就是直接向管理者報告的部屬人數,適當的控制幅度是必須存在的,以利組織效能的發揮,但是規模不斷擴大是應該避免的,因為,會導致組織資源的分配不均。

5. **授與職權**:就是明確賦予部屬在工作上的職權,由於激勵個人行動竹逐漸受到重視,在加上每個人面對市場資訊的相對不足,目前大多數組織強調權利下放給部屬,以利組織能在市場中取得有利的競爭地位。

6. **繪出組織圖及工作說明書**:當組織各項工作皆已適當依部門別來指派之後,此時正式化的組織形式,應運用組織圖來表示,讓部門之間及部屬之間了解直屬與權責關係,運用組織圖的主要目的是為了:(1)運用架構圖說明每一個管理職位的銜稱,(2)藉著各職位間的連接線,可表示誰應向誰負責或者誰管理哪個部

門。此外，也應運用各組織部門的工作說明書，精確表達詳實的工作目標、扮演角色、發揮的功能及工作的細項等。

二、垂直分化的結構設計

組織垂直分化之目的，乃在於明確的指出連結組織各層級人員、工作與各項功能之關係，主要是透過階層的結構，及運用組織權威控制個人行為，此外，也藉以揭示組織成員努力的上升階梯。垂直分化的結果往往會有二種結構，一種是扁平型結構，另一種是高長型結構（圖 4-3）。扁平型結構具備較少的層級，但相對的具有較寬的管理幅度；而高長型則具備較多的層級，但有較窄的管理幅度。所謂管理幅度(Span of Management)乃指一個管理者所直接指揮監督（控制）的人數，但是，管理幅度是不宜過大的，因為，管理者只有一雙眼睛、一個腦袋再加上有限的時間與資訊。所以，在各國軍隊組織結構設計，會以三人為一伍，三伍為一班，三班為一排，三排為一連，三連為一營，其中有一首軍歌名為「九條好漢在一班」，一班九個人正是要確保作戰時的管理幅度是恰當且有效率。

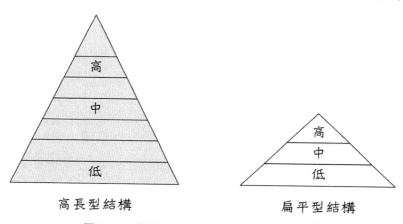

圖4-3　高長型與扁平型的組織結構圖

三、水平分化的結構設計

基於知識與技術的專業化分工，已是提升組織營運效率的過程，適度的水平分化，設計不同專業的部門，以分工的價值鏈建構部門之間的權責關係，發揮專業化的效率是建構組織的重點。

（一）依古典學派組織設計之法則（部門化的過程）

1. 分工：將組織任務予以詳細劃分。

2. 專門化：將各項任務交由專業員工擔任。

3. 部門化：將專長相近的工作合併為同一部門。

（二）組織結構從水平分化的觀點

在水平分化的線性關係，透過直接指揮與間接控制的關係，約可分為七種。

1. 職能結構（直線功能式）：職能結構的部門劃分方式，乃依照組織之主要業務進行專業劃分的類別編組，再將主要類別分層級，以利於垂直式控制及資訊交流。產業方面，常見於傳統產業之製造業，不動產業之建設業與營造業，這種結構之特點為人性化程度高，但生產力較低（因為專業的人力資源往往會有較高的拿翹成本），參見圖4-4。

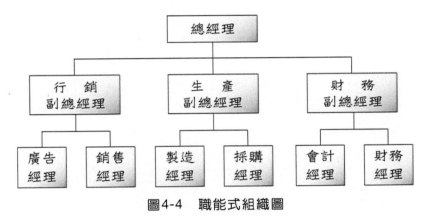

圖4-4　職能式組織圖

2. 區位結構：區位結構的分化設計，主要重點是將人員作彈性組合及依照市場顧客需要而配置。由於作業地點分散各地區，企業通常是採地區別的部門劃分方式，這常見於一些銷售與服務範圍廣泛的連鎖企業，例如國內知名房仲產業的信義不動產、永慶不動產及台灣房房集團，以廣告代銷見長的新聯陽建設開發集團，則有部分採用此種結構，參見圖4-5。

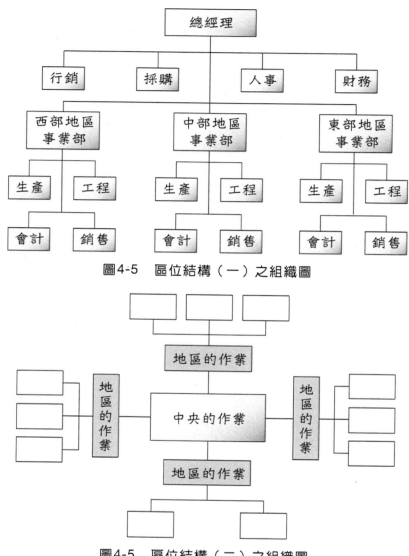

圖4-5　區位結構（一）之組織圖

圖4-5　區位結構（二）之組織圖

3. **事業部組織（依產品而區分）**：事業部組織結構的分化設計，指組織單位或部門的劃分係以產品（或產出結果）為導向，針對不同地區產品或不同的顧客群產品，個別成立獨立經營部門，故整個組織具有權力分化（分權）的特性，參見圖4-6及圖4-7。事業部組織的營運往往是自負盈虧，因此，事業部組織又被稱為利潤分權制或利潤中心制的組織結構。事業部組織結構的企業總部針對各種事業部控管財務權，往往只對極重要的或全局性的財務方案及投資事項做重大決策，其餘事項都交由各事業部自行綜理，例如不動產業的潤泰建設集團或新聯陽建設集團。

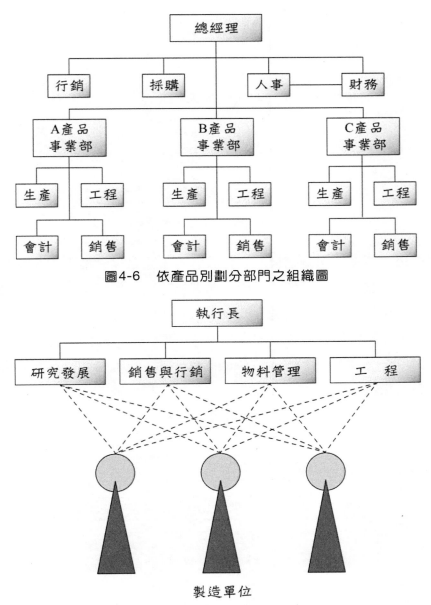

圖4-6　依產品別劃分部門之組織圖

圖4-7　依產品團隊劃分部門之組織圖

4. **事業部組織（依顧客而區分）**：依顧客區分的事業部組織結構分化設計，是指組織單位或部門的劃分係以市場客戶需求為導向，組織部門的目標是因應顧客需求的存在而逐步的建構，企業重視能夠推出真正符合客戶需求的產品或服務，此種組織仍然是以利潤為中心，參見圖4-8。例如觀光旅館業的亞都麗緻飯店集團、老爺酒店集團或中信飯店集團。

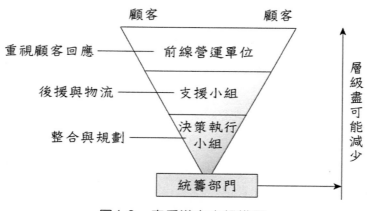

圖4-8　客戶導向之組織圖

5. **專案式組織**：專案式組織結構的分化設計，主要是以分權化的決策為原則，此種組織運作是按照專案工作或以產品類型為基礎，進而劃分專業化部門。此種組織特色在於集中最佳的人選，於一定時間、成本及品質要求下，完成某一特定任務，待專案完成後即解散的專案組織型態，人員回到原屬的部門（職能式的部門）。由於專案組織為一獨立強的工作小組，同時也進行負責盈虧的策略性作業，專案組織型態的生產力較佳，但人性化程度較差（參見圖4-9）。例如不動產業的各類工程顧問公司及投資開發公司。

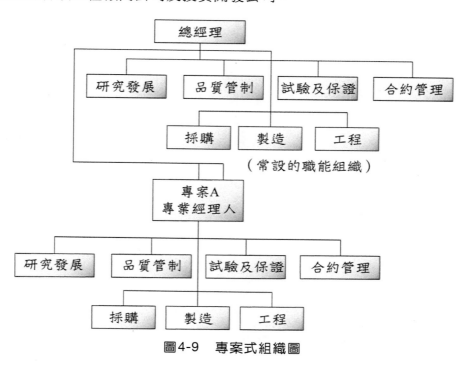

圖4-9　專案式組織圖

6. **矩陣式組織**：矩陣式組織結構的分化設計，基本上是合併了專案組織（多元彈性適應）與職能組織（嚴密專業分工）的一種混合式或整合式的型態。它是由數個專案小組負責不同的業務，這種分工有利於總部的監督，也有利於分部的經營效率提升。例如建設商為了開發不同產品（住宅與旅館，辦工樓與購物中心），或是開發不同區域的土地（台南市與高雄市），每個小組都有特定目標，其成員來自不同背景的職能部門，在任務完成後則回到各職能式的單位。但注意！職能經理及專案經理同時對企業總裁或執行長負責（參見圖4-10）。

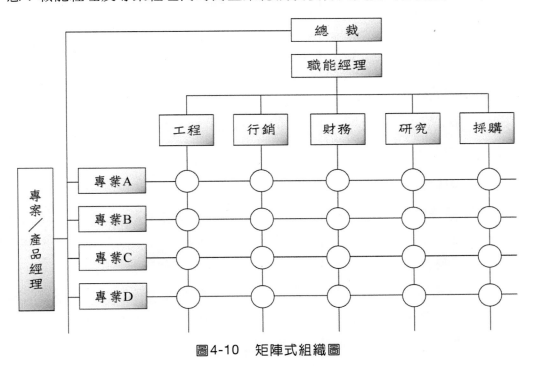

圖4-10　矩陣式組織圖

7. **多元事業部結構**：多元事業組織結構的分化設計，主要是出現在大型化的組織中，因這類結構需要面對組織龐大之後的官僚成本與低效率問題，這種組織的每一不同產品線或事業單位也稱之自主性單位（相當於一個子公司），且每一個事業部的功能皆如同一個利潤中心（參見圖4-11）。

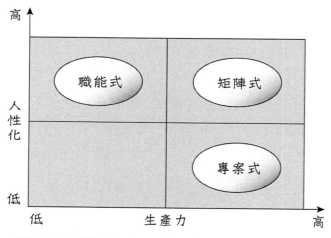

圖4-11　職能式、矩陣式與專案式組織之比較圖

（三）新興的組織結構

　　基於拓展組織運作的效率，越來越多的新興組織結構被發展出來，以下茲以自由形式的組織及學習型組織為例，說明如下。

1. 自由形式的組織

　　此種組織並無固定的形式，不受部門劃分與職位說明的限制，其最高指導原則是不怕變化，勇於面對變化應付變化，此種組織同時注重集中控制與分權經營，中央管理部門制定策略與分配重要資源，各部門則獨立營運、自負風險。但此種組織的人性化行為觀點極重，當每個人都狹隘的各持己見，以致有可能在不同部門間的集體行動出現合作的困境，進而形成極大的組織內部運作之交易成本，如溝通、協調、議事、對抗、搜尋資訊等，因此，自由形式的組織是高理想化的，它也需要一種約束性的激勵，否則專業者之間要能彼此合作的交易成本可能很高。

2. 學習型組織

　　一個企業的經營成功，不僅在於經營者能否在某一期間找到一種適合於自身企業的生產與管理模式，更重要的是，經營者能否不斷地根據環境變化而作適應性的調整。於是企業組織能否不斷的適應並形成變革能力，企業組織能否促進成員在一目標下，不斷自我學習、自我發展與自我控制的問題，逐漸成為經營的重點，學習型組織於是興起。學習型組織是由美國麻省理工學院管理學

者佛羅斯特(Jay Forrester)及彼得·聖吉(Peter Senge)於1990年提出，他們認為一個企業的生存與成功，不能只依靠個人（企業創辦者）來代替組織學習，也不能只依靠睿智的上級主管來下達命令及分工，必須運用方法激勵各個層次的人員都願意真誠熱情的再學習。他們將組織視為一個學習系統，組織成員需要透過不斷學習來提升效率，學習效應的強弱更推動了創新活動的出現快慢，故學習型組織具有下列特性。

(1) 學習型組織主要特性，需要精簡、扁平化、有彈性、高度適應力、不斷學習與分享、不斷自我激勵與創造未來的目標。

(2) 學習型組織的成功關鍵，在於每位成員必須要能夠「學習如何學習」，包括方法、工具、理論、思想、案例、對象等，組織成員必須能夠進行反省以提高能力，尋找業績滑落的根本原因，提出問題的解決方案並有效執行，尋找達成目標的有效可能策略與路徑，推廣自己的學習成果並分享學習經驗。

(3) 需要改變心智模式，「學習」絕不只是吸收資訊而已，思想先於行動，學習需要改變人，使他們能夠生產他們所追求的結果，完成對他們重要的事。故學習型組織就是一群不斷提高能力，並創造未來的人。組織中的經理人之任務是研究及設計而不是控制和監督。

(4) 需要修練更具系統化思維及不斷超越，彼得·聖吉(Senge, P.,1990)在「第五項修練：學習型組織的藝術與實務」一書中表示，學習型組織的五項修練，包括鍛鍊系統思考能力（能夠見樹又見林）、追求自我超越（做事要能精益求精）、改善心智模式（即是用新的角度看世界）、建立共同遠景目標（即是透過願景、價值觀、目標與使命來建立生命共同體）、發展團體學習（即是透過激發群體的智慧，進而協調出一致的感覺與想法）。彼得·聖吉認為這五項修練是建立學習型組織的能力，一種能在變動環境中持續擴展群體創造及創新的能力，這使得該組織及成員能在工作中活出生命意義與價值。

四、不動產企業的組織結構

許多的不動產建設商及廣告代銷商，會在企業內部按職能設計不同部門，每一部門皆有一位負責的經理，各部門的經理則由總經理來協調各項專業與分工，

Willianson(1985)稱此組織為一元化組織結構或 U 型組織結構，以下茲以代銷業組織及建設公司組織，說明各部門的職能。

（一）不動產廣告代銷企業的組織結構

台灣不動產代銷企業的組織一般如圖 4-12 所示，包括有研展部、業務部、企劃部、管理部等，每一部門皆有其職能與職掌分述如下。

1. **研展部（開發部）**：研展部門的主要功能是蒐集負責市場調查、資訊電腦化、專案研究等工作，包括案源找尋、評估、追蹤、市場調查分析、接案企劃書的撰寫向業主提報、協助建築師產品定位規劃建議、代銷條件洽談、代銷契約書簽定、協助與業主確定建材表、坪數計算表、買賣合約書等。由於其敏感度足夠並可隨時提供策略，以供經營層級決策之參考，是老闆的耳目與小腦。

2. **業務部**：業務部的功能主要是現場銷售方面，包括全案廣告預算、支出管控、全案工作進度擬定、工作分派及進度管控、協助企劃部共同擬定廣告策略、協助發包透視圖、墨線圖、模型等基本銷售工具、樣品屋、接待中心、定點看板、指示牌、銷售海報等請購、發包、施工監督、驗收、銷售人員編組、跑單人員的招募訓練與管理、銷售現場人員的銷管銷控、銷售報表填報、銷售狀況及市場的訊息的提報、訂金補足、簽約跟催、結案清理、結案報告撰寫等。一般規模較大的公司如新聯陽、甲桂林、潤泰建設等，都有專職的銷售人員，一般規模較小的公司就找跑單小姐幫忙，案子完成後就結束雙方的契約合作關係，平時可以節省人事的開支，不過，代銷跑單的業務人員有「無根」的感概，也是造成替換率高的原因，但是在業務掛帥，追逐利益第一的狀態下，台灣的代銷界，仍以具備良好業務專業的人員，最受各家企業經營者重視。

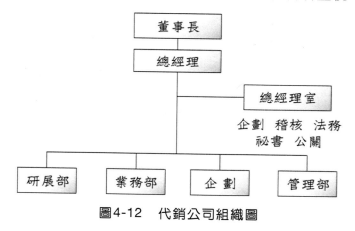

圖4-12　代銷公司組織圖

3. **企劃部**：企劃部門的功能主要在廣告企劃方面，包括文案、設計、完稿三單位，文案單位為廣告文案的撰寫與企劃、案名構想、訴求主題及廣告策略擬定、廣告預算進度的擬定與管控、各類SP活動及EVENT活動策略擬定、新聞稿撰寫及PR策略擬定；設計單位為預售個案的廣告設計與企劃、LOGO設計與提案製作、POP指示牌、現場布置等銷售工具的製作，以及各類平面廣告的製作；完稿單位為廣告文宣品之完稿、印刷品的發稿與校稿、製作進度的跟催確認；這是結合創意指導、文案表現、美工設計的部門，在代銷程序中相當重要，有些代銷公司以此為自身特有的競爭力。

4. **管理部**：管理部是後勤支援部門，其功能包括人事、財務、總務等。(1)人事部門主要是人事制度的擬定執行、人員招募、考核、晉升、調職、免職離職的辦理、勞保團保與個保的辦理、人員教育訓練等。(2)財務部門主要是資金籌措、調度、管理、各部門年度預算之編列推動及管控、長短期資金來源規劃及資金運用規劃、支票之開立、用印、管理、發票及傳票之開立管理、每月結算工作執行、會計師及稅捐機關查帳之配合、應收帳款之催收及應付帳款的籌措。(3)總務部門的主要工作為一般資材的採購、調度、管理、文書及公文的建檔、管理、櫃台、總機、會議室的管理、辦公室設施維護管理、協力廠商的考評及資料建立等這些都是由這個部門辦理。

（二）不動產建築開發企業的組織結構

建築開發企業，俗稱建設公司或建設商，其常見的組織如圖 4-13 所示，包括總經理室、土地開發部、業務部、規劃（設計）部、工務部、管理部、財務部等，每個部門的職能與職掌簡述如下。

1. **總經理室**：包括企劃、內控稽核等功能，公司整體發展策略及營運計畫的執行，各項制度的研擬與修正，內控內稽制度的執行、法務諮詢及依總經理臨時指派的任務等，是公司重要的幕僚，老闆的耳目與智囊團。

2. **開發部**：開發部門的主要功能是土地原料的開發取得、土地市場的瞭解與訊息獲得，投資報酬分析、其他建設所需相關的原料：土地的相關業務工作（例如與地主建立關係及協調價購等，取得競標公部門土地的相關訊息），它是建設公司位在第一線、最前頭的工作，開發部的功能相當重要的，對於上市上櫃的建

設公司而言,開發部需要不斷的為企業取得價格與面積合宜的土地,但這不容易。

3. **業務部**:業務部的功能主要是銷售策略、銷售計畫的擬訂,銷售業務的執行與控管、市場調查及任何與市場動態有關的資料蒐集工作、與客戶簽約、變更設計、交保、產權移轉登記及交屋相關事務辦理、甚至客戶售後服務的工作。

4. **規劃(設計)部**:規劃部門的功能主要在產品定位、規劃設計、建築執照與使用執照等請領作業,也需要協助業務部進行行銷企劃工作。

5. **工務部**:主要功能在確保工程如期且如質的完成。所以工程預算的編列與控制、工程進度、品質的控制、營建計畫的研擬與施工作業、營造工程的發包、工程驗收及請款付款等都是其工作內容。

6. **管理部**:包括人事、總務等,主要工作是人事管理制度的擬定與執行、人員教育訓練計畫的研擬與推動、資產及事務性用品的採購及管理、股東帳務的處理等。

7. **財務部**:主要功能是年度預算編列、各項財務規劃、長短期資金規劃、會計帳務處理作業、辦理各項稅務規劃及有關收付款作業、零用金管理及相關報表的編製。

8. **其他部門**:如果企業規模不斷擴大,有些企業還會設置資訊部、服務部(客服部)、稽核室、總工程師室等部門,將專業的工作進行更詳細的分派。

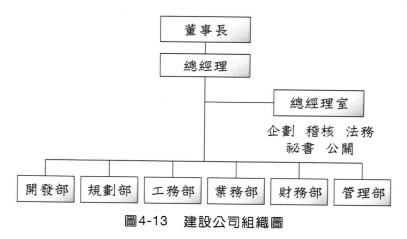

圖4-13　建設公司組織圖

五、組織意識

一個組織，除了應有它外在而有形的階層架構這樣的「軀體」之外，也應有它內在而無形的「靈魂」，這個靈魂就是組織意識。雖然，明確的組織階層及組織結構是重要的管理制度，制度使個體行動能夠有秩序的受到集體目標的規範，但是，一個組織若只有組織結構，而無組織意識，這個組織的運作必然是渙散而效率不彰的，企業組織尤其如此。組織意識對於組織的重大意義已受到許多管理學者和企業家們的高度重視，他們正努力的呈現組織意識的內涵。

組織意識，也可以是一個組織全體成員的共同意識與共同價值觀，即一個組織的集體意識。組織意識形態不是一個抽象又孤立的實體，而是人們對於自己周圍的環境即對於組織環境及其過程在觀念上的反映，包括組織內人員的一切意識要素和觀念形態，它是全部組織精神生活及其過程的總概括。作為同組織存在相對應的範疇，組織意識是組織價值存在的反映，它本身有著複雜的結構，包括道德、制度、宗教、法律、時尚、風俗、習慣、慣例等。組織意識並非是不同的人所特有的個人意識，而是帶有一定整體性、共同性的組織意識。組織意識也是組織成員對組織的一種觀念、認識和精神領悟，是在加入該組織後受到環境力量的演化而產生的。對企業而言，組織意識就是企業組織的集體意識。員工的企業組織意識是在加入該企業之後經過灌輸及培育才逐漸形成，此外，員工的組織意識，會隨著參加企業活動的實踐、訓練和接受教育而受到深化，它的過程是由淺而深，由低到高漸次地發展。例如有些建築開發業的經營者，基於存有強烈的環境倫理意識，他們開發的產品也會呈現鮮明的環保與省能功能，綠建築在市場中逐漸受到開發商的重視，就是一個案例。

企業中常見形成組織意識的兩種力量：企業制度和企業文化。企業制度是企業組織中全體成員必須遵守的行為準則，它包括企業組織機構的各種章程、條例、守則、規程、程式、辦法、標準、命令等。企業制度用以明確揭示各部門的職責範圍，並解決企業各部門和部門成員在企業營運過程應有的角色與功能，以及其相應的工作標準和管理要求等問題。企業文化是一種非正式的企業制度，文化規則的存在，往往協助了企業員工之間人際關係的和諧，也能給企業員工創造一種安全感，為了確保更高的安全感，這可能激勵員工為企業做出更大貢獻。新制度經濟學者已證明，個人智力相對於市場資訊是不足的，僅憑經營者個人經驗、威

權管理或即興創造，往往不容易使一個組織有效地運轉。故具有良好誘因及激勵效果的典規章制度，是企業成長的關鍵要素，而企業文化使得人際之間的互動更有秩序。企業雖可通過規章制度來明確組織成員職責的範圍和行為準則，但也不可忽略企業文化形成的規範作用，兩者相輔才能使組織維繫生機和活力，確保運作效率能不斷提升。

（一）企業制度（正式規則）

相對於政府而言，管理學者視企業為一種進步的制度，而企業（公司）制度發展至今也已超過了五千年以上，企業能夠為市場分工的作用，早已超過我們的想像。

1. **財產權制度**：傳統的自然人企業制度，出資者即為企業主人，企業主享有企業的一切權力，直接指揮營運企業資產。現代公司制企業施行出資者所有權與法人財產權的分離。出資者所有權在一定條件下表現為出資者擁有股權，即以股東的身分依法享有資產受益、選擇管理者、參與重大決策以及轉讓股權等權利。企業則享有法人財產權，它表現為企業依法享有法人財產的占有、使用、收益和處分權，以獨立的財產對自己的經營活動負責，出資者不能對法人財產中屬於自己的部分進行支配，只能運用股東權力影響企業行為，而不能直接干預企業的經營活動。

2. **企業組織制度**：現代公司制企業在市場經濟發展中已經形成一套完整的企業組織制度，其特徵在於所有者、經營者和生產者之間通過公司的權力機構、決策和監督機構形成各自獨立、權責分明、相互制約的關係，並通過法律和公司章程得以確立和實施。公司組織結構一般是建立股東會，董事會和監事會。股東會是企業的最高權力機構，董事會是企業的決策機構，總經理是董事會聘任的負責企業日常經營管理活動，對公司的生產經營進行全面領導與執行的經營管理者。

3. **企業管理制度**：企業管理制度的內容，包括企業的用人制度、教育訓練制度、調職選訓制度、績效考核、薪資制度、福利制度、財務會計制度、生產管理制度、技術監督制度、銷售服務制度等。

（二）企業文化（非正式規則）

　　1980 年代以來的企業管理領域中，在人們注重科學管理、人際管理、策略管理等管理理論的同時，出現了一種更引入矚目的新概念，就是企業文化。所謂企業文化，是指企業組織在長期的營運中所形成並為企業成員普遍遵守和奉行的共同價值觀，這個價值觀包括企業的經營思想、企業精神、企業目標、道德規範、行為準則等。企業文化熱潮的興起是在美國，而美國之所以形成企業文化熱潮的原因是受到日本管理制度的激發，由於日本經濟體在第二次世界大戰後短短幾十年內重新崛起，並成為能與美國相抗衡的經濟大國，以致美國企業界逐漸質疑原本重視的機械式科學管理，開始重視及研究日本企業的經營管理經驗，並對以往西方企業管理理論和實踐重新進行反思，於是有了「企業文化」的理論提出，時至今日，企業文化已深深根植於許多的企業組織內部。企業文化的主要的內容包括：企業經營哲學、企業精神、企業目標等。

1. **企業經營哲學**：企業的經營哲學是指企業生產經營的指導思想和方法論。也是企業經營理念、經營哲學、指導思想。

2. **企業精神**：企業精神是在企業活動中形成的，代表企業全體員工意願、反映企業目標和方向、具有推動企業發展的一種意識和精神力量。企業精神常常滲透在企業價值觀、企業目標追求、企業群體意識、領導作風、企業風格、企業氛圍等各方面，企業精神有利於形成企業內部的凝聚力和向心力。這種精神或理念常常通過一些精煉、濃縮、富於哲理、又簡捷明快的語言，具體表現出來。

3. **企業目標**：企業目標是代表一種企業期望，且呈現在強烈追求及奮鬥的方向。企業作為整個社會有機體中的一個細胞、必然具有自己的預期目標和既定任務，不同的企業有自己不同的工作目標，企業目標不是單純的，而是綜合的、多層次的，由長期目標、中期目標、近期目標、整體目標、部門目標、物質目標及精神目標，互相作用、互相協調及相輔相成共同構成的。制定目標既要符合企業的目前實際狀況，也要考慮到企業的長期發展，而且長期目標會引導短期行動，因此，立下長期目標需要領導人敢於偉大、敢於爭先、敢於第一。

MEMO

The Strategies of
Real Estate Management

CH **05** 企業的成長與競爭策略

　　資本主義的市場經濟核心觀念是以競爭為基礎，企業生存需要更好的競爭力來面對市場，需要克服各種層出不窮的困難，也需要建構新的競爭力並持續追求成長，營運的首要目標就是獲取相對較佳的利潤，達成更好的獲利目標則要建立恰當的思維。首先，企業要能透過自身不斷地研發與創新來尋求技術進步，其次，研發與創新也可能藉由產業內的同行間，基於競爭來取得領先地位，或基於合作來突破技術瓶頸。為了能更好地理解及探討企業在成長上與競爭上取得優勢的方式，這需要透過學習更好的方法與工具來及運用，這成為本章所要探討的內容與重點。

第一節
企業成長理論

　　企業於市場中的競爭如同生物生存的物競天擇一般，市場的競爭機制會汰弱留強，因此，企業經營必須能夠獲利，並將利潤再投資以擴張企業經營規模，以實現成長目標。企業成長包括量與質兩方面，量的成長是表現在企業經營規模的擴大，包括生產結構專業化、經營結構多元化、組織結構集團化與市場結構全球化。質的成長則表現在企業本身品質的提升，包括技術創新與產品創新、經營與管理的制度創新、組織結構再造、企業文化塑造等[1]（周三多及鄒統鈃，2003）。

　　從一個生存適應與演化的觀點，企業成長極類似生態演化的過程，必須有自身組織的內部變化與良好發育，也必須有外部環境提供適宜發展的環境。雖然，外部環境是否良好，是企業選擇要不要進入並留在市場的關鍵，但是，現代企業成長理論的探討，則是更多的關注於企業內部的成長動力來源為何？

一、理論觀點

（一）Coase 的交易成本決定論

1. 解釋交易成本

　　依據周其仁(2013)在「科斯的中國影響力」一文的解釋，Coase(1937,1960)在經濟分析中引入交易成本觀點，基於運用市場價格機制來完成企業的部分營運活動與交易活動，是存在一個正值的交易成本，若交易成本足夠大，則降低交易成本就成為企業擴張的主要動力[2]。

2. 零值與正值的交易成本

　　市場的正常運行必然存在一些有形或無形的成本，周其仁(2013)指出若市場的經濟活動是一種供需雙方完全無意識的交易活動，例如無須要訂約、議價與思考

[1]　周三多、鄒統鈃，2003，「戰略管理思想史」，上海：復旦大學出版社，頁113。

[2]　周其仁，2013，「科斯的中國影響力」，此文收錄於張曙光及盛洪主編的「科斯與中國」，北京：中信出版社，頁9~14。

產品質量，此時可以假設交易成本為零，但這僅是一種理想。實際的經濟活動，交易活動可能為其中一方或雙方帶來不利，於是需要以契約、談判、法令或監督來規範經濟活動能被順利進行，此時表示交易活動存在正值交易成本[3]。例如住宅市場的租賃交易定型化契約或買賣交易定型化契約，契約的存在及內容規範正具備激勵交易活動及節約交易成本作用。

3. 交易成本與組織成本是企業成長極限

基於專業分工可帶來更佳的效率，產品的製作與生產，其製造的過程在不同階段會使用不同的技術與知識，因此，一件產品可視為是由多個劃分不同階段的技術所組成。然而，生產製造上的細密專業分工，需要良好的人機協作、監督、檢測及不斷的協調分工，否則製造的產品難以避免會出現瑕疵，因此，這個監督、檢測及協調的過程是一種組織運作的成本，這些成本往往被視為交易成本。交易成本不同於生產成本，生產成本是由直接材料、直接勞動力及製造費用來構成。

依據 Williamson(1985)的解釋，交易成本的存在，起因於交易過程產生的資產專用性問題、交易的質量具有複雜性與不確定性、交易的頻率有高有低等問題，在企業內部要能順利完成一項交易活動的成本就會不斷增加，企業基於自行完成該項技術階段的生產活動會較節約交易成本，企業將就會將該項經濟活動納入組織內部進行生產，此時企業規模就會走向成長。

雖然，降低交易成本的動力是促使企業成長，但是企業不會無限制的擴大成長。數十年前 Coase(1937)就已發現，市場的交易成本和企業內部的組織成本之間存在一種替代性，這個替代關係足以解釋市場中何以會出現各式各樣且規模大小不一的企業或組織。Coase(1937)指出：當企業內組織一項交易的成本，恰好等於在公開市場中進行該項交易的成本，或等於由另一個企業組織完成該項交易的成本之時，企業的擴張就會停止。簡言之，一旦當市場的交易費用節省與企業內部交易費用上升相等時，企業的規模擴大就會停止，企業與市場的邊界也就確定了[4]，徐為民(2005)。

---

[3] 張曙光及盛洪主編，2013，的「科斯與中國：一位經濟學大師的中國影響力」，北京，中信出版社，頁 9~10。

[4] 徐為民，2005，「大轉折時代的企業經濟學」，上海：復旦大學出版社，頁 83。

（二）Penrose 的資源決定論

1. 解釋運用資源的能力

　　彭羅斯(Penrose, A.,1959)繼承了經濟學家熊彼得(Schumpeter, J. A.)的破壞式創新思想，她在「企業成長理論」一書中提出了「企業內部資源－企業能力－企業成長」的分析架構，並且對某種規模的企業提出解釋。市場之所以存在一定規模的企業，企業之所以擴大成一定的規模，這是企業在連續性及不可逆轉性的成長過程所呈現的結果。Penrose 認為企業所擁有的資源狀況，往往決定了企業能力的好壞，特別是在利用物質資源過程所形成的人力資源的知識數量，知識數量更進而形成企業的創新能力，當企業經營團隊不斷將未利用的資源，導入新知識來利用資源及尋求獲利，這往往推動了企業的成長及達成特定規模。但是，Penrose認為企業成長也會有限制，其中內部組織在專業化的分工經驗及管理能力是影響企業成長的關鍵，良好的管理能力會使企業藉由知識累積性增長的演化過程，促使企業產生良性成長，而資源的多用途特性也可能主導了企業繼續擴張，而經營者沒有很好能力來主導資源利用，這就造成企業成長的限制，故企業成長的邊界往往決定在主導資源利用的能力，這裡的資源特指人力、物力與技術。

2. 企業的內部資源與成長極限

　　Penrose 的觀點著重於企業握有的內部資源，她將企業握有的內部資源，包括：企業購買、租賃、繼承、雇用的成員或自行生產出來供自己使用的有形物質，可視為一組能在市場交易的專業化服務，這些資源一旦沒有充分利用，就會激發企業尋求一種更充分利用的動力，去充分利用這些資源，此時，如何的充分利用資源，以及資源質量的好壞與多寡，也決定了企業成長的方向與成長的極限[5]。

（三）Chandler 的組織能力決定論

1. 解釋組織能力

　　錢德勒(Chandler, A. D.)在 1962 年「策略與結構」一書研究了美國杜邦、通用汽車等近 70 家大型企業，確認了的經理人與技術人員在企業成長具有決定性重大功能。他又於 1970 年初發表「企業規模經濟與範疇經濟：工業資本主義原動力」

---

[5] 周三多、鄒統釬，2003，「策略管理思想史」，上海：復旦大學出版社，頁 113~115。

一書，表示企業成長的內部動力，主要來自企業的組織能力，這組織能力也就是運用威權管理（這一觀點相對於 Coase 的交易成本觀點是不同的），使得設備與技能能夠相匹配，於是組織能力就包括著企業家對於設備的投資，以及在採購、生產、銷售與管理方面的技能與投資。此外，Chandler 所指的組織能力是指發展企業生產營運形成規模經濟的能力，而不是發明的能力，而且在他研究美國 70 餘家大型企業的案例中發現，具備一定規模企業的組織能力往往是產生於資本密集型的產業發展過程，這使得企業在製造、銷售與管理方面，進行相互關聯的投資過程形成特有的組織能力，企業也依賴此種組織能力來建構企業自身的競爭優勢。

關於組織能力如何強化且如何維繫？Chandler 研究二次戰後的許多企業個案中發現，企業必須形成三種經濟模式：規模經濟、範疇經濟與交易成本經濟。規模經濟是因為產銷量大，進而導致每單位成本降低，範疇經濟是因為聯合產銷與研發綜效進而導致每單位成本降低，交易成本經濟是因為產品與服務的移轉交易便利，導致單位成本下降或是資源利用效率提升。而擁有前述三種經濟模式的一些優異條件，也誘導企業成長的方式與方向：可能是水平整合、垂直整合、地區擴張與多角化經營[6]。

2. 組織能力、規模經濟及範疇經濟

Chandler(1962)關注著組織能力出現往往與規模經濟及範疇經濟之間具有密切關係。規模經濟是透過擴大產量規模，以實現設施與設備的充分利用，而導致產品生產成本的下降。範疇經濟是透過擴大產品種類範圍，使共用設施與設備能充分利用，進而導致產品生產成本的下降。無論規模經濟或是範疇經濟，其低成本效應都是生產設施充分利用後，進而使昂貴的折舊分攤到更多的產品成本中，不同的是，規模經濟是靠著單一產品的大量生產來實現成本下降，範疇經濟則是靠著小批量生產的產品種類的多樣，來實現成本下降。此外，規模經濟是重要的基礎，範疇經濟也是靠著共用品的規模經濟來實現成本下降。最後，兩者經濟模式的形成是受到不同環境條件的影響，規模經濟適合需求層次單一而求量巨大的市場條件，範疇經濟則是合於需求層次細分化，產品依顧客需求而定，且每一種

---

[6] 周三多、鄒統釬，2003，「策略管理思想史」，上海：復旦大學出版社，頁 116~118。

產品的需求量皆不大的市場條件下[7]。從規模經濟與範疇經濟的關係，就台灣地區的新成屋不動產市場發展趨勢，越來越多的購屋者強調是室內能依據自身需求適當的變更設計，顯然在經營上應逐漸重視範疇經濟的形成與效果。

二、企業的成長過程與成長邏輯

（一）成長過程

　　現代企業的經營活動，透過專業分工雖然可以讓生產活動富有效率及增加產出，也可能再創新價值的活動及產品，但當一個企業擴增規模時，其複雜性及成本會跟著增加，過於細分化的分工也常引起交易成本（一種扣除生產成本後的組織營運成本），因而需要將部分資源與經營活動整合。整合是指企業握有資源的整合，資源整合之目的主要是降低生產成本及交易成本，或是提升資源利用效率，最後能達成提升企業獲利之目標。

　　企業成長的條件涉及企業自身組織能力、經營規模與業務規模等方面，這些條件之間能否獲得良好的發揮，讓組織效率發揮、技術創新形成、達成規模經濟與實現範疇經濟，也導致常見的三種企業成長方式：技術創新成長、規模經濟成長與多角化成長，同時也應該注意成長路徑，企業成長的方式可能是有利條件因果累積的演化或是路徑依賴，通常不會是跳躍式的創新變異。

　　企業的成長過程可大概劃分三個主要階段：專業化(specialization)、多元化(diversification)到再聚焦(refocusing)，這種企業成長的三階段論可以進一步解釋，第一階段，企業在草創時期規模小，產品變化多樣且競爭力較弱，當企業規模擴大並趨向專業化時，規模效益出現，競爭力逐漸增強，市場占有率逐漸提高直到市場接近飽和，企業競爭力也趨於穩定。第二階段，企業開始多元化發展，多元化也可表述成多角化，企業多角化發展正表示納入更多工作在企業內部，這將進一步引起自身規模擴大，競爭能力也可能在這過程的勇敢嘗試而進一步增強，但是，當企業管理能力超過一種最優多角化的範疇之後，這又會引起企業經營資源的過當分散或失焦，出現了競爭力的停滯或下降。第三階段，這時企業應將經營重心重新再聚焦於具有成長的產品與業務，而再聚焦是指企業透過減少業務活動

---

[7]　徐為民，2005，「大轉折時代的企業經濟學」，上海：復旦大學出版社，頁64~66。

範疇以集中經營核心業務的過程。此外，企業的專業化、多角化與再聚焦也就是企業在不同時期的成長策略或稱競爭策略[8]。

（二）成長邏輯

　　現代企業成長的重要邏輯主要歸納於兩個重要方向，一方面是價值的創新，二方面是核心競爭力的移植。探討追求價值創新，C. K. Prahalad 及 G. Hamel 在其「公司的核心競爭力」一文提出重要觀點，他們表示企業想要成功地在市場中生存，重點是不斷地培養自己的核心能力，這個核心能力要能勇敢地打破常規，突破市場行規，行規破除之後成為該行業遊戲規則的破壞者(ruler-breker)，或是該行業遊戲規則的制定者(ruler-maker)[9]。由於企業能夠打破行規或慣例，這樣的創新決策往往有助於企業快速的取得市場份額，而要能維繫得來不易的競爭力，接著要能重視核心競爭力的移植，也就是在自己建立起來的行業遊戲規則，不斷細分各種顧客群，關注於顧客在產品評價上的差異，進而在產品的生產與銷售的價值鏈上，取得新的分工節點及有利的競爭位置。

　　今以台灣地區店面型不動產為例，統一集團的 7-11 超商勇於不斷地在消費者購物習慣上建立新規則。便利超商善用生活節令的節奏，轉成焦點銷售的行動。它提醒你什麼事正在發生，現在該做些什麼，將事件與節慶轉化成銷售工具，例如預購新的諾貝爾獎獲獎者的傳記與作品、母親節蛋糕、薄酒萊新酒、異國食品等，都能蔚為享受美食風潮。過去的便利商店只是利用事件與節慶，現在的便利商店更擁有「創造節令」及「塑造新潮」的能力。此外，台灣便利商店的成功在於：「豐富性由別人提供，整合由自身企業創造，共通性交給實體便利商店」，它只需要提供 3,000 種大眾都需要的共通性商品，而不需要提供到 15 萬種的商品（如量販店），而且更有趣的是便利商店的服務和商品還在持續增加中。全家便利超商品牌溝通室部長林翠娟也表示，開大店已是趨勢，過去 5 年以來全家超商每 5 家有 1 家大店，目前正執行將大店比例提高到每 3 家店有 1 家[10]。當超商不斷的進行價值創新，它創造了消費者對其高度的依賴，超商也需要更多店面型不動產來容納交易活動，它可以是日用品商店、咖啡店、郵局、銀行、售票亭、電信公司營

---

[8] 周三多、鄒統釬，2003，「策略管理思想史」，上海：復旦大學出版社，頁 118~119。

[9] 周三多、鄒統釬，2003，「策略管理思想史」，上海：復旦大學出版社。

[10] 參自 2011 年 12 月 21 日，香港東方線上的個案報導。

業站、高速公路繳費站,甚至是學校的註冊組。現代超商在價值創新的功能及豐富生活的角色,已超乎我們的想像。

　　價值創新十分有趣,在不動產市場中一間未完工的建築物,甚至影響了一位二十世紀頂尖物理學家的一生。一處未完工的建築物為物理科學家愛因斯坦(Albert Einstein)留下足跡。據說 1899 年,愛因斯坦還在瑞士的黎世聯邦工業大學就讀時,指導他業課的老師是數學家明可夫斯基。某一日,愛因斯坦問老師:「一個人,究竟要怎樣做才能在科學領域及人生道路上留下自己的足跡?」愛因斯坦的老師思考三日之後,提出可能的方式。他拉著愛因斯坦到一處尚在興建中的建築工地,老師叫愛因斯坦踏上一塊尚未乾涸的水泥地,可是這一踏卻被泥水工人斥責,此時愛因斯坦向老師抱怨:「您這不是害我誤入歧途嗎?」明可夫斯基則專注地說:「只有這樣的『歧途』,才能留下足跡[11]」。美國蘋果電腦創辦者之一的賈伯斯(Steve Jobs)也是努力於探索創新,給自己建立高標準的品質,敢於追求夢想,為自己創造卓越的環境,進而呈現出蘋果電腦各式各樣的 3C 產品及令人稱羨的高獲利。回到不動產市場的議題思考,未乾涸的水泥地就像市場的新領域,也像產品的新世代,只有踏上才能發現潛在獲利,因為,這時的市場大餅尚無人能夠與你競爭。

第二節
企業成長策略

　　基於提升營運效率,企業需要有能力建構良好的管理制度,使自身的投資設施與雇用人員能夠發揮產銷效率,努力控制成本,拓展市場,進而獲取特定目標下的利潤。在這過程中將無可避免的擴大自身規模,擴大規模正表示企業將許多交易活動及生產工作整合到企業內部來生產,於是經營者應思考如何建構持續的競爭優勢,將容易引發市場交易成本的經濟活動納入組織內部生產,透過垂直整合來帶動更有利的綜合效應,這使得我們在看待企業成長的策略時,更需要明白交易活動、企業成長與策略運用之間的關係。

---

[11] 千江月,2013,「學會放下、把握當下全集」,新北:普天出版社,頁 106~107。

一、企業的市場整合策略

（一）企業對市場的替代與互補

　　企業一旦能夠穩定獲利，下一步應發展適當的策略以追求成長，也可說企業為了不斷獲利，擴張企業規模將是未來必走之路，但什麼是對企業有利的成長？在成長策略的思考上應關注兩個焦點：(1)企業如何決定將某些生產銷售的階段性活動納入公司內部管理體系（即透過自身企業垂直整合的一體化）來完成？(2)如何決定某些生產銷售的活動可交由市場（即透過市場其他企業分工的分散化）來完成？部分產銷活動交由市場完成也可視為是與其他企業協調、合作來完成企業想分工的經濟活動。不過，企業的成長策略必須注意組織是否能夠充分有效率的適應經濟環境的變動與變遷，同時應注意採取由核心能力向外發展，才不至於成長過速招致過大的經營風險而失敗。例如建設公司的經營歷程，開發銷售兩個成功個案，往往可帶來良好獲利，但卻禁不起一個開發失敗個案的慘賠。

（二）整合的意義

　　企業的存在必然有獲利，經營者有了獲利的機會，並且在現有經營範圍中發現新的機會，此時會追求經營規模擴大與成長，企業的成長發展，衍生一個公司策略的基本問題：我要進入何種新的事業領域？適當的投資比率及營收比重為何？新的活動範圍包括產品範圍、地域範圍與垂直範圍等三個面向的思考。而由經營活動的技術面而言，整合活動又可概分為垂直式整合及水平式整合。

1. **垂直式整合**：採取垂直整合，應視利用市場的交易成本和企業內部的營運管理成本相對大小而定，當一企業與協力廠商的垂直相關活動整合在企業內部，有助於降低交易成本（例如資訊搜尋、議價、訂約、監督與控制等成本）時，此時會將營運上的垂直活動納入內部組織經營管理。垂直整合的優點是較無跨業經營之風險。

2. **水平式整合**：水平整合也被稱之多角化發展，當企業的業務範圍日漸複雜時，此時企業將逐漸走向多角化，多角化有時會透過合併企業來進行，也可能踏入過去未曾接觸過的領域。注意！另一種多角化則是由原企業延伸而成。水平整合由於營業領域多元，經營上較易發生跨業經營之風險。

整體而言，垂直整合也稱垂直式成長，這個成長理論是假設某些產品的生產程序幾乎都具有技術上的可分割性，故這些生產程序最初可分別由市場中不同的企業來完成，也就是企業可以到市場中去購買各種原料與半成品，進而組裝最終成品。但若這麼做很可能讓企業付出許多成本（也即是交易成本），因為收集資訊、議價及比價是需要付出許多成本的，基於節省成本此時應進行垂直整合，即將某一技術上可分割物品的設計、生產或銷售程序結合在一企業內來完成。以建築產業而言，有許多不同專業的企業參與市場分工，包括建築設計、結構設計、建材要素、機電設備、營造工程、專業承包商（鷹架、水電、泥作、門窗、磁磚、機電、電梯等）、廣告銷售、大廈社區物業管理等，大體而言，各項專業有一定的技術困難度與知識專業度，廣泛地垂直整合性並不是太高。

（三）企業垂直整合的主要學說

　　企業的生存與發展，必須在一個產銷的體系中尋求相對較佳的競爭地位，而在某一個供應鏈環節的企業，為何會有向上游或向下游整合的動力，以下介紹四種較常見的理論觀點。

1. 交易成本理論

　　市場交易活動必然有成本，這個觀點由寇斯(Coase, 1937, 1960)提出，後來的新制度經濟學派學者延伸及應用交易成本觀念而提出交易成本理論，他們指出市場交易活動複雜引起成本過大（是指向他人購買還不如自行生產會較節約成本），進而解釋企業尋求垂直整合的主要原因。交易成本理論的主要的內容如下：

(1) 運用市場自由交易存在成本：企業在市場中完成的任何交易都是必須付出成本或費用，這些費用如資訊搜尋、談判和締約、監督執行費用等，已故知名的華人經濟學者楊小凱將其稱為「分工費用」或「協調費用」，史蒂格勒(Stigler, G.)將其稱為資訊搜尋費用，因為交易面對資訊不對稱或資訊不充分所造成的剩餘損失或福利損失，總之，企業於市場中的交易活動，就交易的數量、價格、交貨、驗貨、付款與糾紛協調等，都是必須付出成本的，當這些市場交易成本逐漸增大時，企業就會將其納入自己組織內部來生產，垂直整合自然形成。

(2) 垂直整合會出現成本：將原屬市場可完成交易的活動，垂直整合於組織內部也須付出成本的，寇斯分析了這幾種成本的原因。首先，組織內部完成生產活動也會存在成本，例如核定與監督工作、勞動生產效率不彰、訂定獎懲制度等，其次，由於生產管理活動的增加與複雜化，也會導致資源配置失當的成本，最後，當缺乏良好的人力資源激勵制度時，勞動要素的成本也會上升。

(3) 垂直整合與市場邊界的決定：寇斯指出：「當你在企業內組織一項交易的成本，等於在公開市場中進行該項交易的成本，或等於由另一個企業組織完成該項交易的成本之時，企業就會停止擴張」，這是因為企業再將更多的活動交由內部來進行，只會增加企業營運的總成本。

2. 資產專用性與機會主義行為

　　資源或資產很可能存最佳專業用途，一旦確定之後就不易轉用。威廉森(Williamson, O. E.,1985)吸收寇斯(Coase, R. H., 1937, 1960)提出的交易成本概念，進一步延伸探討關於一個產業中各行業投資的活動，以及他們在資產運用與垂直整合之間的關係。Williamson(1985)指出在一個行業內，生產投資的資產專用性越強時，則在市場中的交易活動，發生機會主義行為的風險就會越高，為了防止擁有資訊優勢一方的機會主義傷害生產活動的進行，企業就會實行垂直整合。至於資產專用性與機會主義行為為何會傷害原本順暢的生產活動？Williamson(1985)的研究指出，資產專用性的特徵，是指資產一旦作為某一用途後，就難重新安排資產的新用途，因此，資產專用性的交易成本是指一旦改變用途會帶來巨大損失。例如在一般中小規模的建設公司,在垂直整合的過程中，比較不會將營造工作整個納入組織內部來進行，這是因為營造所需的機器、工具、設備、車輛、高專技勞動力等，都具有某種專業的資產專用性。關於機會主義行為的意義，Williamson(1985)將機會主義定義為「不擇手段的牟求私利」，以及做出「不實陳述」，其表示人不僅具備有限的理性，他們還會時常表現出機會主義行為，一旦市場資訊不對稱，擁有資訊優勢的一方，很可能藉機施展自利的機會主義行為，將潛在的交易成本透過契約轉嫁給資訊弱勢的另一方，這就是常見的規避、勒索與敲詐行為。例如規模較大的建設公司，基於達成獲利目標，往往需要開發足夠規模量體來支撐營業額，而為了避免工程興建過程中受到工程承包商的機會主義行為，如提高供給要素價格，企業經營者應該在收

益與成本間進行利弊分析之後，決定何種工作垂直整合到企業內部，有些工作則交由市場各家企業進行分工，這時可以明確地論件或論時支付成本。

3. 連續性的經濟效益

德姆塞茲(Demsetz, H.,1988)在「所有權、控制與企業：論經濟活動的組織」一書表示，企業垂直整合尚有其他原因，特別是在企業本身生產效率方面。Demsetz研究發現，當市場交易中無人去施展自利機會主義行為，有些企業也會進行垂直整合工作，其中主要原因是為了避免在產業供應鏈體系中的生產要素供給出現不足或銷售活動無故中斷的風險，一旦企業發現可能的中斷次數越多、中斷時間越長或中斷距離越遠，要再一次連結起來的成本漸增或過程的損失逐漸上升，此時避免再一次連結而有助於節約交易成本，則企業也會進行垂直整合行動。

4. 防禦市場波動對於現有營運投資的傷害

錢德勒(Chandler, A. D., 1977)在歷史軸向中研究許多企業案例中發現，除了會基於壟斷市場的原因之外，更多企業是基於特殊考量下的防禦動機，而從事垂直整合。其中常見的防禦動機有：(1)確保原材料的穩定供應，(2)確保銷售的下游出口不會堵塞，(3)防禦合作廠商之間機會主義產生。也許防禦市場波動以避免對產銷活動的連續性造成傷害，是企業進行垂直整合的重要考量之一，但是，有時候面對市場環境景氣不佳時，卻有可能因為過高的固定成本，而形成虧損。另外，當上下游提供的產品無法滿足企業本所要求的產品品質，企業也會進行垂直整合[12]。

（四）企業從事垂直整合的理由

藉由前述說明了企業垂直整合的理論基礎，這些理論與實務上企業會進行垂直整合的理由是極為相契合的，但無論如何，或許追求提升利潤的動機仍是企業垂直整合最重要的理由，而誘發垂直整合經濟活動的幾種理由如下[13]。

---

[12] 這四種理論的劃分，參自徐為民(2005)於「大轉折時代的企業經濟學」一書中的觀點整理而成。上海：復旦大學出版社。

[13] 此處提出的部分觀點與案例，整理自羅台雄(2001)之「管理經濟學：組織管理的經濟觀」一書。台北：雙葉書廊有限公司。

1. 基於降低利用市場來完成經濟活動的交易成本

寇斯(Coase, 1960)的「交易成本」觀點，是指為達成協議或完成交易所需耗費的經濟資源，包括所需的時間精力和物質損耗。基於更清楚理解交易成本，樊綱(1993)表示交易成本定義指：「一項交易活動，包括事前發生的為達成一項契約而發生的成本，及事後發生的監督、貫徹該項契約而發生的成本[14]」。因此，交易成本包含除了生產成本以外的成本，而且幾乎與所有交易活動有關的費用，例如資訊費用、談判費用、簽約費用、履約費用及糾紛協議費用等都包含在內。

企業在內部的生產活動需要購買各種勞務與原料，本質上就是供需的交易活動，但是企業購入資源資產與建構設備就可能引來資產專用的問題，也需要在委外生產與自製生產之間妥善選擇。依據前述交易成本理論，當進行生產活動所需用的資產專用性越大時，且交易對象施展自利機會主義的可能性越大時，運用市場完成某種交易的交易成本就越大，此時企業應該考慮將一些交易成本漸增的產銷活動納入組織內部體系，運用計畫命令來自製完成，但何種活動應被考慮及選擇呢？將取決於企業在市場中的交易成本和在內部自製管理成本的相對大小而定。

例如在不動產市場景氣逐漸復甦的情況下，建設商可能會因為新成屋需求旺盛及必須確定成屋商品供應無虞，進行向上游工作整合，進而將建築規劃設計、市場訊息調查、廣告設計與法律顧問納入企業內部來進行。當然也可能基於結構設計而需要較好的鋼材、砂石、高強度混凝土、藝術磚瓦及特種石材木材等建築原料來源的穩定，採取向上整合進入建築的原料業。在市場逐漸呈現不景氣條件下，建設商可能基於積極促銷餘屋、開闢新的銷售通路及發展新興次市場（如中古屋的仲介市場）等因素考量，向下游工作整合，因而進房屋仲介業，或是結盟仲介業、網路電商業發展新型態的電子商務平台。

2. 基於掠奪市場與提升市場占有率

企業需要在領先一步之後進而步步領先，此時可藉由垂直整合來取得更有利的領先效應及競爭地位，以便掠奪市場或是提升產品市場的占有率，創造進入障礙及採取差別取價的競爭策略，最終取得市場高額占有率的目標。

---

[14] 樊綱，1993，「市場機制與經濟效率」，台北：遠流出版文化公司。

(1) 創造進入障礙：創造進入障礙也就是讓競爭者不易進入市場競爭，就不動產相關產業而言，針對獲取土地資源，除非有特殊的取得管道，或掌握稀有特殊的建材，否則要創造進入障礙是較困難的。不過，對於開發都市精華地區的土地，能否取得高額的融資，需要許多金融業協助，以致擁有融資的能力也可以視為一種進入障礙。

(2) 採取差別取價：商品要實施差別取價的價格區間必須有足夠的彈性，例如建設商可以由顧客角度思考採取差別取價的方式，例如以產品線來進行顧客的適當區隔，也可依據顧客的特性（職業、年齡、所得高低、個人偏好），分別按其可以認知的產品價值與影響價值的關鍵因素，來進行不同區域或不同街區產品的差別取價。

3. 基於節約成本

　　市場運行往往帶起各種機遇，多一點準備，細心的思考，就有可能抓住機會與謀取發展。企業要如何實現擴張發展又能節約成本，主要方法是採取垂直整合以降低企業營運成本，實現的方法包括規模經濟、範疇經濟、連續經濟效應及壓低生產要素價格，其中更以達成規模經濟與壓低要素供應價格為重點。

　　首先，企業要如何適度的擴張以達成規模經濟($Q\uparrow\rightarrow LAC\downarrow$)，應考慮目前產業供應鏈位置及所面對上下游市場的結構特性。當上游商品市場為獨占市場，而下游商品市場屬完全競爭市場時，此時位居下游的企業想向上游市場尋求整合，其實相當困難。若當上游商品市場為完全競爭市場，下游商品市場屬獨占市場，此時位居上游的企業想向下整合，也幾乎是困難重重。又當你的企業在某一供應鏈環節是屬獨占的一方，在尋求擴大規模向另一方（向上游或向下游）整合的可能性，必須充分地考量企業的內部成本節約效果。這些成本的節約，最常見的是能源成本、運輸成本及配銷成本的節約。以配銷成本為例，降低配銷成本也就是減少中間批發商獲利的成本，在一個建築開發的營建材料市場，過去是由建材製造商生產後，各區域的批發商（主要是提供存貨倉庫）再向製造商購買後出售給建設公司或工程承包商，但今日受惠於網路資訊服務及交通運輸發達，製造商為增加獲利，也會設置存貨倉庫以取代批發商的部分功能，並將材料出售給最終消費者（企業或個人）。

其次，降低生產要素價格也是降低生產成本的重要方式，在一個具有上下游關係的產業體系中，若某一方的市場結構為完全競爭市場型態，且生產是固定比率的投入關係，企業對商品價格無法影響，只能在最適產量方面斟酌，此時則不會出現垂直整合現象，因為這樣擴張規模並無利可圖。但是，另有一個較有趣的思考，何種企業比較傾向於進行垂直整合？依據Moss(1980)的觀點，一般企業提供商品或勞務的主要方式有兩種，一種是批量生產，另一種是訂貨生產。企業是否進行垂直整合，會在缺貨成本和留存成本之間作一取捨的結果，當缺貨成本較大時，企業傾向於向上游垂直整合發展，當留存成本較小時，企業則會向下游垂直整合發展。

(1) 批量生產(by stocks)：批量生產即整批大量生產，通常需投入大量資本來建購具有一定規模的設備，這些設備也就引起一種資產專用性的沉沒成本，以及商品特性上的留存成本。若商品具備標準化、規格化及儲藏性，則表示留存成本小，對於留存成本較小的企業，會傾向垂直整合，將各種產銷程序連貫作業，以達成規模經濟來提升競爭力。例如1980年代台灣不動產市場經濟起飛時期，許多建材批發業為了避免建材無法順利出售，往往勇於成立建設公司，一方面將建材加工為房屋，出售以利穩定地消耗庫存的建材存貨並獲利，另一方面也繼續建材生產的營運及獲取利潤。不過，這種垂直整合的方式需要有足夠訊息且精準研判產品市場發展的生命週期階段，1980年代的中部區域，曾經出現規模較大的建築師事務所，經營者有感於受託建築規劃設計案子的獲利有限，轉向投資土地及開發住宅出售，但是忽略住宅市場的供過於求現象，加上總體經濟景氣下降，消費者投資信心低落，遭致大量虧損而退出市場。

(2) 訂貨生產(by orders)：訂貨生產是指企業在接到訂單後才開始生產。通常此種生產模式不需投入大量資本購製設備，但它又需要許多具備一定程度可專業分工的技術勞動者，此外商品規格也較不易標準化或是大量預備儲藏，故存在較高的留存成本，企業將不傾向於垂直整合。不過，不動產的建築開發在銷售模式上有一種新成屋的預售模式，此種模式下的室內空間建築設計與顧客要求的風格，例如歐美風格、日韓風格、台閩風格等，可以採取部分的訂貨生產方式，以促進銷售速度。

二、垂直整合的案例分析

（一）建築開發業的垂直整合

　　基泰建設公司是一家在台灣股票上市的公司，經營者為了讓自己開發的小套房能熱賣完銷，也注意到市場中物業管理服務活動逐漸成型，自 2006 年起開始提供「包管」服務，以確保房屋品質、提高租金的行情。當時基泰建設公司協理張玉貞表示，在深切體認到小套房是最典型、需求最大的收益型不動產之後，基泰建設決定推出「包管二年」的服務，針對「基泰之星」小套房的客戶，提供交屋後兩年毋需繳交管理費，而由基泰負責所有物業管理服務的品質。張玉貞表示，基泰建設從 2000 年投資興建信義計畫區頂級豪宅「信義之星」的經驗得知，與其在預售、交屋初期先找好五星級的物業管理團隊，之後卻發現服務品質和內容不符合客戶所需，還不如建設公司在交屋後的第 1~2 年，全權負責所有的物業管理及包租代管工作，這樣更能夠掌握可靠的大樓管理品質，確保較高的租金水準。不過，「包管二年」的服務所產生的管理費用，也已內含在房屋的售價中。在 2006 年的「基泰之星」以每坪均價約 53~58 萬元，頂樓戶甚至高達 60 萬元，在台北市中山區算是單價最貴的小套房。由於基泰建設自我期許在建築業是經營管理商業不動產相當專業的公司，與一般開發商大多數只投資興建住宅大樓的經營模式是不同的。也因此基泰原本每年在經營收益型商業不動產的租金收入，當時每年就高達 1 億 8,000 萬元，顯示商業不動產擁有專業良好的經營管理，是提高資產價值的關鍵。

（二）物業管理公司及房仲業的垂直整合

　　建設公司的經營獲利模式由產銷延伸至包銷代管，近三年已受到政府高度重視，訂立相關法令，促進公寓大廈物業管理公司、建設公司、房仲公司及廣告代銷公司向租賃住宅市場延伸發展或垂直整合，提供台灣地區約 280 萬的租屋人口需求。依據陳慶徽(2017)的報導，我國立法院於 2017 年 11 月 28 日通過「租賃住宅市場發展及管理條例（簡稱租賃專法）」，租賃住宅市場發展數十年卻又叢生許多問題，例如房東房客之間的資訊不對稱且權利義務不對等，雙方的權利與義務也未被完整及妥善的規範，發生租賃爭議的相關處理機制未能妥善建構等，這個租賃政策及專法目的是健全租賃市場發展，鼓勵企業家投資建立租賃專業服務

業，重要內容包括強化保障租賃關係、提供出租人租稅優惠、建立租賃專業服務制度、增加免費租賃糾紛處理管道，以及輔導成立非營利團體協助租賃事務等。例如在保障租屋族群方面，規定房東的租屋押金不得超過兩個月之租金總額。在鼓勵房東將房子提供給專業代管業者經營，條文中規範，若個人住宅所有權人將其住宅委託代管業者或出租給代管業者轉租，且契約規定供居住使用超過一年者，可享有一定租稅優惠。條文指出，若出租期間每月租金未超過 6,000 元，可免納綜合所得稅；若每月租金在 6,000 ~2 萬元之間，所得稅免稅範圍以租金收入的53%計算，但租金收入超過 2 萬元，則不適用此租稅優惠。同時，政府部門提供稅賦減免，凡是符合條文中規定之租賃住宅，各直轄市與縣市政府應給予適當之地價稅與房屋稅減徵優惠，並報財政部備查；此項優惠年限為 5 年，行政院可視情況延長，以一次為限[15]。

三、併購（水平整合與垂直整合）與多角化

　　企業為了達到成長目標，常採用的手段有合作、併購與多角化。併購一向是企業快速成長的捷徑，但併購失敗的例子多如過江之鯽，依據麥可‧波特(Michael E. Porter)曾在「哈佛商業評論」撰文指出，併購多以失敗賣掉收場。併購非常強調對受併企業內部變革與營運的改善，因此欲併購成功，選擇好目標固然重要，如何執行併購過程更扮演關鍵。至於多角化策略也一直是企業成長的重要手段，規模龐大的集團企業幾乎沒有一家不是多角化企業，國內的集團企業或關係企業，例如新光集團、遠東集團、潤泰集團都是擁有建設投資業且多角化跨足製造服務業的企業集團。構成企業集團的先決條件是要具有相同的控股股東，一般對多角化企業的認定，是要經營兩種以上的事業，然而事業的定義常常是見仁見智。對多角化事業的範圍較侷限在某大類產業內的多角化企業，通常稱作「相關多角化」或「集中多角化」，像宏碁集團；而較跨足各式各樣的行業的多角化企業，且行業與行業間的差別，常是南轅北轍，則這類企業稱作「非相關多角化」或「集團多角化」，像新光集團與遠東集團[16]。

---

[15] 參自經濟日報陳慶徽(2017/11/29)「租賃專法三讀、獎勵包租代管」的報導內容。

[16] 引自張逸民於「哈佛商業評論精選：成長策略」導讀。

（一）併購

　　併購(merges and acquisitions)是指合併(merges)與收購(acquisitions)之意，企業的併購應關注在兩個焦點，首先，企業進行併購時主要考慮的因素？其次，這些策略是否一定能提升企業的利潤或經營效率？基本上，企業會實施併購的成長方式，主要的動機來自三個方面：(1)充分利用主業發展過程中的富餘能力，主要指現有資源與組織團隊特有能力，(2)彌補主業的生產規模不足之處，(3)強化在市場的獨占性。在併購的方式上有合併與收購的差別，合併是指兩家企業的管理人經過協議，基於雙方共同利益而結合成立一新的法人組織。收購是指某一企業運用資本收購另一企業的股權，進而掌握其董事會及主導該公司的人事及業務。企業進行「收購」的成長方式，若以產品為基礎來區分其差異，則有水平併購及垂直併購兩種類型：

1. **水平併購**：水平併購也稱水平整合，即併購與原企業的產品相同或具高度替代性的其他企業，水平併購有助於提高原企業的市場集中度與獨占性。過去以來，企業從事水平併購主要是為了取得產品的市場獨占地位，不過在強調公平自由競爭的現代市場體系，獨占卻違背了市場競爭的精神，因此，台灣的公平交易法第11條[17]中規定了廠商形成市場獨占的限制，因此，企業欲以併購的成長策略，來達到提升商品獨占力量之目的並不容易，但是可在商品的技術領先而取得市場獨占性。

2. **垂直併購**：垂直併購也稱垂直整合，是指一家企業將原先各自獨立的幾個產銷層次的相關企業結合為一體，有關垂直併購的討論，可以參見本節前述有關垂直整合的分析內容，此處不再贅述。

　　併購的成長方式也許看來不錯，不過，併購能否提升企業原本的利潤率？以下有一些初步的答案，在目前管理學界實證上的初步結論得知，台灣地區尚缺乏廣泛的研究，但偶見將收購的企業加以整頓後，於短期間處分獲利者，倒是略有所見，例如我國鴻海(Hon Hai)科技將日本夏普(Sharp)科技併購之後，完成技術領先的企業成長。在美國地區，許多管理學者在長期的歷史觀察與實證研究，併購

---

[17] 我國公平交易法第 11 條規定：事業結合若產生下列情況，需經中央主管機關的許可：結合其市場占有率達 1/3 者；參與結合之一的事業之市場占有率達 1/4 者；參與結合之一的事業之上年度總銷售金額達 20 億元。

通常並未能提升原企業的利潤。雖然，併購不一定會增進企業的利潤，但併購有助於企業在市場的中規模的提升，以利取得更加的競爭地位，卻是許多企業普遍認知到的有利點，以致時至今日，企業的併購風潮雖然會稍減，但卻不會消失。

（二）多角化(diversification)

現代的市場需要更多的專業化分工，企業也必須提供其顧客更多的專業化服務，當企業經營能夠從主業產生富餘能力，除了併購式成長，也許多角化成長值得思考。市場中潛藏許多的機會與風險，以致各家企業發展多角化的理由或動機皆有所不同，但大體上，充分開發企業內部及握有資產的富餘價值，將是企業進行多角化成長的重要理由。而關於多角化成長值得探討的焦點在於：(1)企業進行多角化經營時主要考慮的因素？(2)這些策略是否一定能提升企業的利潤或經營效率？

企業多角化成長，主要的考量在於多角化後的利益是來自綜效的作用(synergy)。所謂綜效作用，乃是結合數個廠商具互補性的經濟活動而產生的效果，幾個廠商結合可使其加總值大於個別之產值。此外，從市場的或產品的關聯程度，多角化成長也可分為相關多角化與非相關多角化。

1. 相關多角化

企業實施相關多角化的一個重要理由是存在範疇經濟的條件。當兩種產品聯合起來生產，會比兩者單獨分別生產時的成本更低，此種情況正表示範疇經濟存在。範疇經濟也就是充分開發其內部資源與資產的價值。例如建設商的建築設計專業人員，可以做建築設計，也可以協助顧客做室內設計。投資的工業用地，可以自行進行建材生產，也可以作為物流的倉庫使用，也可以開發廠辦大樓出售。企業在組織發展方面，應注重人力資本的學習效果培養，因為，在今日越來越講究客制化的市場趨勢，相關企業多角化的動力，必然來自組織成員的技術延伸及組織制度的激勵誘因，也可說相關多角化發展是透過市場競爭機制的安排與企業組織制度的重新安排來實現的。

2. 非相關多角化

多角化是指企業經營多項產品以追求成長。依據 Williamson(1985)的研究發現，擁有多個不相關業務單位的集團企業，可能也會具有某種優勢，例如它可能

211

在分配現金流以達到高效利用方面，比外部資本市場更有效率。也就是說，企業內部資本市場能夠比外部資本市場更有效地分配現金流，而其收益會超過管理的成本。例如甲公司的新產品開發能力強，乙公司則在銷售能力、服務品質、品牌聲譽上具有優勢特色，則甲與乙結合（無論是甲跨入乙或是已跨入甲），當資源或資本的配置能產生綜效，此綜效的收益高於管理成本並有助於利潤提升（有時會反映在品牌價值上），則多角化發展是值得進行的。此外，企業以併購的方式來進行多角化的類型有三種：

(1) 產品延伸的多角化：發生在主併購者與被併購者的產品，在需求或生產技術方面有關聯性。例如某一個以生產電腦為主業的企業，基於發展消費(consumption)、通訊(communication)及電腦(computer)等所謂 3C 功能的新產品，而併購家電用品的廠商，甚至投資銷售通路商。

(2) 市場延伸的併購：這是進入新的銷售地理區域來經營，也有稱之橫向多國化。例如美國可口可樂公司，為進入日本飲料市場，先買下日本某家製罐工廠，美日在共同達成合作契約後，方能順利打入日本飲料市場銷售可口可樂。

(3) 企業集團化：是為了開發新市場或創新產品而發展的多角化併購行為。例如統一企業公司，投資統一健康世界，跨入休閒不動產事業。早期的潤泰建設公司，為了解決其閒置用地，並銷售其自創的紡織品，轉投資大潤發量販店，跨入流通量販事業。

將企業經營的產品、業務或市場組合，能夠聰明且清楚的劃分出相關與非相關性，並不是一件容易的事情，或許多角化能以高度相關性的產品與市場為目標會較妥當。不過，就企業所掌握的資本會隨時間經過存在機會成本，要如何在相關與非相關事業上投資呢？這是個分散財務風險的觀念，在理論上，不要將全部的雞蛋放置於同一籃子內，因此，企業應選擇非相關性的事業來進行多角化。但實務上卻存在另一觀點，最好將全部的雞蛋放置於同一籃子內，因為你只有一雙眼睛及一個腦袋，因此，企業應選擇高度相關性的事業來進行多角化。最後，經營者要知道多角化與利潤之間的因果關係考量，往往是決策的依據。

四、併購與多角化的案例

　　許多建設商的核心事業是取得土地之後採取蓋房賣房來獲利，也會投資旅館、主題樂園、百貨商場及購物中心來經營獲利，更特殊的建設商則是參與政府的文化產業政策來轉型多角化獲利，進入文創產業探索商機。從經濟學觀點而論，文化要能夠傳承就需要載體，文化的載體可以是音樂、圖書、文具、衣飾配件或生活器皿等，例如以圖書做為文化載體，當圖書被需求者購買，正表示創作者的思想或文化被交易出去，這就產生一種文化傳承的作用。同時也不可忽略，銷售文化載體的各種組織，在促進特定文化、文化載體、文化商品的交易活動，具有重要的市場分工作用。這些組織可以是政府單位、私人單位或公私合夥單位，這些組織的集合構成了產業，就是我們所理解的文化產業或文化創意產業。我國的「文創產業條例」提供文創產業發展的制度基礎，在這法令條例中，特別是獎勵願意投入資源從事文化創意的人與組織，發展各種的文創企業，形成文創產業，進而推動整體經濟發展。依據文化部於 2013 年台灣文化創意產業發展年報中顯示，2012 年台灣文化創意產業營業額達 7,574 億元，相較於 2009 年以來的成長，成長金額已經超過 1,000 億元。在南部區域的台南市政府，扶植文創產業及形成一個又一個文創產業園區，這些園區有的經營良好，也有的經營不好，其中的重要關鍵因素往往涉及財產權的界定。相對於政府的經營管理，私部門企業正興起立體化建築的文創園區出現，這些園區實為一間又一間以文創商品做為主要定位的百貨型企業，其中林百貨無疑是台南市極富特色的市定古蹟，台南市政府投入約 1 億元強化及改造內部及外部空間，也獎勵民間參與經營。

　　高青建設是台南企業之關係企業，他們基於多角化成長，透過競標取得獲得 10 年經營權，主要是依促進民間參與公共建設法之規定及經由 OT 模式取得經營使用權，企業經營者表示「林百貨」的環境歷史超過 80 年，這裡有經營者的兒時記憶，也有台南居民的各種生活記憶，於是借重關係企業經營 FOCUS 百貨的經驗，將林百貨古蹟建築經營成文創百貨，並以餐飲、講座、藝文空間結合為一體的百貨商場。高青建設不僅豎立起林百貨的品牌，更有效率地傳遞台南文化特色，也在傳遞地方文化特色中扮演良好功能及影響，最後將自身企業推向更豐富的多角化發展及企業成長。

五、策略聯盟

　　策略聯盟(strategic alliances)是這20餘年來廣為企業所採用的一種企業成長策略，策略聯盟的意義，是指企業為了達成某些策略性目的或目標，例如突破困境、維持或提升競爭優勢，而與另外的企業個體相互結盟共同發展或建立的短期或長期的合作關係。策略聯盟也可稱為伙伴關係(partnership)，其目的在透過合作的關係，共同化解企業本身的弱點、強化本身的優點，以整體提升企業的競爭力。美國企業界在1970年代之後面臨日本企業的強大挑戰，特別是在產品品質上，不僅部分企業相繼關閉，部分知名企業也面臨無法成長的壓力，於是企業管理的專家學者為協助美國各企業維持其既有的競爭優勢，逐漸發展出策略管理理論，研提有效的策略，而策略聯盟就是其中比較常被採用的策略。策略聯盟的種類及劃分方法有許多，呂鴻德(1998)指出，依其價值鏈又可分為研發聯盟、生產聯盟、行銷聯盟等三種形式。因此，彼此為對方創造新的分工價值，是參與策略聯盟者不能忽略的。

　　企業界採取的策略聯盟型態視其本身條件及市場狀況的不同而異，一般而言，較常見的有採取垂直式、水平式、或混合式的策略聯盟模式。垂直式策略聯盟是指與具有互補功能的不同企業或單位建立伙伴關係，以提升企業的研發功能與產銷效能，例如研發合作、產銷合作、品牌合作、擴大服務項目等；水平式策略是指結合功能類似的企業，有效運用既有資源，以擴大服務的點與面，如連鎖店；混合式策略是指兼具垂直式與水平式的策略聯盟，以全面提升企業間的競爭力。

　　企業界策略聯盟的最終目的在於尋求企業之間的互補關係，也即是補強企業本身比較缺乏的部分，透過合作方式來強化。例如規模小的個別商店在面臨同業競爭之後，容易造成經營的困難，可以透過結盟來達到擴大規模之效果，或是研發力強的企業，資源可能不見得充足，如果與製造業合作，不僅可以獲得資金，研發過程的實驗、結果的推廣等方面的需求，也都可以獲得滿足，而製造業本身也可以減少研發成本，並投注較多心力在產品品質管制上，可謂互補弱點且互蒙其利。

第三節
策略管理的發展歷程

一、環境變遷與策略管理

策略與策略管理或策略政策在早期是極為相似的概念，經營策略的理論基礎，最主要來自泰勒(Frederick Taylor)、梅堯(Elton Mayo)、費堯(Henri Fayol)等管理學家。現代企業的策略管理思想則是起於 1960 年代的美國，這個時期也是經濟全球化的開展時期，1960 年代初期安東尼(Anthony, R. N.)、安索夫(Ansoff, H. I.)與安德魯斯(Andrews, K. P.)等人，他們研究了市場商業機會與企業資源利用之間的最適配置問題，進而提出企業策略規劃的功能與理論基礎。Chandler(1962)的「策略與結構」，Ansoff(1965)發表的「公司策略」，以及 Andrews(1965)出版的「商業政策：原理與案例」，是策略管理思想誕生的主要開創性著作。Chandler(1962)探討了大企業的成長方式，以及企業管理組織與結構如何隨企業成長而調節，他發現企業成長的策略方向改變，會促使企業內部組織因而調整。Andrews(1965)則在 Chandler 的思想基礎上，並結合了塞爾茲尼克(Selznick, P.,1957)的「獨特競爭力」思想，提出企業制定策略應該考慮外部環境的機會與威脅，以及企業內部環境的優勢與劣勢，為策略規劃奠定邏輯的理論基礎，他的理論後來則形成 SWOT 分析工具，這工具已廣為許多企業在制定發展策略時所運用。關於這幾位具開創性的策略管理家，也讓後來的學者給出清楚的定位，大家認為經營策略之父是安索夫(Igor Ansoff)，企業歷史學家是錢德勒(Alfred Chandler)，策略規劃之父是安德魯(Kenneth p. Andrews)[18]。

除了管理學家的個人研究之外，1960 年代發展出來的策略理論，尚有波士頓顧問公司提出企業的「成長與份額策略矩陣」模型，此策略模型是將企業的產品或市場依據目前的現況與未來的發展潛力進行分類，劃分為落水狗、現金牛、明星與問題業務，讓企業的策略制定更具有實務基礎。後來通用企業則在波士頓顧

---

[18] 三谷宏治著，陳昭蓉譯，2015，「經營戰略全史：50 個關於定位、核心能力、創新的大思考」，台北：先覺出版社。

問公司的「成長與份額策略矩陣」基礎上，發展以市場吸引力與企業優勢為相關變數的 GE 策略矩陣模型，這兩種策略矩陣模型至今仍為許多企業所採用[19]。

在策略管理的發展歷程，早期的策略規劃學者以個別企業為對象，將其面臨產業外部環境之機會與威脅條件，以及企業本身所擁有的優勢與劣勢條件等因素，歸納成所謂的「SWOT」分析，由於「SWOT」分析簡易明白的邏輯性，被廣泛地運用在各種實務及研究領域。對企業而言，SWOT 分析工具有助於他們在市場環境的分析、研究課題的分類及解決對策的研擬。

「SWOT」分析，於 1980 年代前稱為策略規劃(strategic planning)，後來則以策略管理(strategic management)取代之。乃因策略管理強調管理的程序及方法，強調彈性、即時性且計畫需與執行密切結合。但仍有許多人喜歡採用策略規劃，來強調未來的工作。

自 1970 年開始，策略管理受到企業廣泛的採用並且走向實證研究，而在思想上形成兩種理論，一種偏重於策略形成的過程，另一種則偏重於策略選擇與企業經營績效之間的關係。但是 1973 年的石油危機使得企業普遍發現，策略規劃無法應對實務中的經濟環境巨變與激烈的國際競爭。於是在 1970 年代後期，出現另一種新興的環境適應學派，他們將如何有效管理市場環境的不確定性，視為企業的核心能力，於是策略被視為是一種意外的產物，是企業面對環境變化所採取的對策，而策略規劃成為一種學習的過程，學習運用一些對策來適應市場環境的變遷。

自 1980 年代開始，Porter 將產業組織理論引入策略研究之中，他將焦點關注於產業特徵分析，並強調企業身居產業的市場力量對企業獲利的影響，Porter 藉由對美國、歐洲與日本等多國的產業競爭力研究，提出了競爭策略理論，Porter 的理論認為企業可以透過五種競爭力量的分析，確認自己的競爭優勢，包括企業的競爭與對抗、潛在進入者的威脅、替代品的威脅、買主的力量、供貨者的力量。Porter 的競爭策略理論，可分析一個產業在市場中是否具有好的吸引力，當企業能夠選擇進入一個富有吸引力的產業，再加上選擇一個有利於競爭的位置來發展策略，將可獲得良好的利潤[20]。此外，這時期的麥肯錫顧問公司，也發展另一種策略理論，

[19] 周三多、鄒統釪，2003，「戰略管理思想史」，上海：復旦大學出版社。

[20] 產業組織的基本理論是假設大多數的市場結構是屬於不完全競爭的，以致市場結構會決定企業的行為，而企業的行為又會決定該企業的業績與獲利。

稱之 7S 架構，它認為實施策略的能力也是重要的一種競爭力來源，因此，要成功的實施策略與實現組織變革必須具備 7 個要素，這 7 要素就是 7S，包括策略、技能、共享價值觀、結構、系統體制、員工、風格。

二、策略規劃與競爭優勢

　　策略規劃並非沒有缺陷，在 1980 年代後期，許多管理學者在案例研究發現，其實並不存在一種策略過程或是策略能力，能讓企業具有持續的競爭優勢，因此，企業必須不斷的變更其策略、發展資源與創新能力，才能適應市場環境的變遷。此外，策略規劃模型的運用，在 1990 年代時初期，發生基本邏輯性思考架構上瓶頸，其方法論的主要缺陷有三方面，首先，在於策略規劃是建立一項外界環境可預測的假定上。但現實世界中四處充斥著經濟上、技術上或政治上「轉折點 (inflection points)」的變化，這些變化通常是無法事前預估及謀求因應。其次，策略規劃本身代表一種正式化和理性的組織程序。但實際上過於遷就組織層級的架構，將使策略規劃運作失去彈性，而正式化的要求將使無法量化的因素（例如創意與遠見）無形中被排除。最後，策略的規劃者通常不是執行者，而執行者通常不能充分了解最初策略形成的思考背景，且亦缺乏實現策略的承諾與熱忱，這導致策略規劃應用的失敗[21]。直到 Porter(1980)發展競爭策略矩陣模型及企業價值鏈分析模型，提供規劃者對擬定策略及分析企業活動更佳的邏輯性分析架構後，策略規劃則又為各領域所採用，更為正式的理論名稱是競爭優勢理論[22]（徐作聖，1999）。

　　競爭優勢理論興起於 1990 年代初期，其逐漸成為企業競爭策略與經營管理理論的核心觀念。競爭優勢理論上將優勢來源劃分為兩個，一是競爭定位論 (competitive positioning)或稱核心能力論，另一為資源基礎論(resource-based)。競爭定位的探討主要以 Porter 為首，資源基礎探討主要以 Prahalad,C.K., Hamel,G.及 Barney,J.為主。Porter 在有關競爭策略理論的「定位說」，主要是以五力模型來分析一個產業的結構及其競爭力，競爭定位論主張企業應選擇一個好的產業位置（在供應鏈上的位置），使其所受的競爭壓力最小，或採取一些行動來影響競爭力的因

---

[21] 引自許士軍收錄於方至民(2000)所著「企業競爭優勢」之序文，頁 2~4。

[22] 徐作聖，1999，「策略致勝－科技產業競爭優勢策略分析的新模式」，台北：遠流文化出版。

素，使其對自己最有利。早期的 Porter(1980)認為企業的競爭策略是為取得在產業中較具有利的地位，所採取攻擊或防禦的行動。Porter(1985)認為競爭優勢是經由策略所產生之有利的競爭態勢或優勢。但此種主張從 1980 年代後期卻受到另一派策略學者（強調資源基礎說）的挑戰，挑戰的學者認為，藉由定位所產生的優勢是暫時的且極容易被其他策略作法所取代，他們認為持續競爭優勢的基礎應該是一個企業的核心能力，而核心能力的構成要件主要是有形與無形的資源[23]（方至民，2000）。例如 Aaker(1984)認為競爭優勢是取得較競爭者占優勢地位的資產或關鍵技術。Hill and Jones(1995)指出競爭優勢就是可以使企業達到卓越效率、品質、創新、或顧客反映的一種獨特能力。

直到今日，許多研究策略的企管專家與管理學者，仍未能對策略及其理論的本質找到一致化共識，對於各家學派思想的分類，也有著極大的差異。明茲伯格(Mintzberg)等人將策略管理分為十大學派，包括設計學派、計畫學派、定位學派、企業家學派、認識學派、學習學派、結構學派、文化學派、環境學派、結構學派。周三多，鄒統釬(2003)則是歸納為四個學派，包括策略規劃學派、適應學習學派、產業組織學派與資源基礎學派。吳思華(1998)在探討策略的本質問題上歸納為九種學說：價值說、效率說、資源說、結構說、競局說、統治說、互賴說、風險說、生態說。馬丁瑞夫斯等人(2017)研究歸納表示，可將經營策略劃分為三大學派，第一類是定位學派，這個學派是沿自泰勒主義，主要代表人物，麥可·波特(Michael Porter)、麥肯錫企管顧問公司、波士頓企管顧問公司。主要分析工具為：(1)SWOT 分析、(2)安索夫矩陣、(3)經驗曲線、(4)產品組合矩陣、(5)五力分析模型。定位學派的彼得·聖吉(Peter Senge)後來另發展出學習型組織理論。事實上，中國的孫子兵法，也屬於這個觀點。第二類是能力學派，這個學派主要有艾爾頓，梅堯及戴明。主要分析工具為人際關係。第三類是創新學派，主要思想是沿自經濟學家熊彼得理論(Joseph Schumpeter)，而克雷頓·克里斯汀(Clayton M. Christensen)繼承熊彼得的經濟發展理論而延伸出創造性破壞理論。前述的各家各派的豐富學說與觀點，也提供企業發展各自的策略選擇，能夠採取更多元的思維與分析工具[24]。

[23] 方至民，2000，「企業競爭優勢」，台北：前程企業管理公司，頁 29~33。

[24] 馬丁瑞夫斯等著，廖天舒等譯，2017，「策略選擇：掌握解決問題的過程、面對複雜多變的挑戰」，台北：經濟新潮社出版。

第四節
企業競爭策略的演化

過去近 60 餘年來，有五個重要的論點衝擊了傳統理論對市場經濟的分析角度，包括：市場不確定性、市場信息不對稱、經濟人有限理性、經濟人的機會主義行為及資產專用性等，這讓許多的管理學者認識到，更多的競爭優勢來源，更有助於生存，例如質量、速度、靈活的周轉能力、高度的創新能力、良好的制度與激勵誘因等，以致維繫競爭優勢必須依賴組織對於外部環境變化的學習、適應與演化，這個觀念也迫使許多企業重新思考「策略」要如何形成與有效執行。

一、策略的意義

策略(strategy)一詞，原是指軍事上計畫的一種「戰略」，後來延伸到專為某項行動或某種目標所擬定的行動方式。策略的概念最初起於軍事組織的決策思維，因為，在主宰市場與擊敗對手上，軍事與公司在目標、保持創造性、集中資源（形成規模經濟）、靈活性、領導的協調與調配（命令統一規律）等方面具有一些相似性[25]。「策略」一詞曾有許多學者給予定義，但卻沒有一個定義為多數人所同意，但可歸納出五個重要的構面：(1)內外部環境分析與因應方法、(2)目標、(3)事業範圍、(4)資源分配、(5)策略執行等。後來也有以策略管理活動的內容來說明「策略」的內涵，策略管理的觀念可追溯至著名的策略理論家安索夫(Ansoff, H. I.)，他於 1950 年代發展出「長期規劃」的管理制度，強調「預期成長」和「複雜化的管理」，並假設過去的情勢會延伸到未來，他後來也提出「策略規劃」，形成了策略管理的重要基礎，強調以更具彈性和前瞻性的策略，因應多變的環境。

策略管理活動有三大類，包括(1)策略分析；(2)策略內容（決策與計畫）；(3)策略執行（即組織安排）等（方至民，2000：31~38）。前述有關策略的三大類活動及五個重要構面，則是形成競爭優勢理論的重要基礎。基本上，一套完整的策略管理程序，可以歸納成五個步驟。

---

[25] Wren, D. A.著，孔令濟譯，1997，「管理思想的演變」，北京：中國社會科學出版社，頁 542~543。

1. 界定組織目標：任何組織必須先確定其組織的目標和使命，作為未來努力方向，此為策略管理的第一步。

2. 策略情境分析：也就是進行SWOT分析，就組織的外在環境，分析其機會(opportunity)和威脅(threat)，其次就組織的內在環境，分析其優勢(strength)和劣勢(weakness)，作為擬定計畫和執行策略的依據，此為策略管理重要利器。

3. 策略訂定：根據SWOT分析結果，建構各種具有可行性的執行策略，此為策略管理重要骨幹。

4. 執行策略：根據所形成的策略，交給相關單位和人員執行，此為策略管理的實際運作，執行策略的能力很重要。

5. 成效評估：就計畫目標與執行情形進行通盤性的檢討，以了解其利弊得失，作為未來修正目標或改進計畫的參考。

　　若將策略與經營理念相結合，就有了「經營策略」一詞。經營策略也稱企業政策或策略管理，乃指一個企業或組織擁有的資源皆是有限的，越能夠妥善運用各項資源，企業經營越能顯出成功之績效。要能夠有效的運用資源，就必須有一套整體的思考，故思考企業未來的發展方向、勾勒發展藍圖、採取適當的經營作為，成為企業經營者所關注之焦點，而上述的思考及決策過程可統稱為「經營策略」或稱之企業政策與策略管理。

二、策略的類型

　　依據吳思華(1997)的研究，策略的形成往往會先有不同的構面思考，例如產品市場、經營活動組合、業務規模、地理區位構形、企業核心資源與能力、企業事業網路等，當企業依據市場環境，思考發展策略的構面並加以組合時，則往往會有另一種新型的策略類型產生，故在命名時應依據構面及特性以得到清楚明瞭的策略名稱[26]。不難發現，企業會依據自己的組織能力而發展出特有的競爭策略，以下是一些常見的策略類型名稱（見表5-1）。

---

[26] 吳思華，1997，「策略九說」，台北：臉譜文化，頁45~47。

§ 表 5-1　「策略構面與策略類型」相關組合對照表

策略類型	策略的構面					
	產品市場	活動組合	業務規模	地理構形	核心資源	事業網路
1 市場滲透策略			●			
2 產品發展策略	●		●			
3 市場發展策略	●		●			
4 垂直整合策略		●	●			
5 投資水準策略			●			
6 多角化策略	●		●			
7 水平購併策略		●	●			●
8 全球化策略			●	●		
9 策略聯盟					●	●
10 異業合作策略					●	●
11 低成本差異化策略					●	
12 資源統合策略					●	●

資料來源：吳思華(1997:46)。

1. 市場滲透策略：在原有的「產品市場」範疇中，擴大「業務規模」。

2. 產品發展策略：在「產品市場」構面中，增加新的產品線。

3. 市場發展策略：在「產品市場」構面中，增加新的市場區隔。

4. 垂直整合策略：在「活動組合」構面中，增加上游與下游的價值活動。

5. 投資水準策略：配合產業發展趨勢與生產技術習性，擴大、維持或縮小業務規模。

6. 多角化策略：在「產品市場」構面中，尋找新的「產品市場」範疇，其中相關多角化策略則是有效運用既有的核心資源，以發展新的業務範疇。

7. 全球化策略：在「地理構形」上，盡量依比較利益法則將價值活動分散到全世界各地，運用低廉的生產要素成本來分工製造。

8. 策略聯盟：在「事業網路」構面中，尋找適當的合作夥伴，建立新的社會網絡關係，並且從中學習建立優勢的管道。

9. 異業合作策略：在「事業網路」構面中，透過適當的異業以形成良好的合作關係，以增進對顧客之服務內容或降低成本、提高競爭優勢。

10. 低成本及差異化策略：在「核心資源」構面中，建立獨特的資產或能力，使其和同業間形成低成本或差異化等，有利的競爭優勢。

11. 資源統治策略：在「事業網路」中，企業和資源（包括技術、原料、資金、人才、通路等）供應者間建立適當的網絡關係，以最有效率的方式取得必要的資源。

　　一般建設商在營運發展會有一系列的策略，以土地開發策略為例，或許建商在策略的構面上應先思考：我們究竟想蓋出什麼樣的產品及出售給什麼類型（特質）的消費者，以及產品定位應如何與同業區隔或競爭，當具有較清晰的市場性才值得依據不同的成本優勢取得土地開發產品，如合建、購地或競標政府釋出的土地資源，而此時策略構面與策略類型的思維是重要的，例如前述的產品發展策略、市場發展策略與資源統合策略。

三、企業面對環境不確定性與環境適應

（一）環境不確定性

　　自 1960 年代興起的經濟全球化浪潮，以及 1973 年世界經濟受石油危機的影響，許多研究企業策略的管理學者，將不確定性視為策略研究的重要內容，積極的發展可以適應環境變遷的策略，這也促使「環境適應學派」在 1970 年代興起。該派假設市場環境受各種事件衝擊往往是充滿許多不確定性，他們更強調策略的動態變化。他們的核心思想：最合適的策略制定與決策過程，是依賴於環境波動的程度。所以，企業需要不斷地調整其策略以適應市場環境的變遷，當企業能夠對市場環境的特定類型（如家庭結構、所得結構、消費偏好等）加以適應，企業才能在市場競爭中生存。

（二）適應學派理論

　　1970 年代策略規劃的適應學派理論興起，其實是站在批判與修正傳統策略規劃理論的基礎上建立起來的。傳統的策略規劃學派認為，策略的形成是在市場環境及內部組織環境可以確認的條件下，企業可以透過詳細反覆的討論來形成策

略，也可以在嚴密的監控下實施策略，已達成預定或預測的目標。但是，卻發現實際的營運情況必非如此，基於人的有限理性，而且，市場環境存在許多的不確定性、不可知性及無法預測性，若你想要多獲得一些資訊，就必須付出成本，但是，你不會去花下極大的成本來取得完全的市場知訊，因為，這樣做不一定是個划算的方式。不過，企業可以透過學習來增進對市場知訊的了解，於是策略的決策將是一個適應市場環境的過程。Chandler(1962)在其「策略與結構」一書中，就分析了環境、策略與組織結構之間的互動關係，因而提出了企業策略要能適應市場環境的需求，而組織結構要能適應策略的改變。Ansoff(1979)也在其「策略管理」一書指出，企業的策略行為是對它身處環境的適應過程，以及由此導致的企業內部結構化的過程。企業策略的出發點是追求自身的生存與發展。因此，環境適應說採用了達爾文學說(Darwinist)累積性適應的進化觀點，將策略視為動態的、具有路徑依賴的特性，並會隨市場環境的變動出現偏差，但為求企業發展目標與環境相一致，所以必須不斷的在企業與環境之間，以及企業內部之間進行選擇與適應。

四、組織的學習、演化與發展

Porter(2001)在論及企業競爭優勢時強調，一種優勢的持久性必須依賴於「學習」。面對日趨複雜的市場環境，組織必須有目標及高效率的學習，建立生存能力來適應環境，進而塑造良好的成長基礎與發展條件。

（一）組織的學習與阻礙組織學習的障礙

心理學對人類是如何學習的過程提出解說，人類是在出生後漸次地與環境接觸的過程中，因為接觸各種事務獲得許多經驗，進而使行為或行為潛能產生較為持久改變的過程，這個過程其實也就是大腦將所接觸到的事物在大腦神經系統中和舊有的經驗重新組織的一種過程，進而影響人類的外在行為決策。後來許多學者在學習理論的發展有開創出不同觀點的學派：行為學派（行為論）、認知學派（認知論）、人本學派（認知論）。依據張春興(1996)的研究指出，行為學習論學派認為人的一切行為都是因為外在因素引起而決定的，他們視學習是刺激與反應之間的關係建立的歷程，認知學習論的研究則是以人為對象，視學習是個體對事物經由認識、理解的過程，進而獲得新知識，人本主義學習論主張人性的本質為善良的，只要後天環境適當，人類就會自然地成長。人本主義的學習理論，認為學習為個

體靠內發能力產生，並且較重視整體性的，對個人成長的整個歷程做全面性的解釋，不同於行為學習論與認知學習論的片段分析[27]。

事實上，組織學習就類似個人學習，學習過程往往存在多樣性及多重管道，以致並無一個學習理論可以解釋全面且清楚的解釋組織或個人的學習是從何而來。也不存在一種組織學習的典範或特徵，是放諸四海皆準，但是，良好的典範或特徵是值得重視的，因為，它可以開啟你所與眾不同的學習方式與路徑。楊國安與歐瑞奇(2004)在「學習力：創新、推廣與執行」一書中指出，對現狀提出質疑是重要的學習開始，而組織的學習力取決於企業在三方面的能力。

1. 新意的創造：依據研究企業常用的新意創造方法主要有4種，實驗學習、提升能力、標竿學習及不斷的改良。

2. 在組織中推廣及應用有影響力的新意：學習是進步的動力，富有影響力的新意，必須能夠跨越時間、空間及組織層級等界線，在組織部門之間流動與分享。

3. 學習障礙的發現與克服：克服學習的障礙，也就是發現企業為何無法持續有效創造或推廣新意的相關問題，新意無法創造的問題，可能來組織成員過於簡單及線性的保守思考問題，新意無法推廣的問題，可來來自於組織成員過於重視創新的嘗試，而忽略了新意的推廣。

組織的學習過程也會遭遇障礙，楊國安與歐瑞奇(2004)調查了全球 4,000 多家的企業組織所遇到的組織學習問題，他們將阻礙組織學習的原因，歸納為 7 種類型或學習障礙[28]。

1. 組織視障：組織無法正確觀察經營環境帶來的機會與威脅。

2. 簡單化：組織缺乏一種周詳嚴密的分析問題與解決問題的能力。

3. 同質化：組織運作在技巧、資訊、觀念及價值觀缺乏多樣性。

4. 過於一致性：企業內部各部門組織的運作管理方式，過於追求一致性。

5. 組織癱瘓：組織無法執行新任務或實施新流程。

---

[27] 張春興，1996，「教育心理學：三化取向」，台北：東華書局出版。

[28] 楊國安、歐瑞奇，2004，「學習力：創新、推廣與執行」，北京：華夏出版社。

6. 偏差學習：組織無法正確地解讀過去的相關實務經驗。

7. 擴散力不強：資訊無法與企業內所有相關部門分享。

　　前述中的「組織視障」、「組織癱瘓」與「偏差學習」，主要是在企業經營著重短期績效壓力下所造成影響，「組織過於一致性」與「擴散力不強」，則會影響企業的整體創新能力，「簡單化」則又會影響企業的競爭力，「同質化」則如一刀兩刃，在降低企業創新能力的同時，卻能提高企業競爭力，甚至發展獨特的競爭優勢。

（二）組織演化與發展

　　納爾遜(Nelson)及溫特(Winter) (1982)的「經濟過程的演化理論」一書中，提出了一種經濟演化理論，他們視經濟行為中的演化是「慣例性」的，而不是「理性選擇」或是「市場自然選擇」的結果。基本上，Nelson & Winter 對於組織遺傳學的核心假設是：「企業在較大程度上會自動遵守固定的慣例」。慣性是指富有規律的、可以預測的行為模式。在他們看來，組織內部的慣例化行為的核心功能在於，利於形成穩定的預期，並促進組織內部特定「知識」的存儲和傳播。此外，他們還指出，慣例是帶有剛性的（或稱惰性），它們有自己的生命力。慣例對於組織內部生產性和技術性的知識儲存（組織記憶）的功能是無法被還原為其單個成員的有效記憶的。Nelson & Winter 通過將慣例引入經濟過程的演化分析，在一定程度上找到經濟行為的特定的連續性和穩定性的根源。他們使人們認識到，慣例是一種類似基因一樣的東西，它提供經濟過程中「自然選擇」發揮作用的穩定的可遺傳物質。他們通過對經濟主體與生物體的類比，揭示「慣例本身源于自發演化過程，並通過對行為的約束來影響演化方向」的特性(Douma and Schreuder, 2002)[29]。

　　若融入生物演化的視角，使我們的注意力移轉到組織形式與環境相互作用的發展過程，演化經濟假定「組織」是具有相對慣性的（組織抵制變化），以致組織很難對於市場環境變化做出反應，而此種慣性的存在，起因於人們對於組織有可靠性、責任感以及可複製性等要求，競爭選擇的壓力將會支持那些結構具有較高慣性的組織。但是，組織的相對慣性也會因市場壓力使得倖存條件受到改變，且隨著時間進行適應性調整，一旦企業能夠通過一種新的路徑來增強組織能力，組

---

[29] Douma, S. and Schreuder, H.著、原磊等譯，2002，「組織經濟學」，北京：華夏出版社。

織生存將獲的成功,而成功則又會增強組織能力的再一次慣性化,但也可能會孕育組織即將面臨的死亡(Douma and Schreuder, 2002)。

第五節
企業競爭策略分析工具

　　企業發展出各種策略,主要目的是規劃企業的未來,策略內容包括企業總體發展方向、未來發展方向、各時期目標、實現目標的路徑與方法的選擇。於是有關企業競爭力的分析就發展出許多分析工具,用於預測市場、分析環境、匹配環境及配置資源,本節主要在介紹、一些研擬策略的分析工具,其中 SWOT 分析、安索夫及波士頓顧問團的策略矩陣,屬於策略規劃學派的典型工具,Porter 的五力模型、價值鏈分析、關鍵成功因素分析,是屬於產業組織學派的工具,Aker 的競爭優勢論是屬於基礎資源學派的工具。

一、SWOT 分析

　　SWOT 分析是策略規劃的一個典型的分析方法,也稱之 TOWS 分析法、態勢分析法或道斯矩陣。SWOT 來自一個組織的優勢(Strength)、劣勢(Weakness)、機會(Opportunity)與威脅(Threats)等幾個英文字的頭字語。值得注意,SWOT 分析是一個理性分析方法,其基本假設:一個完全理性的管理者,可依據外在環境所可能產生的機會與威脅而審慎的檢視組織內部的優勢與劣勢後,較佳地找到及擬定一項成功的策略。故 SWOT 分析的意義,在於通過分析企業的資源與能力後指出企業的優勢與劣勢,以及通過分析環境後指出其機會與威脅。而策略的邏輯在於未來的行動,要能使與機會與威脅相配合,並且避免威脅與克服劣勢(周三多及鄒統釺,2003)。SWOT 分析方法受到廣泛的應用,其主要優點在於能夠簡潔的抓住主要影響企業策略的重要核心因素進行分析,進而得到對企業組織有利的策略地位。

　　企業對其內在組織環境實施分析,基本的觀念是由組織目前的優勢與劣勢的目標評估著手。組織以何項業務經營的最成功?在何項業務經營的較不理想?由資源觀點視之,組織的優勢與劣勢分別是什麼?此外,有系統的評估組織的外在環境,通常可以確認環境所帶來的機會與威脅。組織的外在環境包含組織以外的所有因

素，但在進行外在環境分析時，僅需集中焦點於會對企業本身造成衝擊之外在環境因素。表 5-2 列示，管理者在評估內部組織的優勢與劣勢及外部環境所帶來的機會與威脅時，所應該考慮的一些重要因素，SWOT 分析的最重要之結果是，提出有關組織的形勢之吸引力及所需的策略行動之結論[30](Rue and Byars, 1998)。

表 5-2　企業在優劣勢與機會威脅所希望分析的相關 SWOT 因素

優勢(S)	劣勢(W)
1.潛在的內在優勢	1.潛在的內在弱勢
2.關鍵領域中的核心能力	2.缺乏清晰的策略方向
3.足夠的財務資源	3.過時的設備與製程
4.購買者滿意的見解	4.獲利欠佳的原因
5.公認的市場領導者	5.缺乏管理的深度及天資
6.達到規模經濟	6.欠缺一些關鍵技術或能力
7.隔離（至少有一些）強烈的競爭壓力	7.在執行策略過程中，粗糙的追蹤紀錄
8.所有權技術	8.苦惱於內部的作業問題
9.成本優勢	9.落後於研究發展上
10.較佳的廣告活動	10.過於狹窄的產品線
11.產品創新技能	11.市場形象不佳
12.良好的管理	12.配銷網路不健全
13.在經驗曲線的前端	13.平均水準以下的行銷技能
14.較佳的製造能力	14.無法提供策略改變時所需的資金
15.優秀的技術技能	15.單位成本比主要競爭者為高
機會(O)	**威脅(T)**
1.服務額外的顧客群	1.低成本的外國競爭者進入市場
2.進入新市場或區隔	2.替代品銷售量的增加
3.擴張產品線以滿足顧客廣泛的需求	3.緩慢的市場成長
4.相關產品的多角化	4.外匯匯率及外國政府貿易政策的不利改變
5.垂直整合（向前或向後）	5.需要高成本的控制
6.突破障礙進入有吸引力的外國市場	6.易受不景氣及商業循環的傷害
7.自滿於各競爭者間	7.顧客及供應商漸增的議價能力
8.成長快速的市場	8.購買者需要及嗜好的改變
9.新技術的延伸應用	9.人口統計上不利的改變

資料來源：Rue and Byars(1998:164)。

[30] Rue and Byars 著，吳忠中譯，1998，「管理學（第七版）」，台北：滄海書局。

二、安索夫策略矩陣（Ansoff Strategic Matrix）

Ansoff 於 1950 年代提出成長向量要素矩陣(Growth Vector Components)，也稱之「產品／市場擴張網格」(product/market expansion grid)，它是一種探討產品匹配市場的分析工具，以「產品」表示企業內部因素的維量，以「市場」表示反應企業經營環境的維量，Ansoff 透過「產品」及「市場」的兩個維量，據以發展出維持現狀與創新擴張構成企業的四種策略：市場參透(market penetration)、新產品開發(product development)、市場開發(market development)、多角化(diversification)（參見表 5-3）。

表 5-3　安索夫「產品／市場」策略矩陣表

		產品	
		目前產品	新產品
市場	維持現狀	市場參透 (market penetration)	新產品開發 (product development)
	開拓市場	市場開發 (market development)	多角化 (diversification)

資料來源：榮泰生(1997)。

三、波士頓顧問團策略矩陣(Boston Consulting Group Strategic Matrix)

（一）波士頓顧問團策略矩陣

波士頓顧問團策略矩陣(BCG Strategic Matrix)是美國波士頓顧問群所發展出的「成長與占有率模式」，或稱「增長與份額的矩陣模式」，其最初的意義係用以確認一個組織中，那些事業單位是組織資源的取得來源（利潤），那些事業單位是組織資源的耗用單位（成本），最大的優點是協助企業確定其在產業中的吸引力，主要的功能是用於提出組合管理(portfolio management)。

波士頓策略矩陣也稱為「成長／分配組合模型」，是一個能夠針對公司或事業單位在其經營市場上的活動加以分類與突顯的策略性工具。討論的焦點，主要集中於：(1)如何產生足夠的資金，以及如何使用這些足夠的資金，繼續投資以產生更多的利潤。(2)找到企業本身所擁有的持續競爭力與發展策略，以利在市場中持

續占有利潤優勢，而發展策略上無論是產品差異化、產品集中化或降低成本。可應用的範圍，例如一個事業單位（企業、部門、生產線）或一項新產品的市場地位。

　　BCG 策略矩陣的應用是建立在三個步驟，第一是建立假說，第二是進行實驗，第三是驗證假說。BCG 策略矩陣的發展是建立在三個管理技術的理論上，包括產品和產業的生命週期，經驗曲線或學習曲線的影響和規模經濟，內部資源有效配置的組合。

1. 產品和產業的生命週期：指任何產品或產業皆有其生命週期（導入、成長、成熟、飽和及衰退），故資源分配與投資組合應依生命週期而調整與定位。

2. 經驗曲線或學習曲線的影響和規模經濟：指投資和資金應放在最有效率或具成長潛力之標的與管道。

3. 內部資源有效配置的組合：指事業單位應有績效評估，並透過內部之間的競爭來提升事業單位整體的效能和效率。

　　在企業成長率及占有率與產業關係表中，縱軸代表預期市場成長率，橫軸表示市場占有率，依此可將所有策略事業單位區域隔成四大類（表 5-4 及表 5-5）。

1. 金牛(cash cows)：表此類事業能為企業帶來大量的現金，但是其未來成長則相當有限。

2. 明星(stars)：表此類事業能產生相當大的現金流入，但其所需支出的現金亦頗為可觀。

3. 問題(question marks)：表此類事業有較高的風險，前途雖然看好，但前再困難亦多。

4. 狗(dogs)：表此類事業產生現金不多，亦不需什麼現金，但其餘效率難以改進。

　　BCG 策略矩陣運用的策略涵義值得關注，首先，許多研究者發現市場占有率與獲利率有高度相關，其次，管理者對於「金牛」的事業，應盡量減少投資，並儘可參加收割，且使用所得的現金來投資「明星」事業；針對「問題」事業，則只須保留少數能成為「明星」者，其餘則應出售，最後，針對「狗」類的事業，則只要一有機會，便應儘早出售，且出售所得的現金，則用以投資部分「問題」兩類的事業已很難發現。

💲 表 5-4　企業銷售成長率及占有率與產業關係表

		占有率（市場份額）	
		高	低
銷售成長率	高	明星產業	問題產業
	低	金牛產業	落水狗產業

資料來源：榮泰生(1997)。

💲 表 5-5　企業銷售成長率及毛利率與商品關係表

		營業毛利率	
		高	低
銷售成長率	高	招牌商品	問題商品
	低	木頭商品	落水狗商品

資料來源：榮泰生(1997)。

（二）新波士頓顧問群矩陣(New BCG Strategic Matrix)

新波士頓顧問群矩陣的意義：公司要持續獲利，就必須盡力取得競爭優勢。而不同的產業，取得競爭優勢的方法及優勢的潛在大小也各不相同，且產業發展隨時間會進化，以致使得原先優勢的大小即本質也會產生變化。其策略模式如表5-6 所示，關於策略的意涵說明如下。

1. 停滯產業(stalemate industry)：是指企業取得優勢的方法很少，且每一優勢相對效果不大，如鋼鐵業。針對停滯產業時，往往機會較少，管理者應降低成本，求取現金甚至應出售該事業部門。

💲 表 5-6　企業優勢方法與優勢大小關係表

		優勢的大小	
		小	大
取得優勢的方法	多	分歧產業	專門產業
	少	停滯產業	大量產業

資料來源：榮泰生(1997)。

2. 大量產業(volume industry)：是指企業有較少的方法可取得優勢，但優勢卻相當大，而此優勢乃來自大量生產所帶來的規模經濟，如製鋁業。在大量產業中，已有大規模產量的業者，應以降低來擊退競爭對手，而產量曉得廠家，則應退出或以其他方式來追尋本身之差異。

3. 專門產業(specialization industry)：是指企業有很多方法可以取得優勢，同時優勢也相當大，因此，廠商可專門於某一市場立基中專精，如汽車業。在專門產業中，管理者應避免競爭者與自己建立相同的優勢，且隨時注意可能的變化。

4. 分歧產業(fragmentation industry)：是指企業有很多的方法來取得優勢，但優勢都不大，例如餐廳業、飯店業、房屋仲介業。在分歧產業中，應降低投資，追求回收及維持本身的地位。

四、Porter 的五力分析(five-forces analysis)

Porter(1985)的「競爭優勢」一書，假設一個企業面對多個競爭對手，於是企業需要就面對的競爭環境做一分析，他提出市場外部環境的五種力量會決定一個企業的吸引力，這五種力量分別如下（圖 5-1）。

1. 市場進入障礙較大：市場進入障礙的因素，例如規模經濟、專利保護的產品、品牌知名度、移轉成本、資本需求、行銷通路、成本優勢、政府政策等。

2. 競爭者的競爭程度不強：競爭強弱的因素，例如產業的成長、固定成本或附加價值、產品差異性、品牌知名度、移轉成本、退出障礙等。

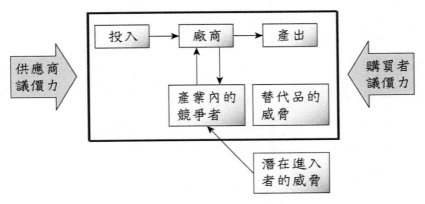

圖5-1　Porter五力分析模型圖

3. 替代品的替代性不強：替代品威脅的因素，例如替代品的相對價格、移轉成本、客戶的使用偏好等。

4. 購買者議價力不強：在議價力量方面的因素，例如客戶的集中程度及企業的集中程度、客戶的採購量、客戶的移轉成本及企業的移轉成本的比較、客戶的向上整合力量、替代品數量等。在價格敏感度方面：例如價格與總採購量之關係、產品差異、產品品牌知名度對品質或效果的影響、客戶的利潤、決策者的動機等。

5. 供應商議價力不強：供應商議價力決定因素，例如供應項目的差異性、產業內供應商與企業的移轉成本、供應產品的替代品多寡、供應商的集中程度、採購量對供應商的重要程度、供應商向上或向下整合的能力。

　　Porter 的五力模型是建立在一種 SCP 分析架構的假設下，也就是市場結構(structure)－競爭行為(conduct)－經營績效(performance)的假設下，故這個理論進而假設產業的獲利能力，不是由產品屬性或產品技術含量來決定，而是由產業的市場結構（完全競爭性與不完全競爭性）來決定。透過競爭的過程，產業結構將決定誰會占有價值與獲取利潤。

1. 新進入市場者將競得價值，並因較低的售價而轉予客戶，或是抵銷了藉由提高競爭成本而有價值。

2. 有力的買主將可保有多數為他們自己所創造的價值。

3. 替代品將為價格設立上限（因為將會因價格過高而轉換）。

4. 有力的供貨者將可保有為買主所創造的價格，因為居中的公司僅取得極少數的部分，使價值由買主轉至供貨者。

5. 對抗，如同進入市場，將導致價值轉至買主，或是提高了競爭的成本。

　　在確認了企業的競爭定位，Porter(1985)歸納了企業可以採用的競爭策略：成本領導、差異化與集中化（專業化）策略，企業可以從此三種策略中選擇一種作為主策略來獲取競爭優勢，但是，他提醒我們（可視為策略運用的重要結論），在策略中「腳踏兩艘船」將易導致企業利潤降低，執行競爭策略失敗。

1. 成本領導策略

　　成本領導策略是三種基本的競爭策略中，最清晰易懂的策略。成本領導者(cost leader)是具有最低生產成本的企業，其營運範圍較廣，並企圖滿足許多產業區隔(industry segment)的需求，其作業面甚至擴展到相關的產業。企業經營的寬度(breadth)對成本優勢的達成是很重要。成本優勢的獲得有很多來源，且依產業結構的不同而異，這些來源或原因包括：經濟規模、專有的技術、以及對原料的近便性等。

　　實施成本領導策略的企業也不應忽視差異化策略，因為當產品不再被消費者接受，或是競爭者也同樣地做降價競爭的時候，企業必定被迫降價。所以，企業必須分析檢討哪些基礎對達成它的策略方向較重要、實行的成本與成功的可能性，以作為取捨的依據。

2. 差異化策略

　　差異化策略是企業所提供的產品或服務與競爭者提供的有差異，而此種差異可以替顧客帶來價值，如增進其產品或服務的績效、品質、名氣聲望、特性、服務支援、可靠性或方便性等。差異化策略的結果通常是使價格變成不太重要，因此企業的產品可以比競爭者高一些，當然，企業也可選擇將差異化的產品，以和競爭者相差不多的價格賣給顧客來提高它的市場占有率和銷售量。

　　差異化的基礎是產品本身、配銷系統、行銷方法等，實施差異化，更使得產品價格超過成本，才有利可圖，因此實施差異化策略，不能忽視成本因素。企業再進行差異化策略時，要針對在競爭者無法或未能強調的持有屬性上。差異化亦有「實質差異」(physical differentiation)與「認知差異」(perceived differentiation)的分別。

3. 集中策略

　　集中策略與前述二種策略的不同點，在於它是產業中選擇一個比較狹窄的競爭範圍，與實施差異化或成本領導，用較少的資源即可實現 KFS（關鍵成功因素）。由於企業可以不必考慮此範圍以外的顧客或產品，而集中它的資源與針對較小的領域，擬定更適合少數顧客需求的策略，因此很容易在其專攻的領域內取得競爭優勢。集中策略有兩種方式：成本集中策略（是針對特定的顧客或產品徹底地實

施差異化），以及差異化集中策略（對特定的顧客和產品削減成本，以提供最基本而必要功能）[31]（榮泰生，1997）。

值得注意，不論是運用成本領導策略、差異化或集中策略，都要需有一定的技術與資源配合才能成功，而組織作業及組織結構亦需做適當的調整。實施基本競爭策略的條件如表 5-7 所示。

表 5-7　實施基本競爭策略的條件

競爭策略	所需的技術及資源	對企業的需求
成本領導	1. 持續的資本投資及獲得資金的近便性 2. 製造工程技術標準化 3. 對人員做嚴密的監督 4. 簡化產品設計過程 5. 低廉的配銷系統	1. 嚴密的成本控制 2. 經常提出詳細的成本報告 3. 明確的責任歸屬 4. 獎勵的提供依據「是否達到嚴格的數量標準」
差異化	1. 行銷的能力優越 2. 產品具有創新力 3. 基礎研究的能力佳 4. 品質及技術的卓越 5. 配銷系統的密切合作	1. 研究發展、產品發展及行銷的協調 2. 利用主觀的衡量標準（不用數量）來評估績效 3. 吸引具有高度技術者、科學家及具有創意者
集中化	兼具上述各項策略能力，但需要精準地針對某一市場區隔	兼具上述各項策略能力，但需要精準地針對某一市場區隔

資料來源：榮泰生(1997)。

五、Porter 的價值鏈分析

價值鏈分析是 Porter(1985)於「競爭優勢」一書中提出的，價值鏈分析企圖從企業內部的價值過程中，以尋求競爭優勢的來源，藉以補充五力模型中對於忽略企業內部因素的缺點。價值鏈分析是由差額與價值活動構成，差額是企業創造的總價值與進行價值活動的總成本之間的差額。價值活動包括基本活動與輔助活動，基本活動包括從內部後勤、生產、銷售到售後服務這一系列的過程。輔助活動則包括企業的基礎設施、人力資源、管理技術與制度開發、採購活動等。Porter 認為企業獲得競爭優勢的策略可以是重新建構企業價值鏈、重構上下游價值鏈、

---

[31] 榮泰生，1997，「策略管理學」，台北：五南文化出版。

聯盟、專一化（專業化）、尋求策略協同等方法，簡言之，就是要提高價值、降低成本。雖然，價值鏈的理論概念佳，但是在實務上缺乏明確可操作的衡量指標，是一個缺點（周三多及鄒統鈃，2003）。

六、Aaker 的產業關鍵成功因素分析

　　產業的關鍵成功因素(KFS：Key for Success Factors or Critical Factors for Success)是指在行業中占有優勢地位，對企業總體競爭地位具有重大影響的條件、變量或能力，包括產品屬性、能力、競爭能力，以及與企業獲利能力直接相關的各種因素，Aaker(1988)也曾指出，關鍵成功因素是企業面對競爭對手必需具備之最重要的競爭能力或資產，是企業經營應特別注意的重點，以及要努力的方向，更是以策略規劃作根本目的。今從以下三個問題的分析與思考，有助於確認企業所依存之產業的 KFS。

1. 顧客在各個品牌之間選擇的依據是什麼？
2. 產業中的企業應具有什麼資源與能力才能形成賣方獨占？
3. 產業中要形成持久競爭優勢需要採取什麼措施？

　　關鍵成功因素的價值是在「確保競爭優勢和獲利的泉源」，企業若要能成功地和競爭者長期在市場上競爭，必須依賴策略上很重要的技能與資產來保持競爭優勢，這種優勢稱為「可支撐競爭優勢」，而這些策略性的技能與資產稱為可支撐競爭優勢的根源。策略技能在策略上非常重要，也是企業必需做得特別優異的價值活動，如庫存管理、促銷活動或生產力；策略資產則是與競爭者相比，企業居於優勢的重要資源，如品牌和穩固的客戶基礎。策略的發展一定要考慮產生和維持策略技能與資產成本及可行性，然而策略必須以資產、技術與能力做基礎；沒有資產與技能的支持，單憑降價或廣告等短期性與戰術性的活動，競爭優勢是不太可能維持長久的。

七、Aaker 的持續競爭優勢理論

　　Aaker (1988)表明競爭優勢(competitive advantage)的意義，乃指企業在產業中相對於競爭者所擁有之獨特且優越之競爭地位，競爭優勢的建立是利用獨特的資產、技能、資源或活動，使企業發展出相對於競爭者更具有獨特且有利的地位。

企業建立競爭優勢的重要性，在於策略之成敗端看競爭優勢的維持和建立，於是，Aaker 發展出一種持續競爭優勢理論。他認為持久的競爭優勢特性如下：(1)資產與技能必須在競爭狀況下，能夠產生優勢；(2)競爭優勢與市場相關，持續的競爭優勢應是對顧客有利之差異化服務和價格優勢；(3)在經濟效益上可行且具有成本效益；(4)優勢可持續長久，使得競爭者不易模仿或攻擊；(5)優勢與未來發展相關，企業隨著情境的演進，發展出具有需要的相關資產和領先技術。根據 Aaker 的調查，一個企業的平均優勢為 4.65 個。企業不能單靠一個優勢建立競爭策略，且大部分的競爭優勢屬於資產與技能類別。

當企業能夠建立一種特有的關鍵成功因素(KSF)，Aaker 更進一步將企業的 KSF 也定名為持續質競爭優勢(Sustainable competitive Advantages, SCAs)，並說明持續質競爭優勢有三項特徵條件：(1)需包含該產業之關鍵性成功因素；(2)需足以形成異質價值，而在市場形成差異性；(3)可承受環境變動與競爭者反擊之行動。因此，Aaker 所強調的企業 KSF，必須與產業或環境中的 KSF 相配合，並能產生實質差異價值的一種實質競爭優勢。

Aaker (1988)認為成功的企業經營者，所擁有的優勢資源就是產業關鍵成功因素中的優勢資源。Aaker 對於持續競爭優勢的解釋指出，企業不應僅是企圖建立一時的競爭優勢，更希望能維持長久的優勢，即持久之競爭優勢。其三大特徵如下[32]（圖 5-2）。

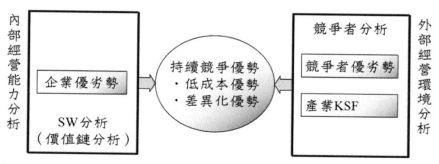

圖5-2　持續競爭優勢模型

---

[32] Aaker, D. A., 1988, *Strategic Marketing Management. 2d Ed*, Canada: John Wiley and Sons Publisher.

1. 持續競爭優勢需包括產業之關鍵成功因素(Key Success Factors, KSF)，關鍵成功因素是指在產業中經營運作，為達成功必須具備的重要因素。對一個企業而言，KSF是指其在產業中占據的優勢地位，或對企業總體競爭地位有重大影響的條件或能力，包括產品的功能屬性、配銷能力與競爭能力，以及在公司營利能力直接關聯的相關市場因素。

2. 持續競爭優勢需要可維持長久之競爭價值，且能夠與競爭者有明顯的差異。

3. 持續競爭優勢必須能夠因應環境之變動，以及對競爭者的價格競爭有一定的抵抗能力。

最後，馬丁瑞夫斯等人(2017)在「策略選擇」一書表示，企業面對自身的許多問題需要解決，面對複雜多變的市場挑戰需要克服，但是，若能清楚了解自己身處產業環境的變遷與特性，應該能夠有效的發現及制定策略，他們歸納出五種策略可加以應用。當產業環境能夠預測，但無法改變，採取經典型策略，就是做大（例如鋼鐵、石油、電信、電力、造船）。當產業環境是無法預測也無法改變，採取適應型策略，就是求快（例如網路、網路電商）。當環境是能夠預測也能夠改變，採取願景型策略，就是搶先（例如機器人、電動車、無人車、無人機、無人旅館）。當環境是不能預測，但能夠改變，採取塑造型策略，就是協調（例如 App store 制定網路交易規則）。當環境讓企業資源嚴重受限，採取重塑型策略，就是求存（例如少子化造成私立學校生存困境，網路便利造成實體書店生存困難）。

MEMO

The Strategies of
Real Estate Management

建築投資業的經營模式與策略

CH **06**

　　在台灣地區，透過取得土地及開發建築物，快速地銷售及做為住宅、商業及辦公使用，這樣的建築投資產業發展歷程，不過是80餘年的光景。這個過程歷經了4次以上的景氣循環，造成景氣循環的原因十分多元，主要是來自市場經濟大大小小的事件衝擊，這些衝擊改變了不動產企業的獲利方式及經營模式，就以俗稱的建設公司為例，他們對不動產的建物產品製造，由量變走向質變的提升，結合設計藝術與技術進步來創新獲利內容，進而改變自身經營模式，也讓企業經營策略逐漸多元化，這些轉變的歷程與經驗有許多值得學習之處，他們的生存策略與競爭策略，也顯示著企業家不斷地開拓運用資源的整合能力、學習能力及創新能力，這些建設商的生存、成長、蛻變及創新過程，將在本章中說明。

第一節
建築投資產業的發展

一、建築投資產業的界定

　　現代建築產品之品質已較過去大幅提升，完成一項產品需要許多人運用專業知識與技術在產品上分工，政府的營建管理部門及產權管理部門也需要扮演守門員角色，把關法令規範、審核書圖及符合安居品質，因此，建築產品匯集的不動產市場與許多產業發展具有密切關係，以至市場許多聲音表示不動產（或稱房地產）是關聯性十分廣泛的產業。在台灣地區，由於種類繁多的產業與建築物的興建具有關係，實務界就有不同的名稱來稱呼不動產，例如「不動產業」、「房地產業」、「建築業」、「建築投資業」、「營建業」等。本章基於關注企業案例及分析對象，主要為從事建築投資開發及銷售的建設公司，因此，本章所討論的產業統一稱之「建築投資業」，在這產業中又以「建設公司（簡稱建設商）」為主要關注對象。

　　參與建築投資業分工的行業十分多元，包括營建業（建設、建築設計、景觀、營造、土木包工、不動產估價），建築材料業（鋼筋、水泥、陶瓷磚瓦、衛浴、水電），建築設備業（施工機械、機電設備、照明、空調），建築服務業（廣告企劃、代銷、仲介、物業管理、保全保安、包租代管），建築顧問業（工程顧問公司、建築經理公司、建築測量公司、地政士）[1]（張金鶚，1996）。建設商開發建築及消費者購屋投資也都會運用金融槓桿，消費者融資貸款也會涉及建物的金融履約及保險機制，以致金融業及保險業發展也與建築投資業興衰的關係密切，例如銀行、金控公司、壽險公司、投資信託公司、基金公司等，建築物完工使用的營運管理，則與公寓大廈物業管理產業關係密切，例如保全公司、物業管理公司、環境清潔公司、機電設備公司、室內裝修公司、消防安全公司、包租代管公司、俱樂部經營公司等。

---

[1] 張金鶚，1996，「房地產投資與決策分析：理論與實務」，台北：華泰圖書出版公司。

二、建築投資業的經營活動

興辦一項建築開發案，從無到有往往具有一個明顯的生命週期，這個週期也就是建築投資過程常見的四個產銷管理階段，包括投資開發、生產興建、交易服務至使用經營，這四個階段更構成了嚴密的上游、中游及下游產業體系。

（一）依據上中下關聯階段劃分

1. 投資開發階段

這是具有上游產業的開發用途及產品定位探索階段，例如建設公司、建築設計公司、金融企業、工程顧問公司、建築經理公司、廣告行銷及市調公司、不動產估價公司。

2. 生產興建階段

這是具有中游產業的生產製造階段，例如造園景觀、營造、土木包工、鋼筋、水泥、陶瓷磚瓦、衛浴水電、施工機械、機電設備、照明空調、測量工程、保安保全、智慧家居設施設備等。

3. 交易服務階段

這是具有下游產業的銷售服務階段，例如廣告企劃公司、室內設計及裝修公司、代銷公司、仲介服務公司、金融公司、產物保險公司、地政士（代書）、家具設備與裝潢設計公司等。

4. 使用經營階段

這是具有下游產業的營運管理階段，例如不動產租賃公司、公寓大廈物業管理公司、監視設備與網路有線電視公司、機電公司、消防安全公司、環境清潔公司、廢棄物清理公司等。

（二）依據交易活動階段劃分

建築投資業的活動具有一定程度的多元性、複雜性及依存性，依據呂萍[2](2007)的整合分析，不動產的建築投資與管銷的經營活動，若以「交易」為關注對象，經營活動又可劃分：開發經營活動、流通經營活動及消費使用經營活動。

---

[2] 呂萍、譚俊、豐雷、曲衛東，2007，「房地產開發與經營」，北京：中國人民大學出版社。

1. 房地產開發經營：這部分經營活動，包括投資評估、購地、合建、公私聯合開發(BOT)、市場供需研調、產品定位、財務規劃、建築規劃、建築設計、基地基礎工程施作、工程管理、行銷管理等活動。若在都市更新地區，還包括權益交易、價值交換、溝通談判等經營活動。

2. 房地產流通經營：這部分經營活動，包括使用權的轉讓、租賃（包租與代管）、抵押、買賣、交換等活動，也包括經紀、經理、代理、估價、廣告、行銷等活動。

3. 房地產消費及使用經營：這部分經營活動，包括公寓大廈社區物業管理及社區營造管理活動。若進一步細分經營活動，包括租賃管理、使用管理、裝潢修繕管理、生活代辦活動管理、社區公共事務管理、消防安全技術維護、設備安全維護等。

　　因此，若以建設商為投資興建活動及創新房屋品質的發起者，建設商需要與許多關聯行業密切合作，包括：(1)工程顧問公司（都市計畫與土地使用管制）、(2)廣告與代銷（市場分析與產品定位）、(3)建築設計（產品功能設計，例如安全結構、節能、風格、座向、室內休息區、室內外生活區、室內外工作區）、(4)工程承包與施做、(5)材料與設備供應、(6)公寓大廈社區物業管理與保全、(7)居家生活電子商務與物流配送。

三、產業發展與景氣循環

　　國際的投資者往往在世界各國尋求不動產的投資獲利機會，也會在某些時間推動房價增漲。但是，對於一國的人民福祉，建築投資業的興衰受政府關注與扶植，在於產業內部分工具備著明顯地內需產業特性，內需型產業的發展持續與國家整體經濟發展具有關係密切，同時依循國家總體經濟榮枯且出現產業景氣循環的現象。依據國內學術上的研究指出，不動產景氣循環約落後總體景氣循環時間的三個月至一年的時間，當然，實務上的情況並不一定是如此，確認精準的時間點往往也是後見之明，能夠分析相關的形成原因及避免在投資活動中犯錯，則是十分重要。

　　影響不動產市場經濟景氣循環的因素相當多元，金融市場的資本供需變動，營建物料的通貨膨脹，投資者追捧房價獲利的群眾行為等，都是重要的影響因素。

但是，造成不動產市場的產品出現供過於求，則是另一個重要影響因素，供過於求往往起於建築投資者過度的自信心，也忽略消費端的具體用途，大量製造生產卻難以在短期內銷售產品。換言之，企業家在市場中冒險犯難追求利潤，決策錯誤造成不易銷售的建築物數量累積，加上建築產業的關聯產業廣泛而多元，於是，建築投資產業一旦落入不景氣，也引起整體經濟的景氣循環。當然，決策錯誤造成不易銷售的產品數量累積，也可能來自該國家的主領產業，出現失業潮的波及。例如台灣地區的 3C 產業或光電產業，產業內的主領公司決策錯誤，引起庫存產品累積，進而企業裁員及員工失業，員工基於實現安居樂業購置的不動產，當消費者還不起購屋時的金融貸款而房屋被銀行拍賣，最終是衝擊市場交易秩序及引起不動產市場景氣循環。

市場中參與建築投資活動的人們通常十分關心產業發展與景氣變化之間的連動關係，在此之前，不妨多一點理解建築開發的生命週期及市場週期。房地產由開發評估、興建完工、再到完全銷售及營運管理，大約可劃分 1~9 個階段週期，初期活動大約 1~5 年，初期活動包括：(1)尋找土地、(2)規劃設計、(3)營建融資貸款、(4)施工建設、(5)出售及出租，到了後期營運活動，包括(6)使用管理、(7)社區營造與鄰里關係發展、(8)老舊更新、(9)更新及再開發評估，前述 1~9 個階段的生命週期往往長達 50 年以上，甚至接近 100 年仍矗立不壞。

物價漲跌也正顯示市場經濟的榮枯，本章內容以國內「房價」變動為觀察對象，參考張金鶚(1996)的觀點，他將國內建築投資產業的發展歷程劃分為六個階段進而探討，六個時期的命名依序為(1)潛伏期、(2)成長期、(3)繁榮期、(4)黑暗期、(5)狂飆期、(6)衰退期，讀者需要注意這六個時期是以房價為對象而區分時期，研究的時間歷程是指 1970 年至 2000 年，這樣的研究焦點更進而推論出不動產市場景氣循環，往往在三年至六年就會出現較大的景氣循環變動，也提供政府在金融政策及產業政策提出因應對策。惟本章內容參考張金鶚(1996)的研究基礎，關注建築投資業出現明顯的三次景氣循環影響之轉換時間點，也在這三個時期中解釋當時建設商採取的商業發展模式與成長策略，進而將產業發展歷程區分為四個時期，依序為(1)成長期、(2)成熟期、(3)繁榮期、及(4)穩定期，這四階段發展論的劃分方式，也常見於一般專家學者的研究觀點。

第二節

商業經營模式

　　商業經營模式也簡稱商業模式，依據李信興及劉常勇(2008)研究表示，管理學討論的「商業模式」，一般又可稱為經營模式、事業模式、營運模式、商務模式等。商業模式在一般邏輯可指經營商業交易活動的模式，在經濟邏輯則指企業家雇用生產要素，以及運用一定的技術與方法，製造出產品或提供服務活動[3]。企業家興辦企業在市場中生存及追求利潤，必然形成一種獨具特色的商業模式。三谷宏治(2015)表示，企業家基於面對商業活動的多樣化、複雜化及網絡化發展，因而需要形成一種經營策略的架構，此時就會形成具體的商業模式[4]。李信興及劉常勇(2008)表示，不同企業特性的商業模式是具有差異的，設定商業模式需要考量產業環境、科技技術、顧客價值、企業資源與能力、市場競爭程度、產銷價值活動、財務結構、領導者的治理結構等。三谷宏治(2015)表示，一種商業模式能夠延續下來，必然歸功於兩個重要的作用，第一是它給自身企業的競爭優勢帶來持續性，第二是它給自身企業引導出新方法。

　　三谷宏治(2015)表示，現代具體的商業模式是在波特(Porter, 1985)提出的五力分析模型基礎上拓展的。典型的商業模式具有四個特徵，包括：(1)明確的顧客群（顧客群）、(2)能為顧客提供價值（提供價值）、(3)顧客會帶來的收益及引發的成本（盈利模式）、(4)贏過競爭對手的策略與資源（競爭力）。今以美國通用汽車為案例，若要能確保生產製造的汽車順利銷售獲利，第一，要能評估汽車的使用者（顧客群），是提供中產所得階層或富裕階層，第二，要能確認這項產品提供的價值，是選擇單一品牌且將品質做到完善，或是迎合流行趨勢來發展富有時尚且安全的汽車，第三，考量銷售收益與生產成本，因應不同產品而設定不同的價格帶，進而創造差別訂價的良好利潤，第四，因應競爭對手的追隨行動而採取不同產銷策略，包括運用縱向一體化整合策略，進而實現規模量產及降低單位成本，或是運用外包策略，建構及實現小規模量產及發展利潤中心制的單位事業部門，分散

---

[3] 李信興、劉常勇，2008，「系統性『商業模式』之觀念架構」，台北：創新管理研究，第三卷，第三期，頁 119~145。

[4] 三谷宏治著，馬雲雷及杜君林譯，2015，「商業模式全史」，南京：江蘇鳳凰文藝出版社。

經營分險（表 6-1）。依據前述對於美國通用汽車商業模式的案例分析，企業家在台灣興辦建設公司也能有類似的啟發與借鏡，進而在短期下找出適合自身企業的商業模式。

我認為在台灣經營便利超商的環境競爭十分激烈，各大品牌企業總部對授權加盟店的一致化商業模式管理嚴格。房仲業的發展路徑十分類似於零售業便利超商的發展，例如房仲業品牌總部輔導各區加盟店建構商業模式的過程，第一，在顧客群方面，建立統一化品牌的個別店面，第二，提供價值方面，總部企業提供統一作業管理方式，塑造統一品牌形象及定期巡迴督導，第三，在盈利模式方面，總部與加盟店應協力提升各分區店面的部分利潤，第四，在競爭力方面，總部應協助加盟店建立穩固且妥善的商業模式，包括產品行銷管理、人力資源培訓、店面經營能力、各區展點的競爭優勢、統一化品牌的廣告效率、多方觀摩學習及開發各類不動產商品等（表 6-2）。總之，發展商業模式且持續營運，就要能對應著顧客的消費心態與行動，要能為顧客解決他的需求偏好或用途問題，進而回饋在商業模式的內部因素調整，更有利於構思、調整及開發更好的商業模式。

表 6-1　製造業及建築業的商業模式

商業經營模式	美國通用汽車	台灣建設公司
顧客群	中產階層／富裕階層 ↓	同左 ↓
提供價值	品質好堅固單一品牌／時尚安全多品牌 ↓	品質好／堅固耐用／設計風格／居住用途 ↓
盈利模式 （收益／成本）	不同價格帶／不同的成本結構／提高營銷收入 ↓	同左 ↓
競爭力 （策略／資源）	縱向一體化／內部分工實現規模量產／單位事業部的分散經營	同左 ↓

資料來源：三谷宏治著，馬雲雷及杜君林譯，2015，商業模式全史。

表 6-2　便利超商及房仲業的商業模式

商業經營模式	便利超商對消費者	便利超商對授權店	房仲業總部對加盟店
顧客群	周邊消費者 ↓	統一化品牌的個別店面 ↓	統一化品牌的個別店面 ↓
提供價值	品項齊全／價格合理／ 交易便捷 ↓	總公司統一作業管理／ 統一品牌形象／定期巡 迴督導 ↓	總公司統一作業管理／ 統一品牌形象／定期巡 迴督導 ↓
盈利模式 （收益／成本）	選定有利潤的價格／減 少庫存的成本 ↓	協力提升店面的部分利 潤↓	協力提升店面的部分利 潤 ↓
競爭力 （策略／資源）	產品管理／指導經營能 力／觀摩學習／區域集 中展點／提升廣告效率 ／開發新商品	產品管理／指導經營能 力／觀摩學習／區域多 方展點／提升廣告效率 ／開發各類商品	產品管理／指導經營能 力／觀摩學習／區域多 方展點／提升廣告效率 ／開發各類商品

資料來源：參自三谷宏治著，馬雲雷及杜君林譯，2015，商業模式全史。

第三節
建設公司興起與經營模式

　　基於觀察「建設公司」經營模式隨產業環境變動而演變，本節將「建設公司（也稱建設商）」定義為從事房地產生產、興建、銷售服務的建築投資業者。最初的建設公司的興衰，幾乎是依附著整體市場景氣波動而變化。例如自 1970 年代末期，當不動產市場逐漸進入繁榮成熟時期，許多建設商是在這時期進入不動產市場設置企業展開經營，這個時期的不動產市場，處在一個供不應求的市場情況下，如何快速銷售成為企業的獲利關鍵及競爭要點，在 1969 年出現了一種不動產銷售制度的改變，興起了新成屋預售制度（或稱預定買賣制度），這個行銷制度首創者是華美建設公司負責人張克東先生，後來的建設商投入不動產開發及銷售，廣泛運用預售屋制度，這讓建築投資業成為一個低資金成本下能高獲利的特殊產業。1970 年代初期形成的新成屋預售制度，後來也引導了不動產廣告代銷業的興起。直到 1990 年代中期以後，許多企業生產製造了建築物卻銷售不出去，不動產市場

出現了衰退期，許多建設商也因過度融資且經營不善而退出市場，建設公司的經營型態，逐漸由規模競爭轉向品質競爭。

一、投資經營策略的變遷

　　企業為了適應市場環境變動與變遷，須制定不同策略加以因應，以確保企業穩健經營立於不敗。本節透過時間發展歷程的角度，由文獻整理回顧中發現，建設公司的經營策略多會因應環境變遷的過程中而逐步改變，且投資經營策略依據三次主要的景氣波動及市場環境變化而調整，包括：(1)成長期（1950~1980 年）、(2)成熟及繁榮期（1980~1990 年）、(3)穩定期（1990~2010 年），建築商在不同階段分別所呈現的經營模式或投資策略是迥然不同的（表 6-3）。

表 6-3　建設公司投資經營策略之演變過程

成長期經營模式 （1950~1980 年）	成熟及繁榮期經營模式 （1980~1990 年）	穩定期經營模式 （1990~2010 年）
1. 地主及家族企業自地自建模式。 2. 先售後建（預售）模式。 3. 先建後售公司。 4. 投機性及一案公司模式。 5. 地區深耕經營模式。	1. 多角化及集團化模式。 2. 區隔目標市場及跨區投資模式。 3. 參與政府推動的重大國家建設及 BOT 公共工程建設。	1. 策略聯盟及借殼上市模式。 2. 多角化轉型模式。 3. 參與政府推動的都市更新地區投資開發。

資料來源：整理自 1998 年「房地產市場與行情月刊」。

　　建設公司的分工模式很特別，它可以是一種內部組織分工極為細緻的階層化體系，也可以經由外部的市場分工來獲取各種所需的資源與技術，用以補充組織內分工的不足。因此，一家建設公司的規模，可以是擁有員工數千人的大公司，也可以小到僅有 3~5 人的小公司。基於，建設商在產業供應鏈的分工，往往具有高度的獨立性與專業分工，這在 1970 年代甚至出現一種極為特殊的「一案公司」，它在不動產市場飆漲時期廣泛出現，而在獲取高額利潤之後退出市場。事實上，運用三人至五人的資本與技術而成立建設公司，經營獲利不困難，他們只要能取得建地，其餘工作儘管發包給其他專業公司，一樣能將房子蓋起來。例如房屋設計規劃，就由建築師事務所負責；營建工程由營造廠負責；銷售工程有代銷公司；廣告宣傳有廣告企劃公司；財務規劃與建築融資工作，有建築經理公司可代勞，

甚至建築經理公司還會監督協助工程進度，保證完工及取得金融單位的貸款。這種一案公司在房市飆漲的 1970 年代多如過江之鯽，這個時期消費者自身保護意識不足，不動產市場投資酬率高達 50%以上時，一案建商確實比大型建設公司節省相當多的人事管銷成本，而獲取豐厚的利潤。但是，投資者會相互模仿，一案公司也不例外，當許多競爭者進入市場投資開發，大量生產製造建築物，不動產市場的有利條件消失，建設公司利潤下降，同時，市場中的購屋糾紛資訊分布，教育了消費者需要更精明的鑑識建築物的優缺點，當消費者不再信服一案公司的預售屋方式，此種一案公司的預售經營模式也就逐漸被市場淘汰。但是，一案公司僅是一種極端，事實上，許多建設商也是先由一案獲利，累積出下一次個案的產品能推陳出新，逐漸建立起自己建設事業的國度。

依據 1995 年「房地產市場與行情月刊」的統計，當時有數千家建設公司在台灣地區營運著，組織型態有財團型、集團型、地方地主型與中小型等四種（見表6-4），但真正歷經不動產三次景氣循環洗禮的實在不多，許多建設商都是在前一波景氣向上攀升之際陸續加入的業者，這當中除了一些擁有財團背景及資本能力較佳的業者之外，許多建設商是採取高額度的擴充金融信用，甚至採取「以案養案」的方式，這個方式是指建設商在一個建築案銷售到五成左右，於是，運用其有利的銷售業績，再向銀行融資，進而在另一個建築案的投資開發。「以案養案」方式在高獲利及高風險的狀況下，驚險的經營著，經營者也體驗了富貴險中求的市場邏輯。1970 年代，許多建設公司形象不差，廣告也做得多，案子也推得大，但這卻是一種「走鋼索式」的經營模式，這些公司只要在財務周轉中的某個環結出現資金缺口，往往就關門倒閉退出市場。早年十分風光的虹邦建設、太府建設、長輝建設、良美建設等，都是當時著名的實務案例。

直到 1980 年代初期，眾多建築投資業發現台灣的不動產市場發展尚未成熟穩健，市場的不確定性因素多元，許多業者的經營模式傾向於保守的投資開發模式。例如採取「地區性深耕」的經營模式，這類公司以特定地區做為企業的根據地，採用經營的腳步穩紮穩打，致力於某特定小範圍的地區從事開發建設，企業的經營策略是「穩定中求成長」，例如當時的太子、寶成、尖美、長億等建設公司，廣泛採用地區性深耕經營模式來累積資本，也建立具有自身家族特色的經營模式（表6-4 及表 6-5）。

表 6-4　建設公司主要的成立型態

型　態	案　例
財團型建商	最典型的莫過於國泰集團的國泰建設以及分家出來的富邦建設、新光集團的新光建設，和信集團的捷和建設、中租建設等都是此類型的代表。這類建商由於財力佳，所以消費者不用擔心他們的房子會蓋不起來，而基於維持本身企業的形象，這些公司所蓋的房子，不論在設計規劃或是品質上，皆相當著重優良性。這類型建商有超強的土地開發能力，加上其本身財團的豐富資源，所推之個案都有相當穩定的市場需求基礎，是較不受景氣影響的一群，也是最經得起市場考驗的建商。
集團型建商	俗稱台南幫的太子建設、原屬太電集團的太平洋建設、潤泰集團的潤泰建設、威京集團的春池建設、新東陽集團的昇陽建設等，都屬集團型建商。目前全台灣這類型的建設公司大概有數十家，他們雖然也有相當強的財力背景，但市場上對這類型建商的信心度，稍弱於財團型，但差距不大。
地方地主型建商	這類型建商的最佳代表當屬三重幫、永和幫、景美幫等地域經營色彩相當明顯的建設公司，三重幫的宏國、宏泰、宏福、聯邦、大慶；永和幫的冠昱、冠倫建設；景美幫的遠東、家美建設等。這些公司由於「在地」的政經情結，以及對土地的增值潛力長期看好，所以從早期就大量買進廉價的土地原料，尤其是三重幫，幾乎可以十幾年不用再開發土地，仍能穩定推案。北部地區一些造鎮型的個案多是在這些建商的持續推案下而成形的。
中小型建商	當時市場上大多是屬於這類建商，他們沒有大財力，也沒有顯赫的背景，但他們量力而為，受景氣的影響雖然立即而明顯，但他們沒有一定要推案的壓力，是台灣中小企業具高度適應力的寫照。

資料來源：整理自 1995 年「房地產市場與行情月刊（8 月號）」。

表 6-5　自 1970 年代興起的建設公司經營模式

經營模式	名詞說明	案例
地主自地自建模式	自地自建模式，是指私人自行拆除舊屋或自行購地後，委託營造廠或土木包工業施工建造房屋。	1960 年以前，民間之房屋興建大都採用此方式來建造。
預售屋模式	預售屋模式，是指建商採用「先售後建」的方式來募得建築資金，以解決自有資金不足的問題。而購屋者也能以較優越的付款條件輕鬆購屋。	1969 年（民國 58 年）由華美建設負責人張克東首創採取「先售後建」的銷售手法，此種銷售方式推出後便在台灣引領風騷達三十年之久。

表 6-5　自 1970 年代興起的建設公司經營模式（續）

經營模式	名詞說明	案例
一案公司模式	一案公司模式，係指小規模的建設公司，只要取得建地，其餘工作皆發包給其他專業公司代為處理，比大型建設公司節省相當多的人事管銷成本，但對購屋者而言較無保障。	此種一案公司在房市飆漲時期相當多，這些小規模公司多屬臨時性組織或是游擊式經營，無長遠永續經營目標，消費者也已不再信服一案公司之售屋方式，此種經營模式也因此逐漸被淘汰。
家族投資開發模式	家族投資開發模式，是由其家族人員所組成的事業團體，且是一代傳承一代之家族事業。	國泰：由蔡萬霖的家族人員經營。 長億：由楊天生、楊文欣兩父子經營。 東雲：陳由豪與舅父鄭旺共同合作設立與經營。 長谷：由陳松林、鍾正光家族為主要股東，集資設立經營。
地區性深耕經營模式	地區性深耕模式，是指建設公司或企業以某一地區為發跡起源，然後在該地區深入開發投資，專以此地做為企業的根據地，而非廣泛性的開發投資，以單一地區為主。	中部地區：龍邦、長億、三采、櫻花、廣三、瑞聯。 台南地區：太子。 高雄地區：尖美、寶成、宏總。

資料來源：整理自 1997 年之「房地產市場與行情月刊（7 月號）」。

二、成長期的投資經營模式（1950~1980 年）

（一）地主及家族自地自建的經營模式（1950 年代）

　　1950 年代時期的不動產市場供需特性，主要是因應大批外來「移民」所導致的住宅需求，但在供給上是以政府為主，興建大量眷村用以因應住宅需求。此時期民眾所得普遍偏低，且來台的移民基於國共對抗而尚有「反攻大陸」的念頭，因此，市場中想買且有能力購屋置產的人並不多見，建築投資業在此時期的發展是零零落落的，僅供應少數的民間住宅。這時期建設公司的經營模式，大多以獨資或家族企業的形式出現，最常見的模式是由私人自行拆除舊屋或自行購地後，找人設計建築圖樣，並由營造廠或土木包工業依圖樣施工，產品以一至二層之建築物為主，皆為零星買賣。此外，這時建設公司的興起大多以營造廠兼做開發銷售住宅為主，尚未有專業化的房屋興建經營銷售者，故此時期堪稱為建築投資業的起萌階段。經營者探索成功的獲利模式，消費者嘗試以自有資金購屋居住。

（二）先售後建的經營模式（1970 年代）

從 1960 年代開始，台灣經濟發展漸趨穩定，到了 1970 年代初的整體經濟發展，加速及加大著市場經濟規模，國民所得逐漸大幅增加，購屋置產的人也大幅增加，由於市場發展的潛力佳，此時期開始出現專業及企業組織經營型態的建設公司，他們有計畫的設計及興建各式各樣住宅產品，是台灣住宅走向商品化的開始，同時在個案的面積規模及量體上皆較過去放大，例如興建整批的成屋銷售，國內一些歷史悠久的建設公司如國泰建設及太平洋建設是此時興起的。

此時期建設公司的投資經營模式，更加充分運用新成屋的「預售制度」，一邊加速銷售房屋，另一邊加大融資規模，使得中小型資本家也能進入市場競爭，這是很特殊的銷售制度變遷所帶動的市場繁榮成果，當時可為全球首見。為何預售制度如此特殊？乃因建築業原屬資本密集產業，早期皆採「先建後售」方式，財務上有八成以上需仰賴自有資本，因此，資本實力成為建設公司營運發展最重要的基礎，但超額利潤誘發市場營銷的制度創新，有一業者（華美建設的張克東先生）為了突破此一瓶頸，遂於 1960 年代末，發展出「預售制度」，此銷售制度（制度變遷）為市場消費者接受後，建設公司的投資經營模式則由「先建後售」轉為「先售後建」的方式，國內許多不動產代銷公司也在這個時期興起，他們勇於嘗試冒險及分享著潛藏於不動產市場中的利潤。

（三）投機及一案公司的經營模式（1980 年代）

由於建築業在投資興建產品的過程中可以充分運用市場機制來專業分工，再加上預售模式的創立大幅降低了進入建築開發所需的資本門檻，以致形成一種特殊且投機性很高的「一案公司」，此種 3~5 人組成的一案型建設公司，只負責取得建地（採合建模式[5]），其餘工作則外包給市場中的相關專業公司，例如房屋規劃設計及監造交由建築師事務所負責；營建工程交由營造廠負責；銷售有代銷公司；廣告宣傳及銷售則交由代銷或廣告企劃公司；財務規劃及建築融資工作則交由建築經理公司。雖然，當時一案公司很特殊，卻是一種建設商在市場中邊做邊學的

---

[5] 開發商與地主合建的模式為合建模式，是建設公司相當最常見的一種開發方式，主要是由建設商與地主協商簽訂協議契約後，由地主提供土地，建商負責興建，興建完成之利潤則由建商與地主共同分享。另一種與合建模式頗雷同的是委託興建（委建），委建是由地主出資建屋，建商僅提供專業技術及人力，並收取服務費用，興建後的土地及建物均屬地主所有。合建的模式又依分配的方式（分配建物或金錢）以及是否共同出售建物與土地，可劃分合建分售、合建分成及合建分屋。

商業模式，但在 1980 年代的不動產市場繁榮時期，卻是相當多見，因市場發展條件頗佳，投資開發的報酬率可高達 50%以上。

　　企業也會在市場中犯錯，由於市場資訊的不充分與不對稱，一旦整體景氣下降，一案公司基於提高私利的機會主義行為，往往藏其所知及藏其所為，這些行為經常引發買賣及售後服務保證的消費糾紛，以致許多消費者驚覺此種一案公司經營模式的缺點，當他們的產品銷售不佳，一案公司逐漸被市場淘汰。不過，仍有食髓知味的建設公司，繼續以更高度的信用擴張及「以案養案」的方式繼續經營著，雖然，持續將廣告做得很大，個案規模也推得很大，形象也逐漸建立，但產品銷售不佳的事時，造成這些公司在財務上出現資金流動性缺口，公司紛紛倒閉或解散退出市場，這時期的虹邦建設、太府建設、長輝建設、良美建設等都是著名案例。

（四）地區性深耕的經營模式（1980 年代）

　　基於早期的建築投資產業發展尚處於起步，不動產市場規模也還在成長發展中，許多業者乃採較保守穩健的經營模式：地區性深耕。此種公司規模僅約 10~20人，但企業應有的組織架構皆建立得更完善，產品推案廣告大多鎖定於特定地區（縣市內的某些重劃區範圍或特定行政分區內），穩紮穩打的經營，有計畫地塑造企業形象及品牌意識，以「穩定中求成長」為企業經營目標。例如此時期的國泰、潤泰、僑泰、太子、寶成、尖美等建設公司，這時期都是採用此種經營方式而逐步成長茁壯（表 6-6）。

＄ 表 6-6　成長期的經營模式（1950~1980 年）

經營模式	意義與概念	案　例
地主及家族企業自地自建模式	自地自建模式，係指私人（地主或家族企業）自行拆除舊屋或自行購地後，委託營造廠或土木包工業施工建造房屋。1961 年（民國 50 年）以前，民間之房屋興建大都採用此方式來建造。	國泰：由蔡萬霖等家族人員經營設立。 長億：由楊天生、楊文欣兩父子經營社利。 東雲：陳由豪與舅父鄭旺共同經營設立。 長谷：由陳松林、鍾正光家族集資設立。
先售後建（預售）模式及先建後售模式	先售後建（預售）是指建商在動工興建前，就將大多數產品銷售並取得建築所需資金，以解決自有資金不足之問題，而購屋者也能以較優越的付款條件預先購屋。先建後售模式則是預售制度出現前的一般模式。	先售後建（預售）是 1969 年華美建設公司負責人張克東先生創立，這種銷售方式推出後便在台灣引領風騷長達約 50 年。這種商業模式也促使後來廣告代銷業興起。

表 6-6 成長期的經營模式（1950~1980 年）（續）

經營模式	意義與概念	案　例
投機性及一案公司模式	一案公司，係指小規模的建設公司，只要取得建地，其餘工作皆發包給其他專業公司代為處理，比大型建設公司節省相當多的人事管銷成本，且在經營上相當具短期性及投機性，對購屋者較無太多保障。	此種一案公司在房市飆漲時期多相當多，這些小規模公司多屬臨時性組織或是游擊式經營，無長遠永續經營目標，消費者也已不再信服一案公司之售屋方式，此種經營模式也因此逐漸被淘汰。
地區深耕經營模式	地區性深耕，指一建設公司或企業以某一地區為發跡起源，在最初個案銷售成功後，一直鎖定該地區經常購地或合建開發投資，而不輕易跨其他區域開發投資。	台北地區：國泰、宏國、太平洋 台中地區：龍邦、長億、三采、櫻花、廣三、瑞聯。 台南地區：太子、皇龍、大大。 高雄地區：尖美、寶成、宏總。

資料來源：整理自 1998 年「房地產市場與行情月刊（7 月號）」。

三、成熟期及繁榮期的投資經營模式（1980~1990 年）

（一）多角化及集團化的經營模式（1980 年代）

1. 多角化經營模式

　　為了因應不動產市場從1992年開始的景氣下降，土地、建材、營建工資等成本漸增，融資貸款不易、利率偏高及政策法令的限制，部分業者基於分散公司經營風險及增加相關外業投資以提升企業獲利，紛紛由原本單純的營建事業轉投資及多角化經營，這時期建設公司的多角化經營方式，依據跨入產業的相關性，又分為相關產業及非相關產業二種。

(1) 相關產業：例如建築個案的銷售業務，地政士（代書）的公證及簽約，過戶業務，房屋室內的裝潢設計施工業務，客戶搬家的搬運業務，大樓管理保全業務，大樓環保與清運業務，不動產仲介業務，不動產估價業務、不動產流通資訊業務及海外不動產企劃銷售等。

(2) 非相關產業：例如休閒育樂事業、百貨購物中心、觀光旅館、遊覽事業、餐飲事業、老人福利事業、金融服務業、汽車進口貿易、家電業、大眾傳播業、電影藝術等。

這個時期進入相關產業多角化的建設公司，並非罕見，例如太平洋建設轉投資太平洋崇光百貨，持股48%；長億建設投資長生電廠及月眉遊樂園開發（今日的麗寶樂園），分別持股62%、40%；國揚實業轉投資大魯閣及廣宇企業；春池建設投資京華城百貨公司；宏璟建設則投資日月光科技公司；其他像冠德、寶成建設、長谷、仁翔、昱成、宏盛、榮美、尖美、皇普等公司，多多少少都有業外投資。他們的經營策略，獲取利潤的方式，來自於幫消費者節約交易成本，同時，也節約自身企業組織內部的交易成本。

2. 多角化經營

　　為了更健全企業組織內部的功能與分工，建立長遠經營目標，整合旗下各事業體作橫向連繫，達成資源共享，創造更好的經營綜效，轉投資而來的獲利，也使得單一建設公司逐漸走向大型化及集團化的組織型態發展（鄭皓元，1998）。例如：國泰建設所屬的霖園集團從事的行業多元又廣泛，彼此間藉以發揮相互支援的作用，該集團以人壽保險金投資購買土地，國泰建設開發土地及銷售，彼此專業分工又互蒙其利[6]。

（二）區隔目標市場及跨區投資的經營模式（1990 年代末期）

　　基於國內不同區域的人口成長速度與都市化程度具有差異，以致在地理上的台灣地區不動產次市場並非同步發展的，因此，北、中、南三大區域的不動產投資開發與經營管理的經驗可以相互遞移的轉換，因此，往往可以進行較明確的目標市場區隔、開發新市場及跨區投資的新經營策略模式，例如早年的寶成建設及聯邦建設以大坪數及高房價進行區隔，推案產品改走高價產品路線，寶成建設一向以高雄市為主要推案銷售地區，1990 年末期則到台北都會區尋找建築投資機會，大都市建設（屬於遠雄集團）則以興建廠辦大樓作為市場區隔（表 6-6）。在企業經營策略而言，這些企業的利潤是來自新市場與次市場的開拓，包括地理次市場（台北市或新北市）、消費者所得次市場（高所得者）或特定購屋族群次市場（高價住宅）。

---

[6] 鄭皓元，1998，「營建業總論」，房地產市場與行情月刊，7 月號。

（三）不動產代銷業興起（1980 年代）

不動產預售制度興起於 1970 年代初期，不動產代銷業則興起於 1980 年代末期，這個行業在當時扮演的分工角色，主要是協助建設商推案前的廣告企劃及代銷業務，其次自身企業也扮演小型建設商在市場中進行小規模的土地開發及建物興建。在我國不動產經紀業管理條例公布前（1999 年 2 月 3 日公布施行），代銷業的市場角色往往兼具著地產開發商、建設商、廣告商、銷售商及市場研調商等多元角色。

不動產代銷業主要的經營模式分為代銷模式及銷售模式，他們接受建設商委託銷售的模式，又分為專案包銷和包櫃銷售二種型態，這二種型態的利潤分配與風險承擔十分不同。

1. 專案包銷型態

專案包銷是由不動產代銷業自己先支付所有的廣告費用、企劃費用、業務執行、人事管銷費用，並且全權代理建設公司執行委託銷售工作。由於執行專案包銷的不動產代銷業須先自行支付廣告費，這個費用大約是總銷金額 2.5~3.0%，（例如一個總銷金額10億元的個案，代銷公司要先準備2,500~3,000萬的經費，故承接專案包銷類型的代銷公司往往面臨極大的損失風險。基於不動產代銷業者考量自身的利潤，利潤是來自建設商的委託銷售契約價格與代銷企業對外售價之差價的分配），當建案銷售單位多，較具銷售經濟規模效益，往往選擇專案包銷的方式接案，同時也會將建設案的產品品質、銷售單位的市場優點、建設公司的商譽及信用，進行整合性考量。專案包銷執行的業務內容，包括建案主力坪數規劃、建築外觀的設計、室內隔局規劃、社區公共設施規劃、接待中心發包、樣品屋設計施工、製作廣告模型、選擇廣告媒體及通路、銷售現場道具及家具、豎立建設商公關形象等。代銷公司在不動產市場中扮演著廣告、公關及銷售的功能。

2. 包櫃銷售型態

若建設商的個案開發規模較小且銷售量較少，或是需要協助處理餘屋銷售，這樣的局部分工促使包櫃銷售型態的出現，也可稱為純企劃銷售型態。不動產代銷企業採取包櫃銷售時，需要負責個案銷售與案場企劃，經費方面要負責現

場銷售人員薪資與獎金、支應案場銷售的雜支費用，至於廣告預算則是由建設商編列與支應。代銷企業採取包櫃銷售模式，通常個案規模小，以致獲取利潤較小且虧損的風險較小。包櫃銷售型態的組織人員組合，通常集結非固定職工且具銷售專長的人員來協助銷售，容易有人員素質良莠不一問題，銷售人員常會彼此競爭銷售獎金，常會做出誇大及不實承諾，往往給建設商的商譽或信用造成傷害，也容易引起交易糾紛，進而受到公平交易委員會的裁罰，這是建設商委託代銷需要注意之處。

⑤ 表 6-7　成熟及繁榮期的經營模式（1980~1990 年）

經營模式	意義與概念	案　例
多角化或轉投資模式	1. 企業多角化投資 此時的多角化經營是因企業經營實力與人才累積到相當程度後，除將部分人才持續致力於本業上，其他則開始進行產業的垂直整合、或水平多角化投資，以期能分散產業風險、同時也能增加企業營收。包括投資觀光旅館、購物中心及公寓大廈管理維護。 2. 企業轉投資 轉投資現象則是因面對不動產市場景氣持續不佳且餘屋過多，在本業經營日趨困難情況下，因而逐漸移轉經營重心至其他富有發展潛力的行業，以獲取適當利潤。	長億：跨足證券、期貨、金融業、月眉大型育樂園區及長生電廠。 啟阜：早期以興建高雄加工出口區工業廠房為主，此外也承攬許多公私部門大型公共工程。 大陸：除承攬國防軍事工程為主外，而日漸轉為民間營建。也承攬許多公私部門大型公共工程。 太子：轉投資太子房屋、飯店業、大成營造、統一產險等。 瑞聯：跨足航空業並入主皇帝龍。 東帝士：跨足化纖、建設、石化、旅遊、物流、金融等領域 太平洋：轉投資百貨及仲介公司。 國揚實業：轉投資大魯閣、廣宇。 春池：轉投資京華城。 宏璟：轉投資日月光。 皇普：轉商務飯店及觀光飯店。 大華：轉投資知本老爺酒店、電視媒體及電子科技。 龍邦：轉投資高科技產業。 寶成：轉投資證券業及營造廠。 尖美：轉投資百貨及飯店。 德寶：轉投資工程顧問業、水泥業、各種型態投資開發事業。 宏普：轉投資高科技產業。

表 6-7 成熟及繁榮期的經營模式（1980~1990 年）（續）

經營模式	意義與概念	案　例
集團化經營模式	集團化的發展過程，通常是由某一核心事業獲利佳後，而由該核心事業體多角化投資發展出其他富有潛力的新事業體，同時在管理及決策上整合旗下各事業體作橫向連繫，達成資源共享，創造更好的經營效果，因而形成一集團化龐大事業體。	國泰：　屬霖園集團並以保險金融及不動產為核心。 長億：　以營建為核心外，集團化的關係企業有長生營造、長生投資、長億育樂興業（高爾夫球場經營）。 太平洋：　集團化關係企業有營造業、百貨業、金融投資業、休閒事業、仲介服務業等。 廣三：　集團化關係企業有百貨、量販、營造、建設、食品、投資等六大事業群。 太子：　屬南紡集團核心事業之一。 長谷：　集團化關係企業有建設、營造、建材、大樓管理、海外投資等多元化的事業群。 東帝士：　有建設開發、紡織化纖、觀光飯店、百貨。
區隔目標市場模式	建設公司為求產品順利銷售，遂依據某一層次或地區性的消費者作為目標市場，致力於其需求特性來規劃設計產品，以期降低廠商間的競爭程度並提高銷售成績。	寶成及聯邦：　曾以房價作為市區隔方式，紛紛改走建造高級房屋路線。 僑泰：　目標市場鎖定於北市高所得購屋族群，選擇優質區位路段，設計極為高級且精美的產品，價格也相當高昂。
跨區投資模式	跨區投資經營是起因於連續幾年的市場不景氣且中南部區域餘屋又多，故許多中南部在地公司在面臨獲利不佳情況下，逐漸調整企業經營區域版圖，至其他縣市推出個案。	長億：　原以台中縣市為發跡發展地，於民國 85 年起，建築投資逐漸朝北部及南部發展，以分散推案風險。 寶成：　早期以在高雄地區投資興建勞工住宅，於民國 80 年後則至北部投資開發個案。
跨入廣告代銷模式	建設公司為了更貼進消費者需求及建立自身企業品牌與形象，進而將廣告代銷業務整合到自身企業內部，也協助其他建設商銷售房地產。代銷模式分為專業行銷及包櫃銷售。	當時已具備集團化規模的建設商，都陸續建立自己的廣告代銷部門。

資料來源：整理自 1997 年「房地產市場與行情月刊（7 月號）」。

四、穩定期的投資經營模式（1990~2010 年）

（一）策略聯盟及借殼上市的經營模式（1990 年代）

　　大型建設公司不斷地大量開發土地及建築，使得都市精華地段的土地日益稀少，稀少性使得土地成本上漲，但是，新建的餘屋銷售處理問題，都市人口數量及家庭結構改變，購屋需求偏好改變，追求個人生活水準提升等因素，使得建設公司在不動產開發利用及經營管理之觀念，隨之轉變，這是市場環境演化的一種階段性結果。基於維繫產品的長期收益，建設公司經營策略逐漸由以往所重視的「買賣收益」，轉變為重視經營管理的「租金收益」，例如度假休閒中心、觀光飯店旅館、大型百貨公司與購物中心（量販店）、辦公商用不動產、主題樂園或餐廳等。在投資經營模式上，更藉由同業或異業進行策略聯盟，相互學習技術，以及分擔多角化經營所增加的成本及風險，甚至在競爭定位上獲得進一步的強化，建設公司藉由多角化經營進而擴展新的事業版圖。例如 1990 年代大華建設分別和基泰與宏普建設聯手購買衡陽路與信義計畫區土地，一方面減少相互爭地墊高土開成本風險，另一方面也為本身創造更多的開發商機與競標能力，再者如富邦建設在高速鐵路及其沿線場站之住宅與商用不動產開發等。另值得一提，有時兩公司策略聯盟的結果，進而發生財務能力佳的未上市公司，透過集中市場大量購買財務能力弱但土地資產豐厚之上市公司的股權，進而取得該上市公司的經營權，形成所謂借殼上市的經營模式，這在 1990 年初期相當的常見，但是，建設公司急功近利的結果，往往造成經營目標的混亂，虛耗大量資源卻不一定能夠取得良好經營成果。

（二）多角化轉型的經營模式（1990 年代）

1. 多角化轉投資觀光旅館及購物中心

　　台灣地區平均國民所得增減變化，在1980~1990年代中期呈現高成長率的情況。購屋消費者具備更好的所得能力，他們對建築產品設計的內容及品質，存在越來越高的要求。此外，政府部門自1997年宣稱將在工時上實施週休二日制（2001年正式實施），消費者越來越重視在居住活動之中也納入休閒活動，這股市場力量促使不動產的產品品質大幅提升，產品內容結合了許多觀光飯店的休閒設施，例如健身俱樂部、電影院、游泳池等。這時候已有許多建設公司在產

品走向休閒風氣的趨勢下，更進一步投入休閒產業。例如統一集團的統茂開發公司，以「統一健康世界」在國內休閒旅遊市場建立度假飯店品牌。中信集團的中國信託公司及中信飯店，看好這個市場潛力，紛紛努力於飯店旅館及休旅部門的經營。太平洋建設與福華飯店策略聯盟合組太福育樂企業，在台灣東北海岸的翡翠灣及桃園石門水庫開發兩家高品質的度假飯店。投資購物中心及百貨公司也受到關注，經濟部自1994年7月22日公告實施「工商綜合區開發設置管理辦法」，准許某些老舊工業區的土地使用，可依據開發許可制變更土地使用及開發為購物中心，這促使不少持有大面積土地的傳統產業結合建設公司，並引進外商共同開發購物中心。例如台北市的京華城百貨和桃園市南崁區的台茂家庭娛樂購物中心，是當時極為知名的多角化投資案例（表6-6）。

2. 多角化轉投資保全業及公寓大廈管理維護業

基於因應1970~1990年建築業及營建業的蓬勃發展，當時經濟部於1987年協調內政部放寬大樓服務業的限制，促使公寓大廈管理維護業與保全業的興起。關於保全業的興起，台灣第一家保全公司是中興保全公司，在1978年由林燈等人集資設立，第二家是新光保全在於1979年設立，第三家是強固保全於1980年設立，此時期為保全業在台灣開始萌芽發展的階段。隨著保全行業的發展，政府於1991年通過設立保全業法。

公寓大廈管理維護公司發展，最早是1979年台灣美裝興業公司承攬台塑大樓清潔工作為雛型，太平洋建設公司於1985年成立太聯企管顧問公司，對該公司興建之建築物進行妥善規劃及管理，之後許多建設商模仿其管理維護模式也興辦相關企業，公寓大廈管理顧問業（也稱物業管理服務業）逐漸蓬勃發展。不過，在台灣地區的保全業主管單位是警政署，公寓大廈管理維護業主管單位是營建署，主管單位的不同常引起保全公司與公寓大廈管理維護公司的營業範圍無法清楚區隔，直到1995年訂頒通過「公寓大廈管理條例」，將公寓大廈社區內部的產權專業名詞與專業術語加以定義，內政部再於1997年訂頒實施「公寓大廈管理服務人管理辦法」，物業管理服務產業已是都市發展中維繫建築物安全的專業分工者，而且重要性仍然不斷地成長。

表 6-8　穩定期經營模式分析（1990 年代）

經營模式	意義與概念	案　例
1. 策略聯盟及借殼上市	此時的策略聯盟，是企業間出自共同合作需要而結合，以達成某一策略目標之契約關係，其目的是基於公司投資或開發策略的考量，用以確保、維持或增進企業本身的獲利及競爭力。，以求效率導向（如分擔成本、風險）、競爭導向（強化現有策略地位）與策略導向（擴大既存策略地位）之有效發揮。有時兩公司策略聯盟的結果，進而發生財務能力佳的未上市公司，透過集中市場大量購買財務能力弱但土地資產豐厚之上市公司的股權，進而取得該上市公司的經營權，形成所謂借殼上市的模式。	1. 策略聯盟 　　例如民國 87 年大華建設分別與基泰與宏普建設合資購買台北市衡陽路與信義計畫區土地，一方面減少相互爭地墊高土開成本風險，另方面也為本身創造更多的經營商機。 2. 借殼上市 　　例如民國 86 年時百年建設入主新燕實業公司、廣三建設入主順大裕食品公司。
2. 多角化轉型	1. 休閒事業 　　隨著隔週休二日的實施、社會消費型態轉變及國民所得逐步提升，消費者於工作之餘逐漸重視休閒生活的內容，進而誘發業者將不動產產品設計與各種休閒設施相結合，同時也促使業者朝休閒產業投資開發新的事業體。 2. 購物中心 　　購物中心的大量興起，主因在於政府推動的工商綜合區政策，使得擁有大量土地資產的傳統產業得以變更土地使用以發展大型購物中心，另在市場面上也是因應民眾購物休閒偏好轉變，而希望擷取最佳的的商機。 3. 公寓大廈社區管理及保全 　　建設商考量自身興建的公寓大廈社區營運，需要良好的社區經營、管理維護及保安保全，更重要是符合政府訂頒「公寓大廈管理條例」的規範。	（一）休閒事業 1. 中國信託集團成立飯店及休旅部門，投資設立中信飯店。 2. 統一企業投資統合開發公司，以「統一健康世界」為品牌，形成度假旅館飯店、休閒俱樂部及主題樂園的新事業集團。 3. 太平洋建設與福華飯店合組太福育樂，於東北角海岸翡翠灣及石門水庫分別開發度假飯店及休閒住宅產品。 （二）購物中心 1. 威京集團投資台北市的京華城。 2. 黑松公司與三僑公司於台北市東區投資三僑微風購物廣場。 3. 理成營造於桃園縣南崁投資的台茂家庭娛樂購物中心，此案為我國第一件推動工商綜合區政策下完成的大型購物中心。

資料來源：本文整理。

五、新型態的投資經營模式（1990 年代末起）

　　土地是抗拒通貨膨脹的重要投資標的之一，但是，許多企業持有大面積土地則推動土地成本上漲，都市有限數量的土地，擁有良好所得能力者在消費偏好生活觀念的轉變，人們更願意將金錢用於創造自身的幸福感。市場消費意識轉變，使得建設公司對於不動產之利用、經營及管理觀念上有著許多的轉變。不動產的價值，乃決定於其預期收益的多寡與確定性，預期收益越多、越確定，則其價值越高，以往只是單純的「買賣經營」方式，惟自 1990 年起，建設公司對具有穩定現金流量及收益性的產品多採取「出租經營」方式，如此一來可提高不動產之利用價值，二來也可藉此多角化經營，擴展事業領域。這時期面臨不動產市場的好景氣不在，建設商也逐漸朝向商業大樓、廠房及休閒中心等方面進行開發；住宅開發也結合著廠房及遊憩休閒中心的發展，加上這時期實施隔週休二日的休閒活動，更帶出休閒不動產的發展潛力。當時各建設公司投入之經營管理類型，有出租、自行經營、委託經營、或將產品化整為零以持分單位方式銷售，它們大都以辦公大樓出租、高級住宅大樓出租、觀光旅館、度假中心、休閒娛樂中心及百貨公司等經營為主，而關聯產業之間的策略聯盟，由建設事業跨入休閒事業，投資購物中心，成為當時極為熱門的新型態經營模式獲利。

（一）關聯產業之間的策略聯盟

　　當時許多建設公司意識到不動產經營趨勢的變革，已經是需要調整的地步，例如「收益性不動產」的經營，投資期間的資金流入將取代短期投資的資本利得，其中長期收益性不動產越來越常見開發者，例如飯店旅館、百貨公司、商用不動產、主題樂園或連鎖餐廳餐飲業等。雖然，許多新興事業僅屬於不動產周邊事業，但經營的專業性與技術性卻比興建住宅困難許多，採取策略聯盟或異業合作的開發模式，是這時其建設商轉型思考的一條路徑。

　　「策略聯盟」是企業間出自相互需要結合以達成某一策略目標之契約關係。策略聯盟與傳統的合作協定是不同的，策略聯盟之目的在基於公司經營策略的考量，用以確保、維持或增進企業本身之競爭優勢，追求著效率導向（例如分攤營運成本與失敗風險）、競爭導向（例如強化現有策略地位）與策略導向（例如擴大現有的策略地位）之有效發揮。當時，由於企業之間競爭激烈，他們發現單打獨

鬥的經營模式已經落伍，已無法適用於這一時期的企業競爭，因此，企業間為求生存發展，藉由結盟方式，壯大自己經營能力，增加彼此對外競爭力，成為企業圖存發展的重要策略，策略聯盟於是在當時應運而生。

另一方面，隨著市場開發難度會更高，開發規模漸變大，建設商採取與同業或異業策略聯盟手段，共同開發大規模個案已為當時市場時勢所趨。例如大華建設，當時分別和基泰與宏普建設聯手購買衡陽路與信義計畫區土地，一方面減少相互爭地墊高土開成本與風險，另一方面策略聯盟也為各自企業創造更多的市場經營商機。更多建設商之間彼此結合資本與技術，投入在大型工商綜合區、新市鎮開發，高鐵興建及沿線場站的住宅與商用不動的開發，它們相互合作來擴展更大的市場商機。

（二）建設事業跨入休閒事業

政府自 1998 年實施公部門隔週休二日的工時制度，更多勞動之外的時間也推動消費型社會型態的興起，加上國民所得提升與消費意識提高，人們有較多的空閒思考生活的新意義，體驗到生存已不等於生活，慢慢提升精神層面的生活，重視生活品味，而休閒設施也隨之朝向多元化的發展，此舉為沉寂稍久的台灣休閒旅遊市場帶新來的契機。例如統一集團，他們建立「統一健康世界」的度假俱樂部，將住宅與休閒度假相結合，讓消費者購買其建築的住宅產品，更將消費者在住宅活動之外的休閒時間引導至度假俱樂部，他們的新興事業也結合了保育、觀光、娛樂、教育，創造更多元化的住宅活動內容，讓休閒與社區文化相結合，將住宅活動拓展為重視健康生命的休閒空間及遊憩活動。

（三）投資購物中心

自 1990 年代之後，民眾們的休閒生活及對工作時間分配的概念不同於過去的世代，市場結構的轉變已出現不少新商機，購物休閒及美食娛樂更被不少企業經營者視為全面週休二日之後，最好的休閒產業商機。例如一間又一間開發的購物中心，它不只是一棟具有貨物交易功能的建築物與平台，經營者往往透過舉辦各種節慶及譯文活動，提供民眾嘗試更多新鮮新奇的生活方式，消費者擁有更佳品質的購物空間，同時也容納多樣化的消費活動，例如逛街、休閒、娛樂、社交、體驗、競賽、親子活動於一體。因此，購物商場或購物中心乃至於各種不同方式

的商場面積之開發，都成為建設商轉型的新興方向。此外，基於不動產市場適逢景氣復甦難測，不少持有大片土地的不動產開發商，更是積極投入購物中心開發。

經濟部及內政部於 1994 年 7 月 22 日頒定實施「工商綜合區開發設置管理辦法」，當時工商綜合區開發型態可分為五類：綜合工業分區、物流專業分區、購物中心分區、工商服務及展覽分區、修理服務業分區。惟實施以來，許多開發商評估了投資後的土地增值利益，他們往往偏好於投資大型購物中心。當時第一件完成的工商綜合區之大型購物中心開發，是位於桃園南崁交流道周邊的台茂南崁家庭娛樂購物中心。經營購物中心的本質就是經營者提供一個交易與合作的平台，提供消費者一次購足且能休閒娛樂，整合各式各樣的商家及商品在一個建築空間，大家共同分擔環境維護、停車空間、安全維護、分擔廣告及執行銷售策略等多項成本，各個店家最終也能分享彼此合作帶來的好處及共利。

經營購物中心不容易，許多國內知名的購物中心，開發模式大多會與國外經營者合作，例如京華城和台茂南崁家庭娛樂購物中心，微風購物中心案原來也採取和美國西岸的開發商簽約合作，但後來則由台灣的股東取得所有股份。不過，SOGO百貨公司中壢店，以及位於台北市東區的微風購物中心，當時的規模都只是商業不動產的開發，還不是屬於經濟部商業司積極推動的工商綜合區的大型購物中心，經濟部商業司所推動的工商綜合區是以大型綜合性商業區為主，面積規模廣大，經營的困難度比一般百貨公司更高一些（表 6-9），失敗收場者也非罕見。

$ 表 6-9　新型態的投資經營模式（自 1990 年代興起）

經營模式	概念說明	案例
策略聯盟	「策略聯盟」是企業間出自相互需要結合以達成某一策略目標之契約關係。策略聯盟與傳統的合作協定是不同的，其目的在基於公司策略的考量，用以確保、維持或增進企業本身之競爭優勢，以求效率導向（如分擔成本、風險）、競爭導向（強化現有策略地位）與策略導向（擴大既存策略地位）之有效發揮。	營建上市公司的大華建設，近期即分別與基泰與宏普建設聯手購買衡陽路與信義計畫區土地，一方面減少相互爭地墊高土開成本風險，另方面也為本身創造更多的經營商機。

表 6-9　新型態的投資經營模式（自 1990 年代興起）（續）

經營模式	概念說明	案例
休閒事業	隨著隔週休二日的實施及社會型態的轉變，加上國民水準慢慢提升、消費意識提高，人們有較多的空閒思考生命的意義，體驗到生存已不等於生活，慢慢提升精神層面的生活，重視生活品味，而休閒設施也隨之朝向多元化的發展。	1. 統一企業與中國信託紛成立飯店及休閒部門，並設立度假飯店。另統一開發「統一健康世界」創造市場風潮。 2. 太平洋建設與福華飯店合組太福育樂，也在台灣東北海岸的翡翠灣及石門水庫開發兩家高品質的度假飯店。
購物中心	民眾的休閒觀念和對時間分配的概念，已出現不少轉變的商機，購物休閒更被不少人視為是未來真正週休二日後最大也是最好的休閒商機。	1. 台北市南港區的京華城。 2. 台北市東區復興北路的微風購物廣場。 3. 理成營造公司於桃園的開發茂南崁家庭娛樂購物中心。

資料來源：整理自「空間雜誌」(1998)第 110 期。

第四節
建築業跨入休閒不動產之競爭策略

　　除了台北市以外，自 1990 年代中期起，台灣地區的不動產景氣不佳已超過十餘年，依據當時內政部營建署住宅資訊季報(1999)統計，住宅自有率高居 80%以上，當時的平均空屋率皆在 15%左右，截至 1999 年底推估出來的空屋戶數高達 94萬餘戶。雖然，住宅供給在區域之間不易均衡，但一個區域供給過剩的訊息，往往使得多數建設商深怕新產品賣不動而焦慮不已，加上自覺住宅產品的銷售獲利看不到成長性，促使當時建設商紛紛轉投資其他新興事業。轉投資往往伴隨經營風險，且基於市場進入障礙及延伸建築產品的創新，休閒不動產（度假中心及旅館飯店）成為當時許多建設商轉換的新事業領域。

　　台灣經濟歷經 1998 年亞洲金融風暴洗禮後，住宅產品的市場情況，出現土地成本難以壓低，人力及建築原料成本亦降低有限，產品售價則又難以提升，導致不動產開發的獲利性逐年下降，建設商轉投資的腳步更形加速。雖然，台灣地區中小企業是以富有市場應變能力之特性著稱，企業家創新的精神更是立足市場生

存之關鍵，當時遂有台灣「沒有夕陽產業，只有夕陽企業」之說。但是，整體產業產值萎縮，企業數量銳減，建築產業未來如何發展？如何提升品質？當時有許多業者正面臨嚴酷的發展瓶頸，它們的發展基礎尚待補強，資本與技術受到限制，這讓當時建築業加速找尋新產業機會及研發創新產品。

土地對於建築投資業而言，已不再是資產而是原料，土地必須經過加工轉化為具價值的商品才有前景[7]（高清愿，1999）。休閒不動產在所謂土地加工成商品且提升附加價值方面，具有較佳的市場潛力。因此，才會在週休二日實施之後逐漸成為風潮。本節由產業經濟觀點進行分析，首先，說明休閒不動產之內涵，其次，探討建築業當時面臨之競爭與挑戰，並且說明休閒不動產的發展動態與發展機會，最後，運用 Porter「產業競爭五力分析」觀點，檢視當時建築業所面對的競爭壓力，並且運用 Porter 發展出的三種競爭策略，包括低成本領導策略、產品差異化策略及集中化策略，用以分析當時營建業跨入休閒不動產的競爭態勢，並且歸納了建築業開發休閒不動產與主要的經營型態，也就可能的發展趨勢提出若干觀點[8]。

一、休閒及休閒不動產之內涵

（一）休閒的意義

「休閒」是自有人類生活以來即已存在的事實，但休閒觀念主要是源自於西方，休閒的需求則是伴隨著社會經濟型態轉變及國民所得增加後，人們為了紓解講求迅速與效率之工作壓力及緊張的生活步調與節奏，所反應出的新興社會生活習慣。

然而，隨著社會的變遷與進步發展，「休閒」一詞也因時因地被賦與不同之定義或解釋。有關休閒之定義，一方面將休閒視為一種狀態，指經濟個體自由自在，不受任何事物束縛之快樂狀態；另一方面將休閒視為一種活動與行為，就休閒的功能而言，是一種個體自由意志選擇的活動或參與特殊型態的活動，該活動具有

---

[7] 高清愿，1999，「土地不再是資產而是原料」，工商時報，1 月 11 日，經營知識版。在跨越 2018 年的今日，土地也是實現各種創新創意的實驗基地。

[8] 柯伯煦，2000，「建築業跨入休閒不動產開發之競爭策略分析」，第二屆亞太管理學術研討會發表論文，台南：成功大學。

娛樂效果，且能滿足個人自我之慾望乃至個人生理的、心理的及社會的需要，進而充實自我價值，或使個人之遊憩慾望能獲得最高的滿意度。再者，有些研究者指出，休閒可視為非工作時間及一種消費，休閒是自由時間或非付酬工作的時間，且休閒是自我修養的實現。

綜合上述各研究者對於「休閒」意義之探討，本文將休閒定義為：「經濟個體基於某一特別時間上的自由意志選擇之活動，該活動能使身心達到紓解之效果及狀態」。政府部門自 1998 年實施隔週休二日的工時制，引發政府組織成員每人可自主運用時間加長，這是一種社會生活型態的轉變，本文認為「休閒」在內涵上強調著：(1)休閒具有自主性：人們可自由選擇如何打發時間；(2)休閒具有個別性：例如游泳對某甲是個休閒時間下的活動，但對某乙是謀生的職業；(3)休閒具有「時間」觀念：人們選擇工作與睡眠時間外的某段時間從事休閒活動。

（二）休閒不動產之意義

依前述對休閒涵義的討論，進而詮釋休閒不動產之意義，故休閒不動產往往具備下列三種型態之中，任何一種或一種以上之使用型態的組合。

1. 不動產可依使用時間切割而劃分：例如會員專屬時段與開放一般民眾消費時段之不同使用權利，當時也有業者將不動產使用權的制度，加以區隔為會員使用區與非會員使用區。

2. 不動產可依取得目的而劃分：例如資產（如休閒住宅、度假住宅）與準資產（如會員卡、VIP卡、使用券、優待券）。

3. 不動產可依投資者經營之型態而劃分：例如主題樂園型、購物中心型、度假中心型、俱樂部型、住宅型、持股型。

休閒不動產具備的特性不同於一般住宅產品，包括使用頻率較低、建築物低密度開發、娛樂設施多功能使用、區位便利且具景觀條件、上流身分地位象徵性強、產品屬於總價市場。基於構成休閒不動產的特性可以組合，也可以細分化分割，休閒風潮推動了住宅產品與觀光飯店在功能有著多元化的融合。

二、我國建築產業之發展現況

（一）建築業之產業動態

在 2000 年之前，建築業亦稱作營建業、房地產業、不動產業，較狹義的認定，應是指建築投資、開發及顧問業。若依產業上中下游之垂直關係加以區分，產業上游為建設開發、建築設計及顧問業，產業中游為營造、鋼鐵、磁磚、水泥及機電業，產業下游為廣告代銷、仲介及代書業。建築產業特性屬於內需型，且亦兼具資本密集及勞力密集之特性，因此，建築業受景氣循環影響相當顯著（曾有 5~7 年一循環之說，但今已打破此說法），同時，基於其關聯產業多且影響構面廣，過去素有火車頭工業之稱。

台灣地區建築業自前一波景氣高峰期（1987~1990 年）結束至今，景氣低迷已歷經十餘年的時間。其中主要原因是來自容積率實施引發建設商在住宅產品的搶建，1990 年起台北市全面實施容積率管制，1991 年起台灣地區及高雄市亦逐次實施，至 1999 年 6 月 18 日全台灣地區全面實施容積率管制。其中在 1992 年及 1993 年時，是全台灣地區搶照最瘋狂的時段，1992 年更是創下歷年來的高峰（參見表 6-10）。依據內政部統計當時空屋約有 94 餘萬戶，市場空屋短期難以消化，被認定為影響建築業景氣無法復甦的最大包袱。當時景氣低迷之際，國際之間，1995 年有出現中國大陸的飛彈試射事件，國內社會，1997 年又出現連串的重大治安事件及社會事件，例如白曉燕遭綁架撕票案、住宅夾層屋適法性事件、新北汐止林肯大郡山坡地住宅災害事件。不僅如此，在 1997~1998 年之間爆發亞洲金融風暴，導致許多上市上櫃公司虧損跳票進而引發股市大跌，這衝擊了建築產業的發展，在國內經濟成長衰退，當時李登輝總統於 1999 年 7 月提出「特殊兩國論」，造成台灣與中國大陸之間敵對情勢緊張，更廣泛衝擊了建築產業的未來發展性，這產業瞬間成了失去動力的火車頭。1998 年以後，整體產業面臨著，建設商存貨過多開始削價競爭，獲利空間縮小促使企業縮小產能，減少推案量，虧損廠企業出市場，產值迅速萎縮，營建業似乎失去了產業發展優勢。

雖然，上述的不動產市場發展過程，存在許多不利事件，惟政府曾經提出一些振興營建業的措施，例如 1999 年初釋出 1,500 億優惠房貸，並且在短期下對於市場餘屋消化及建設商的資金周轉確實帶來一些助益，但長期而言仍舊無法為營

建業帶來持續的刺激，激勵營建業的復甦力量。當多數建設商對建築業獲利成長空間形成悲觀預期下，當時許多建設商加速思索其他投資管道，重新配置自身的資本、勞動、技術與投資區位。

表 6-10 台灣地區（民國 75~105 年）建造執照及使用執照統計分析

年期（民國）	建造執照			使用執照		
	件數	總樓地板面積	變動率(%)	件數	總樓地板面積	變動率(%)
75	65,679	30,069	—	56,694	25,975	—
76	71,457	34,275	14.0	59,884	25,168	-3.1
77	63,254	37,525	9.5	64,441	29,608	17.7
78	62,078	46,187	23.1	59,559	31,234	5.5
79	49,122	40,066	-13.3	52,856	31,271	0.1
80	65,100	57,156	42.7	50,146	31,995	2.3
81	86,539	76,436	33.7	61,919	36,922	15.4
82	76,578	72,490	-5.2	72,872	47,543	28.8
83	67,431	61,215	-15.6	68,494	58,159	22.3
84	54,295	45,687	-25.4	60,854	55,263	-5.0
85	42,669	37,689	-17.5	47,994	45,709	-17.3
86	42,207	45,779	21.5	38,562	38,462	-15.9
87	36,914	42,325	-7.5	37,154	38,683	0.6
88	28,067	37,154	-12.2	30,404	41,240	6.6
89	29,493	34,987	-5.8	27,370	35,023	-15.1
90	22,175	21,630	-38.2	28,507	31,167	-11.0
91	25,282	23,079	6.7	22,786	24,386	-21.8
92	34,468	28,357	22.9	26,579	26,497	8.7
93	45,934	42,497	49.9	31,902	27,872	5.2
94	43,805	43,200	1.7	35,271	31,028	11.3
95	35,184	36,664	-15.1	37,978	36,202	16.7

表 6-10 台灣地區（民國 75~105 年）建造執照及使用執照統計分析（續）

年期（民國）	建造執照			使用執照		
	件數	總樓地板面積	變動率(%)	件數	總樓地板面積	變動率(%)
96	31,704	34,732	-5.3	34,797	36,024	-0.5
97	19,484	26,166	-24.7	27,376	32,717	-9.2
98	20,517	19,916	-23.9	16,770	26,535	-18.9
99	29,696	31,174	56.5	22,293	24,014	-9.5
100	33,161	34,148	9.5	26,250	25,885	7.8
101	31,237	32,883	-3.7	26,903	27,761	7.2
102	33,531	39,760	20.9	28,014	28,772	3.6
103	31,994	38,635	-2.8	28,806	31,718	10.2
104	27,643	32,596	-15.6	28,837	32,868	3.6
105	22,511	26,235	-19.5	23,552	29,988	-8.8

資料來源：整理自內政部營建署各年「營建業務指標月報」。　　　　　　　　　　　註：單位：件，千平方米

（二）休閒產業之發展動態

多數人選擇休閒及遊憩活動時，時間及目的是主要的考量。所從事的活動必須是在自己可充分支配且運用的時間內，主要從事休閒活動目的是為舒緩平時工作的緊張壓力或疲憊感。休閒與工作常不易明確區隔及辨別，因為工作或休閒均有助於提升人們的生活品質。故休閒產業的概念，呈現著多元且富有彈性空間，在產品特性上多數是以服務「人」為重點。

舉凡與休閒概念有關之產業，皆可稱之休閒產業，故食、衣、住、行、育樂、教育、自修、旅行、居家生活等各種活動，凡以提供休閒為目的而構成之服務提供及生產與製造行為皆屬休閒產業，例如百貨公司、量飯店、遊樂場、大型購物中心、休閒俱樂部、度假中心、健身中心、觀光飯店、旅行業、航空公司、租車業等。基於了解休閒產業及休閒不動產市場，本小節首先就國內休閒產業市場發展概況初步分析，進而針對休閒不動產產業發展機會加以分析。

台灣地區民眾在政府實施隔週休二日工時制度之後，休假時間增加，休閒旅遊市場經過近十年的競爭與重組，出現結構性的改變。影響休閒產業的行業，除了服務業之外，零售業及相關製造業也受到關聯及推動。休閒活動則受到消費者在休閒的動機、種類、方式、時間、地點與消費能力的偏好，呈現多元化，甚至會基於達到特定功能，推動了品質提升。當時國內休閒產業市場發展可由下列幾個方向加以說明。

1. **國民旅遊、教育及消費之需求意識已喚起**：依據2000年交通部觀光局統計，台灣在1999年受到921大地震及暑期豪大雨之影響，使得全年國民旅遊人次較1998年衰退7.91%。但是，1998年全年從事國民旅遊之民眾，已高達9,603萬人次，而1999年亦尚有高達8,844萬人次的遊客人數，旅遊人次大幅成長亦足見國民藉由休假日旅遊已漸成習慣，而旅遊所帶動的家庭消費支出增加，以及旅遊結合開會、教育、研習等複合性功能已逐漸普遍。

2. **國民所得提高及民眾重視生活品質，逐漸改變消費支出比重**：當時平均國民所得已達1萬3,000美元所得水準，民眾在食、衣、住、行、育樂等方面之需求內容及消費能力正有所改變。飲食方面，國人外食支出比例正逐年穩定成長；衣著方面，依據紡織拓展聯合會統計指出，國人在服飾產品的需求，1年有約600億元的消費潛力，住宅方面：DIY自組家具之習性逐漸養成，中高所得者添購第二住宅或換屋目的中加入休閒需求考量，行動方面：依據1998年交通部統計資料指出，國民汽車擁有率已達76%，相較於韓國的16%高出4倍餘，且汽車已是家庭生活基本配備，育樂方面：出國旅遊、逛街購物及享受餐飲美食已成都市民眾日常休閒的一部分。

3. **休閒觀光型飯店大量崛起**：依據當時交通部觀光局推估，週休二日制度實施之後，國人花費在旅遊、飯店住宿、餐飲休閒之商機在千億元以上，故政府正積極標售各旅遊觀光景點之國有地，希望帶動民間投資，而國內各企業集團亦卯足全力積極開拓。其中為加速花東地區觀光資源開發，交通部觀光局已完成「東部區域整體觀光發展計畫」，公有土地持續以BOT方式提供民間開發利用。

4. **國內籍旅客在觀光飯店的入住率提升**：國民旅遊中家庭式共聚的風朝逐漸興盛，基於機動性、旅費及時間上較出國旅遊節省許多，且國內觀光飯店的質量皆較

過去提升許多,同時,休閒旅遊套餐結合各種商品(信用卡、訂報及雜誌、購車等)強力促銷,使得較具消費能力者逐漸喜歡在國內度假消費。

5. **短天期套裝產品成為市場主流**:當時因應週休二日假期及台幣貶值效應,形成利於國內旅遊成長的條件,引發國外線旅遊業者積極轉向開拓國內市場。國內旅行業者、政府觀光主管部門(交通部觀光局及縣市旅遊局)、餐飲美食業、大眾運輸產業等,皆推行一、二日套餐行程,希望藉旅遊天數自組化、價位合理化、及選擇內容多樣化之優點,藉以刺激並迎合消費者需求。

6. **主題型遊樂園遊憩人次提高**:依據1999年交通部觀光局統計各主題型遊樂園公布之營業額成長概況,在921大地震發生前,普遍皆有1~2成的成長,顯示出主題型遊樂園一日遊之旅客人次提升許多,其中能搭配住宿及餐飲之套裝產品更是在市場上受歡迎。

(三)休閒不動產之發展動態

1. 休閒不動產之發展歷程

　　依據許文川(1998)研究指出,台灣地區之休閒不動產產品型態發展可劃分為五個時期,分別為(1)露營區開發設置時期;(2)休閒俱樂部經營型態興起;(3)結合飯店之經營型態興起;(4)休閒住宅之開發經營型態興起;(5)多元化休閒住宅之開發經營型態興起[9]。若以時間沿革加以觀察,台灣地區休閒不動產的快速發展始於民國70~80年期間(1981~1991年),休閒化住宅的逐漸受到消費者重視,則是在1991年以後才開始。在民國85年~87年間(1996~1998年),休閒化住宅結合休閒俱樂部型態開發的產品,更是百家爭鳴,至1998年政府實施隔週休二日制,休閒產業乃至休閒不動產之發展已是獨占性競爭之局面(表6-11)。

---

[9] 參自許文川,1998,「由消費者角度檢視休閒住宅經濟效益」,新竹:中華大學建築及都市計畫研究所碩士論文。

表 6-11　台灣地區休閒產業之市場發展沿革

年期	市場狀況	發展特點
1971 年~1981 年 （萌芽期）	1. 國內產業正由農業轉型為工業，經濟剛起飛，國內休閒旅遊景點少，觀光果園開始草創，但民眾傾向於透過工作賺取更高所得，並無安排休閒活動觀念。	1. 旅遊以國內為主，旅遊方式多是以公司行號團體方式進行。 2. 休閒產業之價格低廉，尚無品質可言。
1981 年~1991 年 （成長期）	1. 國內經濟高度成長，國民所得及生活水準快速提升。 2. 政府開放大陸旅遊及探親，旅遊市場迅速由國內過展至國外。國內觀光景點成長迅速且多元。 3. 政府對國內整體觀光發展已有整體發展計畫。休閒農業逐漸大型化且多元化。	1. 旅遊業服務水準不一，經常出現旅遊糾紛。 2. 旅遊據點成長快速，旅遊地點由國內延伸至出國旅遊成長快速。 3. 小客車成長快速，促使個人旅遊頻率增加。
1991 年~1996 年 （加速成長期）	1. 國內休閒產業之質與量水準加速提升，休閒產業競爭激烈，市場導向高品質之定點旅遊。 2. 休閒業結合不動產業，以發行會員卡方式行銷。82 年開始，休閒住宅產品在台北都會區逐漸發展。 3. 休閒化住宅逐漸受到消費者重視。 4. 國有非都市土地，以各種開發方式（出租、設定地上權、BOT）提供民間業者主導開發。	1. 消費者權益高漲且以立法保障，對休閒旅遊品質要求高。 2. 休閒俱樂部開發邁向百家爭鳴情況，經營內容與經營模式漸趨多元化。 3. 小客車持續高度成長，國人旅遊支出持續高速成長。
1997 年~2001 年 （質量蛻變期）	1. 政府實隔週休二日，休閒產業異業結盟多，週休二日旅遊市場競爭更激烈。 2. 集團企業及建築業加速投入休閒產業開發，休閒產業促銷方式出現多元化。 3. 休閒不動產開發強調主題性之定點旅遊。	1. 以高品質之定點深度主題旅遊為主。 2. 網際網路發達，休閒旅遊資訊發達，全家出遊方式漸形成，國內旅遊以小客車代步者多，旅遊景點交通問題逐漸嚴重。

資料來源：本文整理。

實務上，建築業對於休閒化的住宅產品（強調度假飯店式的俱樂部休閒設施）興起，最初始於民國81~82年間（1992~1993年），當時區位上多集中在台北縣（今新北市）富有景觀條件的鄉鎮（如淡水、三芝、八里、萬里）。此後，「休閒住宅」逐漸在開發商的濫用下，顯得穩亂且定義模糊。就當時市場上開發者所認定及宣稱的「休閒住宅」產品而言，可蓋分為四個種類。

(1) 標準式的休閒住宅：這類產品本身與區域產品相區隔，開發商以休閒功能為住宅產品的主要訴求，並位於郊區的風景線上，與自然環境相結合，個案規劃能滿足各戶的休閒需求，具景觀及休閒設施，休閒產品的特質甚至部分個案的建材已具五星飯店水準，住宅屬性上較偏屬於第二屋，休閒功能較強。

(2) 俱樂部式的休閒住宅：這類產品多位於市郊，個案本身提供住戶完整高的休閒設施但缺乏景觀條件，且住宅的功能性較明顯，建材與產品規劃較不具市場區隔，與一般產品差異性並不高 但休閒設施仍是業者銷售的主要重點。

(3) 景觀式的休閒住宅：基地位置位於風景線上為產品主要銷售訴求，以所在區位的優美景觀為主要賣點，休閒設施較偏向於附屬設備。基本上此類產品亦缺乏市場區隔性質，銷售則以個案表現為主。

(4) 集團式的休閒度假中心：這類休閒度假中心，主要分布在台灣地區各風景名勝區，諸如南投日月潭地區的「水沙蓮飯店」、統一集團在墾丁地區及谷關地區開發的「統一健康世界」、南投溪頭地區的「米堤飯店俱樂部」等，上述休閒中心皆以會員制方式提供休閒設備及服務活動，較屬休閒俱樂部性質，也可稱之日租型的休閒住宅。

2. 休閒不動產產業機會探討

休閒產業的市場需求逐漸浮現，在關聯產業中位居領先龍頭的休閒不動產，只要在投資開發上掌握消費者偏好，加入創新巧思，往往是商機無限。自1990年代起，有關國內休閒不動產產業機會之探討，茲分為下列五點說明。

(1) 一次滿足多種休閒目的，中大型購物中心興起：在 One Stop Shopping 模式盛行的今日，單一休閒設施或地點已漸無法滿足消費者，由單一休閒點擴增為休閒圈或休閒帶已是未來趨勢。例如主題樂園加上觀光飯店、結合鄉

村牧場或農場、溫泉旅館、天然海景、水景與山景等，使得度假套餐組合可以成為一日遊乃至多日遊，而購物環境由於消費與娛樂之結合，習性逐漸改變為一次購足一週生活所需。看中此種具多功能或多重目的之休閒購物環境，加上當時政府為有效再利用大量閒置或低度開發之工業用土地，鼓勵工商綜合區開發放置，基於市場商機及土地使用限制之釋放，使得中大型購物中心大量興起。

(2) 國民旅遊成長快，遊樂區及休閒觀光旅館開發加速：依據當時交通部觀光局統計，國人每年出國人次高達 500 萬人次，出國旅遊已成人人皆有能力消費的休閒活動，海外旅遊更以每年 8% 穩定成長，而國人休閒活動中占 14% 的國民旅遊部分（高潔如等，1998），未來成長空間大、潛力足[10]。國內市場方面，1997 年花東地區遊客人次由 98 萬增至 119 萬人次，成長幅度達 2 成以上，可見東部休閒旅遊市場商機潛力極佳，許多企業集團正積極投入觀光飯店開發。此外，國內尚未高度開發之旅遊據點，例如澎湖、綠島等地的觀光飯店或旅館用地皆已有企業集團取得開發權，積極開發興建中。而零售業者（統一超商、全家超商、萊爾富超商）、速食業者（麥當勞、肯德基）、其他相關流通業者也開始於重要轉運車站、加油站、交通要道休息站、遊樂區及旅遊風景據點，大力擴張新據點。

(3) 都會區休閒夜間活動多且時間長，具休閒加娛樂之複合商圈發展潛力佳：政府實施週休二日制度，使得消費者規劃休閒活動之時間，由週六下午一天半延長至週五晚間開始的二天整。較充裕的休閒時間，使得從事休閒、娛樂、消費、購物、進修、乃至居家生活的時間加長，且在地理空間活動範圍方面也加大。結合休閒及娛樂之複合式商圈，由於相關業種的重新組合，例如餐飲、圖書、電腦、電子、電影等，未來將具較佳發展潛力。

(4) 外食人口持續成長，旅館飯店之餐館開發經營加速擴增：當時依據中興大學農產運銷系李照皇教授於「國人在家和在外食品消費支出與分析預測」一文指出，國人外食比例將由目前占食品總支出之 17%，以每年 2.6% 的規模穩定成長，其預估至 2001 年國人每人每年外食支出將達 8,400 元，占食品支出的 25.3%，外食市場總規模將達 1,870 億元（高潔如、劉育菁及簡秋

---

[10] 高潔如、劉育菁及簡秋旭，1998，「更長的假日、更多的商機」，台北：錢雜誌，2 月號。

旭，1998）。此外，觀光旅館經營模式不僅提供外食及休閒住宿功能，政府、企業或社團於業務淡季時選定作為研習訓練場所，將開會、研習、休閒等功能整合於一體，已是基本配套，經營內容將更趨於多元化。

(5) 休閒化社區住宅，提供購屋者另種居住選則：為因應國人對住宅使用已由單純居住機能擴大為在家休閒，因此，建築業紛紛取得具有自然休閒條件與較易塑造休閒元素的土地，精心規劃設計後開發為休閒住宅，投資的方式包括興建休閒住宅、經營社區休閒俱樂部、開發大型購物中心及百貨公司、開發觀光飯店、開發主題樂園及度假中心等。

三、建築業跨入休閒不動產之競爭策略

（一）企業之間的競爭策略

產業及企業之間的競爭從來不曾停止過，只是競爭的程度有緩慢與激烈之差異。建築業在過去的經營策略包括快速累積資本、降低成本、產品的先占與模仿、提升營建品質等方面，但隨著整體社經環境及產業環境的變遷，建築業過去的產業優勢逐漸消失，面對異於以往的經營環境，企業如何善用自身資源優勢以提升競爭力，將成為市場競爭的主要策略。首先，採取 Porter (1980)提出的「產業競爭五力分析模型(Five Forces Model of Industrial Competition)[11]」，用以檢視 1990 年代建築業所面對的競爭程度。其次，運用 Porter 提出「競爭領域與競爭優勢」兩種向度(dimension)的競爭策略所形成的策略矩陣，進而發展出的三種一般性競爭策略：成本領導策略、差異化策略及集中化策略，藉以 1990 年代營建業跨入休閒不動產的競爭態勢。

1. 建築業的競爭威脅

Porter(1980)提出「產業競爭五力分析」的概念，其中所謂五種力量造成產業競爭之差異性，主要是指現有競爭廠商的競爭程度、替代品的威脅、買方的談判力、賣方的談判力、及潛在進入者之威脅等，由此五種力量可較清楚檢視營建業各廠商所面對的競爭程度與壓力，茲說明如下。

---

[11] Porter, M. E.著、高登第及李明軒譯，2001，「競爭論」，台北：天下遠見公司出版。

(1) 現有競爭企業的競爭程度：營建業利潤維持須靠推案且銷售順利，又各企業之間基於年度業績的壓力（尤其是上市及上櫃公司），一案接一案的推出，產能擴充迅速的同時，市場餘屋水準無法有效下降，最後演變為競爭廠商間激烈的價格戰。

(2) 替代品的威脅：住宅產品一旦稍有創新，除了採用特殊的建材及超高層大樓之施工技術外，無論是裝潢施工、空間格局設計、社區公設內容規劃、建築立面設計等，在市場上極易遭致模仿或抄襲，因此，想維持產品的獨特性，短期尚可確保，但中長期幾乎不可能避免地被取代。

(3) 賣方的談判力：營建業之主要原料為土地，長期下國內土地供給市場的缺乏彈性，造成住宅營建的土地成本無法降低，縱然當時是在營建業不景氣之下，地價向下調整之幅度亦相當有限，然只要整體經濟景氣稍加復甦，地價又快速向上調漲，使得賣方（土地所有權人）多數時間在談判力上較居上風。

(4) 買方的談判力：當時市場餘屋量多，每年又有新成屋推出，而國人住宅自有率已高，買方對於購置不動產保值的動機已弱，因此，當時的住宅產品市場顯然為買方市場，買方的議價力強過於賣方，導致建設商想薄利卻不見得能多銷。

(5) 潛在進入者之威脅：因國內土地及人力成本的逐漸提高，許多傳統製造業逐漸轉型或將產業外移，使得國內原有生產用工業用地在各縣市大量釋出，經都市計畫程序變更為為住宅或商業用地。各建設商為了開發利用企業集團下的土地資產及永續經營，往往成立自己的開發團隊跨足營建及休閒事業市場，促使營建市場競爭加烈。

2. 企業之間的競爭策略

企業之間的競爭要能勝出，思考有利的策略很重要。依據Porter在其「競爭優勢」一書的觀點，他歸納了企業之間競爭的一般性策略，主要為「低成本領導」、「產品差異化」或「集中化」等策略，藉以取得相對競爭地位。本節則以上述三種競爭策略，說明建築業跨入休閒不動產市場的競爭趨勢。

(1) 低成本領導競爭：當時在大環境不景氣下，降低成本既是創造盈餘。營建業者在當時建築本業的競爭上（購地或合建住宅銷售獲利之模式），除少數

精華區及優質住宅區除外（如台北市），其他地區因餘屋量龐大，供過於求的傳統住宅產業中，各企業間競爭性強、但獲利性卻漸低的產業環境下，無不積極尋求其他投資管道，休閒不動產的興起正適時填補了當時的市場空隙。惟不動產市場的競爭雖是市場的本質，但合作（企業策略聯盟）卻逐漸成為當時企業因應景氣不佳下，降低開發成本尋求新投資管道的另一種潮流。建築產業與關聯產業之間的企業策略聯盟，在於原企業多元化的經營技術取得成本較高，且邊做邊學邊摸的經營模式相對地提高投資失敗的風險，因此，為跨入休閒不動產以提升不動產產品的附加價值，且需有效降低創新產品所發生的成本，當時企業間的結盟逐漸興起。例如寶成建設與東帝士晶華酒店合作開發經營休閒住宅與俱樂部，統一集團與福華飯店合作開發經營度假飯店，且又與法商共同開發家樂福量販店，加上又經營統一超商，將食品通路上中下游充分整合，以有效降低通路成本。惟無論是哪一種型態的休閒不動產開發。軟硬體維護相當重要，否則休閒品質必定會大打折扣並引來糾紛，此點在經營管理上反而形成另一種市場進入障礙，且更加速了飯店旅館業者與建築業者間策略聯盟的催化，以取得產品創新及低成本領導的市場地位。

(2) 產品差異化競爭：此種策略就是製造出品質無人能比的產品，例如更高的品質、創新的設計、更好更強的售後服務、更強的品牌意識等。由於通訊媒介的發達，不動產市場資訊相較於過去，已有較多的資訊來源，因此，在小區域範圍內消費者的口味及偏好會因建商推出產品的流行及刺激而趨於一致性，在此種市場效應下，各廠商最初開拓出的差異化產品，例如夾層屋（或室內淨空挑高產品）、精華區超大坪數住宅、都市景觀住宅、水岸景觀住宅、安全住宅、網路住宅、老人安養住宅、休閒住宅、溫泉住宅等等，各企業新開發出來的客源潛力豐厚，建設商之間，彼此觀摩學習也相互模仿，最初的差異化產品逐漸成為市場主流產品，最後反成為一般化產品，期間僅需約 1~2 年的時間。因此，市場不斷創新推出差異化產品，只要產品受消費者認可，創新者必定先獲致極大利潤，但差異化的領導地位時間卻無法長久，很快的會被其他建設商模仿。

當時不斷創造產品差異化是以集團式的建設商較具能力，例如統一集團之統合開發不斷開發新據點，並結合當地特有自然資源（如飲食文化、氣候、水源、環境磁場），轉化運用創造成為具差異化的休閒俱樂部。皇普建設投入台北市北投地區的溫泉資源，投資興建春天酒店（原南國旅社）之後，又再投資另一家溫泉酒店。亞太飯店亦鎖定北投地區自然的水及溫泉資源，斥資將原華南、交通飯店改建為溫泉飯店，另又將購地興建俱樂部及水上主題樂園。遠雄集團之遠東建設，則是整合台北市陽明山的景觀、氣候及溫泉資源，斥資於馬槽公園附近興建溫泉度假酒店、別墅及主題遊樂區。上述案例可知，企業集團投入休閒不動產運用自然或人文資源的休閒元素，創造新型態住宅產品及使用性，無非是看中休閒市場中，可創造新產品來刺激消費者在住宅產品使用或購買的新選擇，以突破傳統住宅開發經營槽臼，也藉以擺脫被同業模仿的價格競爭。

(3) 集中化競爭：採行此種策略必須依附在市場區隔上，藉著有效市場區隔，業者可採取高價位、高品質的銷售策略。開發休閒不動產，未來必將顛覆消費者原有的休閒活動習性及消費觀念，投資者將整合吃的、住的、用的、玩的、視覺的、聽覺的、學習的、教育的等多元化活動的相關活動，針對某一群消費者、選擇某個地理範圍、採取特定行銷通路等策略，加以集中化。故休閒不動產開發必須能有效結合住宅商品、遊憩設施及商品、休閒產品網路、經營管理人才與經驗，各企業集團間往往展開競爭，希望優先掌握並取得軟體（經營與銷售）及硬體（營建與修繕）的經驗與技術 (know-how)，且在集中化競爭中依據自身專業取得進入障礙的領先地位並成為領導廠商。因此，當時有許多建設商，在住宅產品市場景氣下降之前，立即投入開發休閒不動產。例如台南統一集團轉投資統合開發，經營統一健康世界，台南鳳翔建設轉投資南仁湖公司，經營墾丁悠活度假村及中山高速公路各大休息服務站區，長億建設轉投資月眉育樂世界主題樂園等皆是知名案例。表 6-13 及表 6-14 的彙整，顯示出各集團型企業經營休閒不動產的腳步，在當時都不斷努力著。

（二）休閒不動產之開發與經營模式

1. 投入休閒不動產開發策略擬定之方向

　　建築投資或轉投資的主要盲點，包括不知消費者需求在那裡及無法立即感測並反應市場需求。建築業者為求降低投資風險，故轉投資休閒不動產之開發策略，往往運用轉化或延伸企業內部資源（人才、土地、營建專業技術、行銷等），以提升資產經濟效益為主，整合環境外部資源為輔，例如空間區域布點的水平整合、或經營體系上、中、下游的垂直整合等。綜觀當時建設商在休閒不動產的開發策略，約可歸納為下列四種方向。

(1) 選擇具有多元化休閒誘因之區域進行開發：休閒不動產開發區位選擇，以先天條件具有越多休閒資源或休閒元素越佳，且投資後周邊資源之附加價值也越高，此外，可銷售及經營管理模式亦較多元化。例如台灣北部地區，擁有天然海景與山景之景觀優勢，休閒活動方面包括水上活動、沙灘活動、滑翔翼、飛行傘等戶外活動。石門水庫遊樂區鄰近區域，則具有遊憩與景觀之休閒元素。位於陽明山地區則有溫泉之休閒元素可供塑造溫泉住宅，北海岸則有以溫泉療養館為述求之俱樂部，強調養身、保健與休閒。

(2) 運用大型個案或造鎮計畫推出主題式休閒俱樂部：此種推案風潮乃肇始於1991 年前後，建設商推出附設游泳池為焦點之住宅產品，但後來建設商乃至該大樓管理委員會對公設未能妥善維護管理，導致泳池變蓄水池或廢水池等衛生死角問題。其後於 1993~1995 年期間，許多大型住宅個案反璞歸真出現低公設或不需公設的產品。然住宅產品的休閒化仍為市場趨勢，經業者對產品不斷推層出新演變至今，仍將公設之規劃設計朝向休閒功能發展，依據個案特性組合三溫暖、健身房、游泳池、視聽室、圖書會議室等俱樂部設施，並結合休閒業者共同經營或出租設施由其他業者獨立經營，以解決過去休閒化住宅產品弄巧成拙之缺失。

(3) 變更原廠區工業用地興建購物中心及觀光旅館：自 1990 年代起，政府為解決當時商管業及服務業在用地取得困難，由經濟部及內政部共同制訂法令，依循都市土地及非都市土地的開發許可制度，推動工商綜合區的開發。這種管道促使被低度利用的工業用地及農業用地，可依循都市計畫變更程序或非都市土地使用變更程序，變更土地使用為高價值的商業用地或工業用地，這些用的在區位上，以位於都市化程度較深、人口稠密、交通便捷、

環境地段佳之廠房工業用地的增值潛力最高。又基於市場趨勢及經濟利益考量，土地變更使用幾乎皆朝向大型購物中心或觀光旅館為開發方向。例如中石化的高雄廠、泰豐工業的中壢廠、新光紡織的士林廠、台肥的南港廠等皆是（表 6-12）。

(4) 整合企業內外部資源擴張新的休閒版圖：當時多數企業經營者認知到，先掌握通路才能掌握商機，在投入休閒產業的同時，也進行企業內部及外部資源整合，特別是在專業技術及土地方面，期望打開本業通路創造新商機外，並且降低多元化投資經營所增加的企業系統風險。例如 1990 年代中期的統一集團，將原位於保護區之土地（山坡地），開發為休閒俱樂部（統一健康世界），再以經營俱樂部之經驗與福華飯店合作，共同投資經營墾丁福華飯店，藉以擴大住宅產業之外的休閒產業版圖。

2. 休閒不動產開發型態

休閒不動產開發存在用地(土地使用分區管制)及建築物規劃限制之問題，先天競爭優勢條件以營建業者較佳，若就採行土地開發利用方式之差異性而言，當時業者投資休閒不動產之開發方式約可劃分成五種：(1)主題型遊樂園開發；(2)購物中心或百貨公司開發；(3)五星級度假觀光飯店開發；(4)休閒俱樂部開發；(5)休閒住宅開發（表6-13），而上述五種的開發型態上，企業之間以同業或異業結盟的方式，取得經營上的專業及關鍵技術是個重要趨勢。

3. 休閒不動產經營型態

當時國人的平均國民所得持續增加，消費觀點可塑性變大，建設商推出休閒化住宅產品之設計焦點，嘗試改變著由「賣房子」轉變為「賣一個生活方式或時間」，藉以打動消費者固有之購屋觀念，企圖以結合健康、休閒與全家共享的理念刺激消費者接受業者推出的休閒概念產品。目前投入的業者依經營型態劃分，大體上分為下列三種[12]（范碧珍及林虹姿，1998）：

(1) 俱樂部型：這類又稱會員式的度假休閒住宅，在經營上銷售會員卡為主要重點，銷售土地及不動產產權則為次要。消費者加入會員後，每月繳交數千元，便可以享受其權利範圍內得住房與設施，例如當時的統一健康世界、亞力山大、鴻禧俱樂部，墾丁悠活度假村等。

---

[12] 范碧珍、林虹姿，1998，「休閒住宅：休閒生活大夢想」，台北：突破雜誌，第 159 期。

(2) 住宅型：這類又稱附設俱樂部的休閒住宅，此種經營型態目前在市場上最多見，業者多採大型社區的推案方式來經營，坪數較一般住宅為小，消費者購買的是房子的產權，通常被消費者當作第二個家，但也有人就將其當作一般住宅來使用。此類型產品的俱樂部在產權及管理方式上的差異性頗大，同時在實務上也存在著較多的糾紛與經營管理上的問題。但若採產權買斷賣斷方式，則糾紛較少也較單純。

(3) 持股式：其中又可依標的所有權之不同而有所差異，若標的之財產權是建設商擁有，會員並不持有土地所有權，但可享用內部的設施；若標的之財產權是由消費者共同持有，則必須互相協調排定房屋的先後使用權，常見採取使用點券或住宿券的方式管理。「分享休閒空間」之觀念，其實早已在歐美及日本等地風行數年。但在當時台灣地區尚處萌芽階段，且消費者的接受度尚需一段時間的適應。

表 6-12 紡織及製造業上市公司轉投資休閒或商業不動產業分析

公司或財團背景	投資內容	備註
遠東紡織（遠東集團）	百貨、電訊、證券、水泥、電子科技、營建業。	新北五股廠（約 17,090 坪）申請開發為工商綜合區。
華隆紡織（華隆集團）	營建業（開發工商綜合區）。	新北鶯歌廠（18,000 坪）申請開發為工商綜合區。
廣豐實業	流通、營建業（工商綜合區）。	大楠廠（16,500 坪）1998 年變更為工商綜合區。
福益實業	百貨娛樂業、電子業。	於新北土城區興建「福益四季廣場」，為社區型百貨娛樂中心。
東雲紡織（東帝士集團）	觀光及百貨（投資高雄晶華飯店）、營建業。	於高雄市興建摩天大樓（85 國際大樓）。
東和紡織	開發工商綜合區及購物中心。	台南仁德廠（35,193 坪）1998 年變更為工商綜合區，今已開發為購物中心。
潤泰紡織（潤泰集團）	開發量飯店。	大潤發量販店及與大買家量販店互相交叉持股。
佳和紡織	開發工商綜合區。	大營廠（23,005 坪）。
台南紡織	開發大型購物中心、觀光飯店、住宅社區。	台南後甲廠（39,030 坪）變更為商業區，當時申請中。台南總廠上有四萬餘坪土地，今已開發為南紡購物中心。
新光紡織	開發大型購物中心、商業住宅、觀光旅館。	北市士林廠工業區變更為住宅區。
台灣紙業	開發工商綜合區。	台南新豐廠（30,306 坪），當時都計變更審議中，已通過環評。

⑤表 6-12　紡織及製造業上市公司轉投資休閒或商業不動產業分析（續）

公司或財團背景	投 資 內 容	備 註
泰豐工業	開發工商綜合區。	桃園中壢廠（31,317 坪），預計 2000 年開幕。
廣豐實業	開發大型購物中心。	桃園八德廠（15,873 坪），環評審議中。
歌林公司	開發大型購物中心。	新北新莊廠（16,147 坪），環評審議中。
台灣肥料公司	配合北市推動的南港軟體科學園區開發，開發內容為觀光旅館、商業、住宅大樓。	面積 13,101 坪。
中石化	配合高雄市府推動之多功能經貿園區計畫開發，開發內容規劃中。	高雄前鎮廠（24,200 坪），當時已通過市都委會審議。

資料來源：整理自劉居全(1998)及鄭琪芳(1998)的紡織業轉投資調查分析[13]。

⑤表 6-13　休閒不動產之開發型態（以土地開發方式為區別）

土地開發方式	案 例 說 明
1. 主題型遊樂園開發	例如劍湖山世界複合式主題樂園、九族文化村、台灣民俗村、亞哥花園、六福村主題遊樂園（原稱野生動物園）等，晚近者有遠東建設投資花蓮「海洋公園」開發案。
2. 購物中心或百貨公司開發	例如桃園台茂家庭式購物中心（理成營造集團）、台中月眉育樂世界（長億集團）、台北、台中及高雄京華城購物中心（威京集團）、太平洋崇光百貨（太平洋建設）等。除營建業外，紡織業及具資產的製造業（製紙、製鞋、石化、食品…等）亦大力開發原廠房工業用地，變更為工商綜合區，開發量飯店、購物中心等。
3. 五星級度假觀光飯店開發	例如 1990 年代尖美集團於台東鹿野工商綜合區開發計畫中，將興建溫泉休閒旅館，東帝士集團的晶華酒店已分別在花蓮天祥、台中、高雄開拓新據點，福華飯店在新竹、墾丁開設新店，聯邦建設將於綠島開發觀光飯店等。
4. 休閒俱樂部開發	例如東帝士集團結合日本三菱重工將於高雄八五國際廣場興建迎合青少年需求的「時空科技娛樂城」，太平洋建設與福華飯店合作開發翡翠灣俱樂部，統一集團開發「統一健康世界休閒俱樂部」等。
5. 休閒住宅開發	例如太平洋建設開發太平洋水鄉、太平洋翡翠灣及翡翠灣俱樂部。寶成建設開發陽明山天籟溫泉住宅及天籟休閒俱樂部，遠東建設於陽明山馬槽公園附近興建溫泉度假酒店、別墅及遊樂區等。

資料來源：本文整理。

---

[13] 劉居全，1998，「具資產助長題材的紡織業」，台北：錢雜誌，產業專刊。鄭祺芳，1998，「紡織股業外題材豐富」，台北：錢雜誌，產業專刊。

💲 表 6-14 建設商投資休閒不動產分析

公司或財團背景	投　資　內　容	備　註
榮美開發	原投資朝代飯店、1998 年買下台南赤崁飯店、另將與寶成工業合資興建大陸東莞商務飯店。	自有產權或合資開發。
台火、榮美（朝代飯店）、年代影視、羅馬磁磚	於台中市大坑地區投資 20 億元占地 3 萬坪之溫泉休閒中心，於 2000 年 4 月中旬動工。	…
南仁湖育樂公司（鳳翔建設轉投資）	投資小墾丁綠野度假村，屬於國內多點式度假村。另一投資屏東海洋生態博物館，及中山高西螺休息站經營。	自有產權，土地合法開發使用
向榮集團	投資向榮休閒度假世界，屬於多點式度假村。	自有產權
長固開發	投資墾丁荷蘭村，屬於純會員制多功能休閒度假村。	自有產權，商業土地合法開發使用
統一集團（統合開發）	投資統一健康世界休閒俱樂部，屬於國內外多點式多功能休閒俱樂部。另與福華飯店集團共同投資墾丁福華飯店。	自有產權
宏潭建設	投資墾丁觀湖園，屬於國內多點式股權持分休閒俱樂部。	自有產權
永安休閒事業集團	投資永安高爾夫鄉村度假俱樂部，屬於國內外多點功能休閒俱樂部。	…
遠雄集團（遠東建設）	投資陽明山馬槽公園附近區之溫泉旅館及休閒住宅。	自有產權
亞太飯店	投資觀光飯店、北投溫泉休閒度假俱樂部。	自有產權
寶成建設	於台北市陽明山地區投資興建溫泉住宅大樓，並興建天籟休閒俱樂部。	…
太平洋建設	投資百貨公司、翡翠灣及都會生活俱樂部、休閒飯店、休閒住宅。	…
國泰人壽（霖園集團）	於台北市天母投資 2,500 坪之天母生活育樂影城及台南購物中心綜合影城（委託太平洋建設集團之太鼎開發規劃及經營）。	…
威京集團（春池開發）	於台北市八德路開發京華城購物中心，預計 2001 年底正式營運。此外亦轉投資高科技產業	…
尖美集團	投資百貨公司、主題樂園（工商綜合區）、觀光飯店、休閒住宅。	…
長谷建設	於台中市經國文化園區開發占地 3,000 坪之購物中心。	採不動產證券化方式開發。
長億集團	投資月眉育樂世界主題樂園（總投資將達 250 億元）。	以 BOT 方式開發

資料來源：本文整理。

註：所謂自有產權包括部分土地為公司所有，但部分土地則是向公有地管理機關或私有地主承租取得使用權，且其中亦包括非法占用國有土地。

建設商之間的價格競爭，往往所依附在特定的競爭優勢，例如快速累積資本、縮短工期降低成本、產品的先占與模仿、提升營建工程品質、強化售後服務等，要能擺脫對手競爭，這在經營上的難度是越來越高。建設商容易誤判市場方向，製造過多的餘屋而削價競爭，壓縮獲利空間。若企業不斷縮小產能及減少推案量，這將無從獲利，整個營建產業的產值將萎縮，營建業將失去發展的競爭力。然而，新的知識可將市場危機扭轉為商機，建設商在 1990 年代末期受制於住宅不動產市場的景氣難再復甦，休閒不動產的興起正好填補了住宅產品市場的空隙。而休閒不動產的逐漸興盛，更象徵著幾個市場意義與發展趨勢。

1. 投資開發休閒不動產，也有助於傳統住宅產品在品質內涵的升級及創新，這些新奇及創新設計，也不斷改變消費者購屋偏好，使得休閒不動產更容易為大眾接受，許多所得能力好的家庭，也興起購置第二屋的需求，做為度假及休閒使用。

2. 休閒產業更關注於服務「人」為焦點，在獲利上，運用不動產來服務「人」，相較於僅是單純地出售住宅商品給「人」居住，往往利潤更佳。而在經營模式方面，較不易為同業所模仿，一旦成為特定區域市場的領導企業，獨占地位也確保了獲利空間。

3. 營建本業之獲利空間，受到競爭者的價格競爭而壓縮，無顯著獨特性的住宅產品，又容易為市場追隨者所取代。今加入休閒元素，重新塑造不動產的產品功能與特色，居住結合休閒功能，更有助於市場區隔策略的施展。故建設商在不動產投資領域的多元化，以及透過關聯產業的多方面延伸，例如投資休閒事業及經營休閒不動產，這將是促進產業升級的一股創新力量。

4. 建築產業與觀光休閒產業之間的結盟，強調合作更勝於競爭，競爭無可避免，只要消費者的需求及偏好能夠被激勵，休閒活動成為每人生活需要且重要的一部分，休閒產業市場將是建築產業與關聯產業結合之後，轉型而來的新興市場。

5. 越來越低的進入障礙，使得建築產業的參與者更多。例如在1990年代具備土地資產的製造業者（如紡織、石化、食品等傳統製造業），它們容易跨入建築業加入競爭，而且其擁有低廉土地成本的優勢，這讓許多建設商在經營方面是雪上加霜。惟若建設商擁有休閒不動產的開發經驗，以及經營管理的技術，即可在產品差異化策略上取得優勢。

CH 07　企業經營績效分析

　　企業經營需要重視員工的激勵效應，提升員工在工作上的自發性與積極性，進而反應在企業營運的績效。企業營運逐漸取得良好績效，則應該繼續集中投資，或是分散投資，這又涉及市場訊息與承擔風險之間的平衡關係，值得企業在分析經營績效時一併考量。本章重點，首先，說明企業經營的過程，應該重視企業診斷問題，以及評估企業經營績效的指標，具體評量經營績效需要財務分析工具，主要的工具是經營績效五力分析（財務比率分析）與財務計畫評估工具。其次，本章對企業常用的財務控制技術與控制方法進行簡介。最後，透過實務案例，說明企業的財產權細分化與收益分配之間存在的問題。

第一節
經營診斷與經營分析

　　企業營運需要在市場中尋求各種生存利基及投資機會，一段時間的營運就需要檢視企業的獲利狀況，也就是進行經營診斷。經營診斷是要找出問題及看見問題，這需要引入外部資源，外部資源往往可以為企業未來發展提供新動力及新資源。企業的經營診斷，都會運用上管理學的技術，分析企業經營存在的問題，並且提出富有邏輯的改善方式。基於對市場資訊的不對稱以及市場經濟人是有限理性的前提下，企業經營在複雜又多變的競爭環境中求生存，它需要透過一些適當的方法來尋求重要的資訊，並且應用於理解企業自身的各種問題，避免陷入危機或遭致失敗，若運氣佳，甚至可尋求有利的競爭地位，經營診斷與經營分析值得企業重視。

一、經營診斷

　　企業經營要努力開拓競爭對手較少的市場，經過一段時間努力就應診斷營運成果。企業的經營診斷就是要檢討獲利、成長與競爭力，因此，經營診斷的內容與範圍相當廣泛，診斷可基於各種特定目而劃分為綜合診斷與專門診斷。依據吳松齡等人(2004)表示，企業經營診斷需要重視五個重點[1]。

1. **採取重點與集中原則**：診斷應該關注在需要立即診治的重要項目或關鍵項目，也應集中全力在高度可行性的項目，著手優先診治。例如技術發展、勞動力結構、產品型態、通路架設等。

2. **兼顧各種問題之間的互動影響**：企業經營過程所產生的問題是多元的，不同問題之間往往具有互動性及關聯性，這些問題有時彼此相互衝突，有的彼此相互依賴，對於問題項目之間的相互關係性與影響性，必須採取方法加以釐清，以利診斷企業的關鍵問題。例如研發成本與技術領先，開拓通路與管銷成本。

3. **分辨問題的真假與本質原因**：有些問題容易看見表象，努力找出問題本質更重要。企業問題經常不一定是經營者所設想或能夠清楚界定的，診斷過程應詳細分辨問題之間的因果關係，切入問題本質進行診治。

---

[1] 吳松齡、陳俊碩、楊金源，2004，「中小企業管理與診斷實務」，台北：揚智文化出版。

4. **建立系統性思維**：診斷企業問題的項目與內容，應著重於營運管理各種層面的問題，逐步診斷與仔細分析，這其中還需要注重系統性的思考。因為，某個問題出現，很可能是來自各種影響因素之間的因果連結出現落差。管理學有一個重要理論，差錯往往發生在細節，成功卻是取決在系統，這是著名的破窗理論，在管理的系統思維要能避免第一扇窗戶被敲碎及造成系統性崩壞。

5. **關注比較分析的價值**：經營者需要能夠了解過去至現在的演變，在縱斷面軌跡，分析企業成長幅度的落差，在橫斷面軌跡，需要分析企業所處的競爭位階。

　　前述的分析過程是一種共通性的企業經營診斷思維，很可能個別企業所側重的內容及面對問題的思維方式往往不同，但這不表示經營診斷要被忽略。管理學者莊國銘(2003)劃分診斷企業的問題面向，運用了人體病症來比擬[2]。

1. **大腦疾病**：企業的大腦疾病，是決策未能因應市場變遷而調整。包括了經營者的經營能力不佳及經營效率低落，而且這些問題很可能是出現在高階管理者，不容易被挖掘，也不容易改善。

2. **精神疾病**：企業的精神疾病，是指組織員工的積極負責心態不易被激勵。包括員工承擔任務心態未能被激勵，管理活動效率不佳，下情訊息不能上達，經營理念及執行命令不能貫徹，部門本位主義，行政作業官僚化，這將使得企業營運的交易成本大增。

3. **心臟疾病**：企業的心臟疾病往往表現在財務資金的流動性不佳。例如籌措資金管道不夠多元，企業股票價格下跌影響資金籌措，應收帳款與應付帳款的資金管理混亂。

4. **骨骼疾病**：企業的骨骼疾病是指組織的專業分工效率無從發揮員工在工作期間的偷懶問題未能有效約束，這引起企業組織的僵化，組織僵化使得溝通協調的成本居高不降，組織將更無法有效率的進行專業分工。

5. **肝臟疾病**：企業的肝臟疾病是指企業營運無法反應在利潤提升上。例如營運收益增加卻伴隨成本大幅上升，營運規模擴大，可是單位競爭力不佳，使得收益逐漸下降，此時需要想辦法增進組織功能的活動力。

---

[2] 莊銘國，2003，「經營管理實務：管理學中做，做中學管理」，台北：五南文化出版。

6. **腎臟疾病**：企業的腎臟病是指組織人力資源的新陳代謝不好。例如高階管理者在職位上不適任，無從發揮分工效率，甚至阻礙組織良性發展。此外，組織的制度安排需要能夠激勵員工想進步及想升遷，員工的進步往往能反應在企業的成長幅度。

7. **腸胃疾病**：企業的腸胃疾病是指努力經營卻獲利減少，此時企業應將營運重心放在重要的產品發展，淘汰獲利不佳的產品項目。例如有些產品附加價值越來越低，競爭對手不斷出現在市場中，也許交易營業額看似穩定或成長，但是，投入需多心力而獲利逐漸降低。例如行銷業務問題，業務人員如何接觸最前線的消費者，發現產品附加價值，產品的新價值與新功能才能為企業帶來利益，進而改善經營的獲利情況。經營者想了解獲利則需要運用適當策略，財務的五力分析或比率分析法再加上現場診斷，往往提供有利的幫助。

二、經營分析

　　企業經營診斷的重點在於分析實際的經營狀況，而經營分析則又特別強調企業經營所需要知道財務訊息，財務訊息用於分析企業營運成果及未來的發展方向，已是現代企業常用的工具。故廣義的經營分析，包括著經營診斷及財務分析，而狹義的經營分析通常指財務報表分析，主要是針對資產負債表、損益表、現金流量表及生產銷售等資料的分析檢討，以評價企業營運成果的好壞，以及未來成長的潛力與優勢（吳松齡等人，2004）。

　　經營分析必須依賴財務分析所取得的資訊，財務在此方面所提供的量化資訊具有相當的重要性。財務報表是各種財務報告的簡稱，是會計人員根據一般公認會計原則與會計處理程序，將一個企業在特定時間內的各類帳目，將其系統性的彙整為書面的格式。依據會計原則所呈現的財務報表類別主要有下列幾種，這些財務報表分析揭示的重點訊息也有所不同。

1. **損益表**：主要表達企業在某段時間之內的經營概況或經營成果。揭示的重點，包括營業收入多少？淨收入多少？收入來自哪些管道？成本多少？費用花費在哪？繳多少稅？除了經營本業的成本與費用，還支付了多少與營運無直接關係的支出？

2. **資產負債表**：主要表達企業在某段時間之內的資產與負債概況。揭示的重點，包括有多少財產？有多少現金？有多少存貨？有多少負債？負債中的長期負債及短期負債有多少？資產與負債何者較多？企業淨值（或稱業主權益）多少？

3. **股東權益變動表**：主要表達企業在某段時間之內股東投資的資金及相對獲利的概況，一般在上市上櫃公司才見得到。揭示的重點主要為股東的獲利狀況。有時又會以保留盈餘表來呈現，企業一年的盈餘分配，說明資產負債表上的淨值變化情形。

4. **現金流量表**：主要表達企業在某段時間之內的營運、投資與理財活動，以及這些活動如何影響資金的變動。揭示的重點，包括資金來源是否穩定？資金是否足夠發放現金股利及年終獎金？現金是否足夠償還債務？現金流量表在協助管理者確定企業的股利方向及何時應借款？是否應該投資設備擴大營運範疇？探究發展機會與破產危機等資訊方面，具有相當重要的功能。

　　基於更具體的進行經營分析？依據吳松齡等人(2004)之研究，企業經營分析可透過五個階段性步驟而得，包括：(1)確立動機與目的、(2)診斷人員編組、(3)相關資料收集與建構、(4)資料整理、重編與比較分析、(5)將結果呈現與提出建議。至於經營診斷的內容，簡易的方法是從企業營運的橫斷面來分析，莊國銘(2003)整理了企業營運在橫斷面的診斷內容，主要內容包括：(1)經營的理念、經營目標與執行策略、(2)組織架構與運作效率、(3)人力發展與運用、(4)資訊管理與運用、(5)研究發展、(6)品質保證、(7)顧客服務活動、(8)企業社會責任延伸、(9)全面品質績效。這些診斷有助於企業盡早發現組織營運的缺失與重大問題，積極的面對與思法改善，企業才能在良好的基礎上，持續的擴大規模及成長（表 7-1）。

$ 表 7-1　企業的經營診斷內容

項　目	內　容
1. 經營的理念、目標與策略	1. 經營理念：最高經營指導原則、獨特的企業文化、員工對經營理念的共識。 2. 經營目標與執行策略：長中短期經營計畫及目標、決定企業經營目標的過程、制定策略的過程與方法、各部門目標與經營目標的關聯性、目標與實施結果的比較。
2. 組織架構與運作效率	1. 組織功能與職責：組織架構與職責、各部門責任的明確性及適當性、各階層的授權情形、對外部專家及幕僚的重視程度。 2. 制度與規章：制度與規章的合理性、完整性及執行情形。 3. 溝通與協調：縱向的溝通情形、橫向部門間的協調情形。 4. 組織運作彈性：組織配合環境變動與經營需求而調整的情形、委員會或任務編組。
3. 人力發展與運用	1. 人力計畫：人力需求之規劃與執行情形、人力結構之分析與改善。 2. 人力培訓：(1)階層別、機能別、能力別之教育訓練計畫與實施情形、(2)訓練設施與經費之適當性、(3)員工之品質意識。 3. 人力運用：(1)人才任用、升遷、考核制度之適當性、(2)員工前程規劃與輪調制度之實施情形。 4. 激勵措施：促進員工團隊精神及向心力活動之辦理情形、團結圈活動之推行狀況與績效、提案制度之推行狀況與績效、獎勵制度實施情形、員工福利辦理情形。 5. 勞資關係：勞資關係之促進情形、勞資糾紛之紀錄與處理。 6. 職業安全與衛生：工廠布置與作業環境之安全衛生狀況、勞工安全與衛生有關活動之計畫與實施狀況、工業安全與衛生法令之執行情形、三年來工業災害與處理情形。
4. 資訊管理與運用	1. 外部資訊之收集、分析及運用：經營環境變動資訊、產業動向資訊、主要競爭對手的產品特性及品質資訊、供應商資訊、客戶資訊。 2. 內部資訊之收集、分析及運用：新產品開發資訊、製造品質資訊、成本控制資訊、生產管制資訊、物料、倉儲、運輸資訊、產品識別與追溯資訊、人力資源資訊、其他管理資訊。
5. 研究發展	1. 研發單位之設置與投資：(1)研發單位之設置與人力、設備之充分性、(2)三年來研究發展的投資占營業額比例之成長情形。 2. 研究計畫之訂定：制定中、長、短期研究發展的過程與方法。 3. 專案管理：(1)研究發展專案的執行與管制、(2)與企業外研究發展單位之合作情形。 4. 具體成果：(1)新產品商品化的實績與製程技術改善的實例、(2)獲得專利的項目數量、(3)研究發展對建立自有品牌的貢獻。

$表 7-1 企業的經營診斷內容（續）

項　目	內　容
6. 品質保證	1. 標準化：標準化制度的建立、完備的品質標準、產品品質標準之優越性。 2. 設計品質：產品開發品保體系的建立、可靠度工程之進行情形、設計之審查。 3. 進料品質：(1)進料品質保證制度與執行情形、(2)協力廠商之評鑑、協助與輔導、(3)最近三年來進料品質與交期之改進情形。 4. 製程品質：(1)大量生產前之試作與改進情形、(2)操作標準與執行情形、(3)製程管制之實施情形、(4)製程能力之分析與應用、(5)成品檢驗之實施情形、(6)不合格品之管制。 5. 儲運品質：倉儲運輸之實體設備、倉儲運輸之管理措施。 6. 製造設備保養維護：(1)設備之保養維護、校正制度及執行情形、(2)設備更新計畫。 7. 檢驗儀器設備及檢驗制度：充分之檢驗設備、檢校管理。 8. 自動化與合理化：生產設備之自動化程度、檢驗設備之自動化、防誤措施之推行情形、應用自動化於品質改善之實例。 9. 品質稽核：品質稽核政策與目標、品質稽核之組織與程序、品質稽核之運作。
7. 顧客服務活動	1. 顧客服務體系：顧客服務體系之建立、合約審查、顧客服務之組織、顧客服務規劃與控制。 2. 顧客需求之收集、分析與處理：顧客需求之調查與分析、顧客服務之做法、顧客服務的稽核。 3. 顧客滿意度之衡量：顧客滿意度之調查、顧客滿意度之評估與改善措施。
8. 企業社會責任	1. 環境保護：(1)廢汙水、廢棄物、廢氣、噪音等汙染之管制與防治、(2)廠區環境品質之提升。 2. 社會關係：(1)對一般社會公益活動之支持與參與、(2)與教育、學術機構之聯繫與交流。 3. 消費者權益：(1)消費者溝通管道之建立、(2)產品廣告及標示之真實性與教育性、(3)產品責任制度與推行狀況。
9. 全面品管績效	1. 品質改進：品質改進措施、品質改進衡量。 2. 經營成果：成長率、獲利率、占有率。 3. 品質榮譽：榮獲國內外獎證之實績、其他優良事蹟與特殊榮譽。 4. 品牌形象之建立：關注品牌與形象建立之做法、自有品牌與形象之實際績效。

資料來源：參自莊國銘(2003)「經營管理實務」。

第二節
商業經營與企業績效五力分析

　　商業經營環境必然出現或強或弱的競爭對手，經營者都需要想方設法突破現況，取得新優勢，可行的策略是讓每位員工更深層且更專注於工作。專注工作之後的成果則需要借助財務性指標，妥善分析企業績效表現是好或不好，進而完善企業的營運內容。

一、商業經營

　　商業環境充滿著競爭，維繫競爭力就須要不斷突破現況，也應注意兩個重點，一方面要能自我突破，二方面要能超越競爭對手。於是，具體的商業經營需要找到有效的方法及思考一些管理細節。依據卡爾‧紐波特(2017)在「深度工作」一書中指出，出色的商業經營需要能夠進入深度工作的能力。一般情況下，你想做的事情越多，往往能完成的事情反而越少，此時需要改變一些情況，就是學習「深度工作(deep work)」，這是指在無干擾的狀態下專注進行職業活動，使自己的認知能力達到極限。具備這種努力方式及有效提升能力，往往能夠為自身及幫助企業創造新價值，在創新基礎上提升技能往往令他人難以複製。實務上，在商業經營過程可行的改善作法如下：

（一）將關注焦點放到極端重要的事情上。不要讓那些會令你有無盡渴望的事情干擾你的焦點，自己也要有一個立即明確的目標，能夠帶來實實在在的收益。例如創新產品，先要努力設想這個產品給使用者帶來的用途或使用價值。

（二）抓住引領性指標，擺脫滯後性指標。所謂引領性指標：是指能引導你將注意力移轉到提升你在短期可以直接控制的行為上，例如這一週要營銷多少金額。滯後性指標：是指會令你的注意力放在後期的事，以致不能立刻改變你的行為，例如一個月要營銷金額，但今日一件商品都沒售出。

（三）準備一個醒目的記分板，寫上要達成的目標。有效的方法，例如：(1)將重要目標，顯示在一個公開的地方，讓自己及員工都能專注在這個目標。(2)記分板可以製造競爭氛圍，驅使每個人專注工作，強化投入的動機。

（四）定期問責。試著讓自己（或召開會議中）直接面對記分板，每一週回顧它，並且指定一週的工作進度。慶賀表現好的一週，釐清主要原因。反省表現差的一週，釐清及調整原因[3]。

二、企業績效五力分析

　　分析經營成果需要借助量化的指標來釐清實際的問題，進而預期可能出現的營運風險，早一步研擬因應對策。企業的經營績效評估系統及方法，是用以檢視或診斷經營管理是否達成目標的重要工具。目前經營績效評估方法在企業管理上的應用，企業經常採取「經營五力分析（也稱財務比率分析）」作為企業經營績效診斷之重要參考指標，經營五力分析主要是充分運用財務指標的資訊，來呈現經營績效存在的問題。企業經營五力分析包括：收益力、安定力、活動力、成長力及生產力等五個面向（劉平文[4]，1993；宇角英樹[5]，1996）。經營五力分析內容，主要是以會計報表資訊為基礎（運用資產負債表及損益表上的財務訊息），為企業的體質是否能繼續維繫健康的狀況，進行較徹底診斷或清晰檢查的一種會計技術，在積極面，可發現經營利潤的主要來源，在消極面，可提早發現企業病症及早作治療。以下分別說明彙整財務指標而形成的經營五力分析。

（一）收益力分析

　　主要在探討企業的獲利能力，以診斷營業毛利率為主。收益力分析主要的概念是檢視收益與投入成本的比例關係，此外，企業獲利能力也必須和同業或產業平均值作比較，自己公司獲利（賺錢）的能力如何？一般而言，收益性指標（經濟力）常用者有下列幾項：

1. **資產報酬率(Return On total Assets, ROA)：**主要在測定公司於營運中所投入資源的資源，所產生的經營成效。資產報酬比率越高，表示公司總資源投入後的報酬越佳。資產報酬比率在運用上應與前一期及整個產業的平均值作比較。又此項比率應不得低於一般金融市場之利率標準為佳，資產報酬率有以下幾種表達方式。

---

[3]　卡爾·紐波特著，宋偉譯，2017，「深度工作」，南昌：江西人民出版社。

[4]　劉平文，1993，「經營分析與企業診斷：企業經營系統觀」，台北：華泰書局出版。

[5]　宇角英樹著，萬義頹譯，1996，「經營分析」，台北：小知堂文化出版。

(1) 資產報酬率＝（稅後純益〈利潤〉／資產總額〈資本〉）

(2) 資產報酬率＝（淨利＋利息費用〈1－稅率〉）／平均資產總額

上式其中的分母為期初與期末資產之平均數

(3) 總資產報酬率＝經常性淨利／（資本＋負債）

(4) 資產報酬率＝經常性淨利／自有資本

2. **普通股權益報酬率(Return On Equity, ROE)**：主要在測定普通股股東投資之報酬率（本期淨利／股本），這是一個站在股東立場檢視投資報酬率的變化狀況，也是判斷經營者是否重視股東權益的重要指標。普通股權益報酬率在運用上應與前一期及整個產業的平均值作比較。

(1) 普通股權益報酬率＝稅後純益／普通股權益＝本期淨利／股本

(2) 普通股權益報酬率＝（淨利－特別股股利）／平均普通股股東權益總額

(3) 股東權益報酬率＝淨利／平均股東權益總額

(4) 股東權益＝資產總額－負債總額

前述的股東權益有兩部分，包括投入資本（股本加資本公積）及保留盈餘（盈餘公積及保留盈餘），一般而言，企業的股東權益報酬率應在15%以上為佳。

3. **市場價值比率**：由於公司營運的重要目的之一是在提高其股票的市場價值（而非僅是提高ROE），故財務分析也應重視企業的市場價值比率。常用的市場價值比率如下：

(1) 普通股每股盈餘(Earnings Per Share of common stock,EPS)

普通股每股盈餘＝（淨利－特別股股利）／發行普通股流通在外股數

普通股每股盈餘＝本期淨利／發行股數

普通股每股盈餘數字越高表示股東所能分配的利益越多。但普通股每股盈餘只有上市上櫃公司才會在財務報表中列出（未發行股票的公司則無此項資訊）。

(2) 市價對帳面價值比＝每股市價／每股帳面價值（即每股淨值）

分子的「每股市價」主要是在反映市場投資者對該公司股票的心中評價，分母則是每股的淨值。

(3) 本益比：主要顯示出投資者每獲取一元，所應投入的成本。一般而言，投資者希望以較低的投入成本獲取較高的利得，對於上市上櫃企業而言，本

益比較低的股票，對投資人較具有吸引力，但企業在應用上則要與產業平均值作一比較，取得相對客觀性。

本益比＝每股市價／每股盈餘

4. **獲利能力**：關於獲利能力的分析，雖是一個簡單的（利潤／資本）之關係，但也有專業者將其分為活動力與獲利力來進一步分析，其中活動力主要在分析銷貨金額的成長性，而獲利力則主要分析利潤的成長性，活動力與獲利力之關係分析如下：獲利能力＝活動力×獲利力

(1) 活動力

獲利能力＝利潤／資本＝（銷貨額／資本）×（利潤／銷貨額）

活動力＝（銷貨額／資本）

獲利力＝（利潤／銷貨額）

(2) 獲利力

獲利力＝利潤／銷貨額

＝（〈銷貨額－費用〉／銷貨額）

＝（1－〈費用／銷貨額〉）

銷貨毛利率＝銷貨毛利／銷貨淨額

純益率＝稅後純益／銷貨淨額

（二）安定力分析

主要在分析企業之財務結構與短期償債能力，重點在於診斷流動比率、速動比率及負債對淨值比率。確保企業安定力則應非常重視企業財務問題，建構妥善的財務結構，才可讓產銷活動順利，也能因應收益變化引起的營運風險。「財務」對於企業經營實務的重要性就如同人體「血液」一般，適度的流動性是最重要的。企業財務主管的工作，一方面，必須在財務的調度上隨時做好最佳的規劃，以供企業經營最高主管做為擴展新店、新產品或做為新投資項目的資金支援，另一方面，財務主管亦需做財務分析，提供企業在獲利能力、短期償債能力、長期償債能力及經營能力的參考依據。

1. 企業的短期償債能力指標

  (1) 流動比率：是用來測定公司應付短期性債務的能力，對於短期性債務的債權人（例如要素原料供應商），是具有重要的參考資訊。

    流動比率＝流動資產／流動負債＝運用資金比率

    前述比率中的流動資產，泛指現金及各種可在 1 年內變現的資產，這些資產包括：存貨、投資工具等，例如股票、債券、基金等。流動負債，則泛指 1 年內可償還的負債，包括：借款、向別人預收款項和應付未付款項。基本上。流動比率是越大越好，短期債權人之安全保障越強，以往之銀行界及企業之授信部均以大於 200%較佳，150~200%則是尚可，150%以下須警戒，但國際標準是 200%，但台灣只要高於 150%即是優良。此外，流動比率也應採取產業平均值作為比較標準，但實務上各個產業也許不太相同。

    A. 流動比率≧2 或產業平均值：表示償債能力正常。

    B. 流動比率≦2 或產業平均值：表示償債能力不佳。

  (2) 速動比率：因許多財務專家認為存貨流動性資產的變現性低，故在測定公司流動性時應將存貨剔除（亦有主張扣除預付費用），遂有速動比率的提出。一般而言，速動比率不低於 1 倍（100%）為原則。

    速動比率＝速動資產／流動負債

    速動比率值如果≧1：表償債能力正常，若≦1：表償債能力有問題。上述的速動資產，包括現金、存款、股票、有價證券（短期投資）、應收帳款及應收票據。

  (3) 現金周轉率＝營業收入／（流動資產－流動負債）

    現金周轉率如果≧5：表示理想，若≦5：表示不佳。

  (4) 應收帳款周轉率＝ 賒銷淨額／平均應收帳款餘額

    應收帳款周轉率是表示在收款方面的效率，數值大小無特定標準（交易行為若為現金交易則無此值），不過，企業間交易大多是採票據作為支付憑證，產生應收帳款科目是無可避免，基於利息的機會成本，收款效率值得重視。

  (5) 平均收帳期＝365 天／應收帳款周轉率

2. 企業的長期償債能力指標

企業的長期償債能力往往較不易受到一般大眾的重視，因為，長期下的市場發展難以預料，一般情況能掌握企業資產總額要大於負債總額即可，不過，面臨危機的企業通常不會充分揭露相關問題，使得長期償債能力指標的可應用性降低。

(1) 業主權益對負債比率＝業主權益總額／負債總額，此比率越大越佳。

(2) 負債比率＝負債總額／資產總額，此比率越小越佳，對債權人越有保障。

(3) 業主權益對固定資產比率＝業主權益總額／固定資產淨額，比率越大越佳。

(4) 固定資產對長期負債比率＝固定資產淨額／長期負債總額，比率越大越佳。

(5) 利息保障倍數＝營業利益（稅前純益）／利息費用，比率越大越佳。

（三）活動力分析

主要在測定企業資產的經營效率，一般是由損益表及資產負債表中各選一項，以求出某項比率關係，主要的診斷指標為存貨周轉率及應收帳款周轉率。

1. **存貨周轉率**：主要在測度存貨透過銷貨轉成應收帳款的速度。存貨周轉率越高，表示產品積壓的存貨額越少，商品銷售速度快速（商品流動力強）。但存貨周轉率又涉及存貨管理的效率，當存貨周轉率過高，則又表示存貨量不足，可能喪失部分應掌握的客戶群。此外，與存貨周轉率相關的指標，包括商品周轉率、產品庫存日數、平均庫存金額、產品平均銷售期等。

   (1) 存貨周轉率＝「銷貨成本／平均存貨額」或「銷貨淨額／平均存貨額」

   (2) 商品周轉率＝年營業額／平均庫存額

   (3) 庫存日數＝365 日／產品周轉率

   推算平均庫存金額的公式：

   (4) 平均庫存金額＝年度銷售營業額／商品周轉率

   (5) 平均銷售期＝365 天／存貨周轉率

2. **平均收現期與應收帳款周轉率**：主要是計算公司銷貨之後至收到現金之間，所需等待的平均日數。平均收現期主要在表達公司的收款效率，過低與過高皆不妥，也會影響公司的銷貨額及利潤。

(1) 平均收現期（日）＝應收帳款／平均每日銷貨淨額＝應收帳款／（每年銷貨淨額／365）

(2) 應收帳款周轉率＝365／平均收現期

3. **總資產周轉率(total asset turnover)**：主要在測定資產總額的運用效率或稱運用的程度，或說是企業所使用的資產總量在一定營業時間內（通常以1年為期），能做多少次的營運使用，一般周轉的次數越高越佳，代表在經營者對企業資產的運用是靈活且富有效率的。

(1) 總資產周轉率（次）＝銷貨淨額／資產總額

(2) 固定資產周轉率（次）＝銷貨淨額／固定資產總額

（四）成長力分析

主要是探討企業獲利之後的成長性，採取診斷營業收入成長率為主。一般是由時間數列逐年來觀察銷貨收入與利潤之間的關係及發展趨勢。也可以由生產要素（固定資產、經營資本或雇用勞動人數）與經營成果（營業收入、營業利潤或附加價值）之增減率的高低，用以測定企業成長性的優劣。測定指標如近 5 年的銷售趨勢、淨利益趨勢、設備投資趨勢、雇用人員趨勢等項目，皆值得採用。

1. 營業成長率＝收益／前3年平均收益，這個指標在台灣應要出過1.1倍以上，表示成長性較佳。

2. 毛利成長率＝毛利率／前3年平均毛利率，這個指標在台灣應要出過1.05倍以上，表示成長性較佳。

3. 利潤成長率＝投資報酬率／前3年平均報酬率，這個指標在台灣也應要出過1.1倍以上，表示企業成長性較佳。

（五）生產力分析

主要在探討企業運用生產要素投入量與產出量的比率，這用以診斷企業的生產效能。常用的生產力指標，例如每人平均營業毛利、每人平均銷貨收入、每人平均營業利益等。

1. 每人平均營業毛利（人效）＝總營業毛利／雇用員工數

2. 每人平均銷貨收入＝總銷貨淨額／雇用員工數

　　企業內部員工每人的生產力是企業生產力的基礎，許多工作需要專業人力來分工，但需要避免龐大的人力分工引起一種人力資源的帕金森定律。英國管理學者帕金森教授提出「帕金森定律」，根據他的研究，企業在每 1 年的人員平均會成長 5.75%左右，而且會「因人設事」的增加人員設置。以這個速率推算同樣的工作，公司每 12 年他的員工就會增加一倍$(1+5.75\%)^n$。這是因為位居管理職位的人都希望自己的部屬越多，部屬越多則他的威望越高，所以整個組織體會越龐大；實務中不難發現，企業中往往出現同樣一件事卻是很多人來做，徒勞增加企業成本，長期下就會引起企業組織體制僵化或敗壞的問題（莊國銘，2003）。

　　企業組織要避免出現帕金森症並非沒有方法。企業在新舊員工之間要如何進行組織人力的新陳代謝？台灣地區的中華汽車公司提出一個著名的「60 專案」值得參考。中華汽車提出員工年資＋年齡＝60，就可以申請退休。例如有一位高商畢業的打字小姐薪水逐年增加，但因為年紀越來越大，手腳不靈活、效率低、眼睛昏花、錯字百出，但薪水卻是剛近來時的 3.5 倍。為什麼他卻不退休呢？因為他在等待 60 歲的退休金。所以企業的新人沒辦法進來，但若是以年齡 45 歲＋年資 15 年就會等於 60，這樣員工就可以退休了，員工也可以利用退休金開創生命第二春，企業也可以用 1/3 的薪水雇用剛畢業的小姐，工作起來速度快且錯誤少，這樣的人力資源流動，於公於私都是最好的情況。另外還有一個「103 方案」，就是在公司工作了 10 年，但有 3 年卻沒有進步，這樣的話，也可以申請退休了。例如：高速公路的收費員，有 10 年的經驗跟有 1 小時經驗的人，往往沒有太大差別，因為這個工作沒有什麼技術性可言，這個工作並不能累積經驗，公司這樣的員工越多，企業越容易出問題（莊國銘，2003）。

　　關於企業要如何適當配置員工，在生產與研發上取得均衡，國內著名的「管理雜誌」曾指出一則管理嘉言：「向蜜蜂學習」。向蜜蜂學習的道理在於蜜蜂孜孜不倦採集花粉，釀造蜂蜜，為了免除沒有花粉可採的困境，15%的工蜂被指派為新花叢的探索者，當這批工蜂發現新花粉後，飛回蜂巢，告知其他工蜂，並帶領飛往新花叢，但是仍有 15%的工蜂擔起探索者的角色，朝其他方向飛去。因此，企業經營也應該有 15%的人力，投入於新市場、新產品、新技術、新客源的研發，當然，若你的企業是以研發為導向來取得競爭優勢，也許配置探索者的人力資源比例要更高一些。此外，向蜜蜂學習的道理，也提醒經營者必須花一些人力與成

本，用以取得市場環境中的各種尚未探知的資訊與新資訊。因此，日本知名的Panasonic企業，創辦者松下幸之助表示，企業最大的資產是人，他們在企業經營是不會任意解雇員工，而是要求管理者要能更有創意地去開拓員工的潛能，值得借鑑及學習。

三、經營績效指標與問題探討

（一）經營績效指標的問題

　　經營績效已普遍被管理者應用在達成組織目標的衡量，不過，也有批評者指出經營績效指標真正的涵義仍是模糊的。一般而言，高績效的經營乃指高獲利能力之經營，但也有研究者加入了生產力、員工滿意程度或銷售額，補充說明其內涵。由於經營績效概念過於抽象，故其衡量標準亦因人而異，於是有了財務性指標與非財務性指標的劃分。財務性指標，例如投資報酬率、銷售報酬率、收益成長率等(Woo and Willard, 1983)；非財務性指標，例如市場占有率、新產品上市或策略目標達成率、相對競爭者的新產品活動、產品製程的研發等(Venkatraman and Ramanujam, 1986)。此外，財務性指標之評估則有多重標準，可因研究對象與範圍不同，採用單一構面，如：資產報酬率(ROA)、銷售報酬率(ROS)、權益報酬率(ROE)、銷售成長率(Higgins, 1977; Buckley & Rappaport, 1981; Donaldson, 1985; Barton, 1989; Ramaswamy, Kroeck and Renforth, 1996)或多重構面組合(Vernon, 1971; Grant, 1987; Buhner, 1987; Daniels and Bracker, 1989; Geringer, et. al, 1989)[6]。依據上述的分類，經營績效的衡量也常見地區分為單一性指標與多重性指標，採用單一性指標可簡單地表達部門之作業績效，較易了解，也可避免多重指標轉換成單一指標時所需之主觀判斷，但其延續性可能不足，無法充分揭露一個組織各層面整體的績效問題。因此，目前理論上以多重指標來衡量經營績效是較具優越性，尤其是財務性指標，目前私部門企業已將其充分運用在經營績效衡量上。

---

[6] 此節的評論，主要引自林惠文(2001)於「國際化與多角化策略對財務績效之影響－本國銀行業比較分析」一文中，其對於「經營績效」各種理論觀點的相關文獻回顧。

　　不可否認，財務性指標是有助於經營績效的量化比較，但它不是經營績效的全部，這個盲點常受到管理者的忽視。分析經營績效需要能夠抓住重點，國內「管理雜誌」曾經有一名為「成功密碼」的管理佳言，指出經營績效更本質的重點。「成功密碼」的故事指出，大多數人打保齡球，焦點放在觀看瓶子倒了幾隻，關心分數高低，其實締造高分的關鍵是擊球時有無掌握球心，維持身體平衡，以及擊出球瞬間的落點位置。這個道理同樣可運用在企業經營上，企業經營的重心不能只關心財務報表的盈虧，真心創造利潤的關鍵在於吸引顧客並留住顧客，企業經營應該盡力提供產品及服務令他們滿意，讓許多消費者成為忠實顧客，忠實顧客的多次消費才是經營的重點，可別忘記第二章提過顧客經營的「80/20 法則」。

（二）經營績效應該正視財務問題

　　企業經營無可避免地會遭遇財務問題，只是有些較為嚴重，有些則容易解決。不過，財務問題的出現與企業不善於運用財務理論或技術有相當的關係。余尚武及吳旻謙(2003)的研究指出，基於能力上的限制，一般中小企業通常無法適當的運用財務理論、分析工具及分析技術，進行企業經營的潛在問題分析，企業往往是面臨財務困境時才積極尋求協助，以下是幾種常見的問題：(1)會計制度不健全；(2)財務報表分析能力不足；(3)成本計算不夠精確；(4)應收帳款管理不當；(5)現金流量預算編製缺乏系統；(6)資金來源與用途配置不當；(7)相關法令了解不充分；(8)金融資料之注意不足；(9)經營者未納入體制管理；(10)企業擴充過速；(11)存貨囤積過量；(12)舉債過多[7]。經營者面對以上的諸多問題，都可透過財務報表分析及經營五力分析，及早發現自身問題，並在資本結構及資本流動性作適當的調整，以避免因財務周轉失靈而倒閉。

---

[7]　余尚武、吳旻謙，2003，「我國企業財務管理之常見問題與對策」，行政院經建會（現為國發會），經社法制論叢。

第三節
展店經營績效評估分析

　　基於吸引個人資本與經營潛力加入企業集團，台灣地區發展出許多連鎖式的企業，例如房仲業、視光配鏡業、咖啡業及各式各樣餐飲業，它們發展一種標準化的經營技術，也開放給市場中個人資本家加入營運。企業願意釋放經營管理的技術，讓勇於嘗試創業的個人加入市場，這個市場制度與結構的逐漸轉變，更多元及更大規模的訊息及知識被整合在特定企業中，也使得個人資本家進入零售市場的門檻降低，其可透過訓練取得進入門檻的技術，這種發展過程使得企業知識與個人的知識有了新的連結，這種連結也不斷在空間中擴張，於是市場中總是可以見到越來越多的零售業被發展出來，而不動產仲介業是其中具有特色的[8]（柯伯煦及曾菁敏，2011）。

　　許多大型連鎖企業的發展，最初往往是來自於一間小店鋪，經營一家小店鋪也應像經營一家企業一般，全心全力投入。國內股票上市企業中的房仲業：「信義房屋」，它在 30 餘年前成立時，也僅是一間簡單的店面，在企業家周俊吉先生不斷努力探索市場、學習經營技術、創新發展各類次市場之下，現在的規模已超過100 家以上，並且是房仲業最先上市的企業。因此，房仲業初期展店時，對於商店經營必須具備績效檢討及改善的能力，才能確保商店的競爭力與獲利力，本節以不動產仲介業為例，介紹如何從事績效檢討以及如何提升經營績效。以下列舉數項在店面型企業經營的績效評估重點[9]。

1. **營業額**：營業額較去年同期成長情形如何，在此會牽涉到同期（月）間之社會環境的演變及節慶的影響。若在商圈中存在越來越多的競爭者，則你的營業額會受競爭者採取價格策略的影響。

2. **毛利額（或毛利率）**：店面型企業生存的重點，在於能夠獲利賺錢，而毛利額或毛利率是績效評估的重點之一。例如本店是否較去年同期增加、上月成長是否領先業界？是水平？還是在業界水準之下？

---

[8] 柯伯煦、曾菁敏，2011，「2010 年零售不動產市場分析」，台灣地區房地產年鑑(2011)，行義文化出版，頁 427~443。

[9] 參自林正修及徐村和(1999)之「商店經營管理與成功個案典範」一書部分內容，頁 87~95。

3. **商品周轉率**：商品周轉率的計算，周轉率＝同期間銷售額／同期間庫存額，周轉率高可提高流動資金之運用，周轉率低則資金易被積壓。

4. **流動比率**：流動比率的計算，流動比率＝流動資產／流動負債，這個比率在各業態的基準不同，但若低於100%則表示負債＞資產，這表示經營情況是處於危險的。

5. **坪效**：坪效的計算，坪效＝店鋪總營業額／營業總坪數，店面型企業的坪效越高越好，這表示你對每一坪的樓地板面積皆做了較充分的利用。但若坪效低落，表示你承租了過大的營業面積（此時將形成過高的固定成本，固定成本會影響損益平衡點的），或是樓地板面積未能充分利用來增進營業額，你需要增加銷售的速度及規模。

6. **人效**：人效的計算，人效＝總營業額／總人數（總工時），人事費用的高漲常會侵蝕企業的安定性，故控制得宜的人效也是企業績效評估重點。提高人效可以從二方面著手：提高總業績（有時非常不易）及縮減工時（可由人員工作效率之提高以及主管工作分配得當來改善，此為較易達成之點），不動產仲介業的單店目標營業額，經常會運用人效指標來達成。

7. **庫存額**：商品庫存額過高會使店面型企業產生營運的調度困難，影響企業的成長。例如不動產仲介業，開發委託銷售案件固然重要，但是如何快速銷售出去，更需要有效的銷售策略，不過，不動產仲介業的經營，應該懂得努力開拓「適量庫存」才能提高績效，但這不容易。

前述的營運指標分析可發現，藉由數字化的績效評估才能有效管理店面型企業，企業透過量化的經營績效評估與呈現，經營者才能明確知道如何應對競爭者的競爭活動，釐清自身的優勢與劣勢。當然，有一些無法數據化的經營績效也不應忽略，例如店面型企業的知名度提升、服務（品質）提升、友好的形象、提供顧客方便的停車服務等，總之，經營也必須有不斷的想方設法來增加你的品牌價值與服務價值。不動產仲介業就是在服務價值及品牌形象受到消費者認同，才能呈現於今日的仲介商在服務之後，可向買賣雙方共收取最高 6%的服務費用，但在1988 年之前，不動產仲介商僅能向賣方私洽收取仲介服務費，買方是採取給紅包表示謝意的。

第四節
財務計畫評估的工具

　　關於財務計畫的評估工具，實際上，主要是運用了成本效益分析，成本效益分析也常運用於各類投資計畫評估。成本效益分析法也稱單一準則評估法，它是一種協助決策者對若干以成本利益為重要基礎的替選方案中作選擇的系統性方法。成本是企業用於購買投入的所有支出，例如人力、物力、時間、財力等，收益則是企業出售產品或服務活動所獲取的收入，成本效益分析，一方面可以在成本結構已知下，探討追求利益最大化；二方面也可以在收益結構已知下，去實現成本最小化。實際的操作，是將替選方案依據投資參數及報酬率的高低，將替選方案排定順序，再思考及選擇對自身營運最富有價值的方案（或是最大價值）。運用成本效益分析，有助於經營者在不同的生產要素之間（例如資本、勞動力與技術），進行各種可能的要素組合或搭配，例如是要多添購機器設備以減少雇用勞動力的成本，或是應該多投入勞動力的技術效率而減少增添設備的成本，這之間有許多的選擇及要素組合。基本上，成本效益分析過程有三個步驟：

1. **成本與效益項目的認定與衡量估算**：精確的將收入部分視為效益，支出部分則歸為成本，其中對於成本支出的精確估算，重要性是更勝於收入的估算，因為，成本估算不清楚下，是無法訂出具有競爭力的商品價格。

2. **評估指標的計算**：市場資訊的掌握能否充分，是企業立足的基礎，因此，運用有限資源盡量蒐集各種替選方案的相關資訊，將各種可能受影響的參數化為利益和成本，並且加以細緻分類，用以建構成本收益的衡量指標及作為比較基準。

3. **方案的比較與選擇**：方案的比較與選擇往往視市場環境條件會有所不同，例如在固定成本情況下，以能夠獲取最大收益的方案為優先考慮的對象，或是在固定收益情況下，以所耗費支出成本最小的方案為優先考慮的對象。

　　針對前述的步驟 2 及步驟 3 的評估分析內容，理論及實務上已發展出許多評估方法可以運用，這些方法包括：淨現值法、益本比法、還本期法、內部報酬率法[10]。

---

[10] 這些評估方法內容，主要整理自馮正民、林楨嘉(2001)及王尹(2002)所述之內容。

（一）淨現值法(net present value method,NPV)

1. 意義：淨現值法，係將一項投資計畫方案的未來每年淨現金流量，以資金成本或統一要求之報酬率加以折現後，加總得出淨現金流量的現值和，再減去投資方案的期初投資金額，即為該投資計畫的淨現值。或是，將未來各期淨效益（效益減去成本）經由折現率轉換成現值之總合。

2. 模式

$$NPV = \sum_{t=1}^{N} \frac{CF_t}{(1+r)^t} - I_0$$

I_o：為投資計畫的原始（期初）投資金額。

CFt：為各期的現金流量$(CFt=Bt-Ct)$。Bt 表各期收益，Ct 表各期成本。

r：為投資計畫的要求報酬率或資金成本。

3. 決策

(1) NPV>0，表示增加實質財富，其財務可行性。故 NPV 值越大，此方案的財務表現越佳，一般當 NPV>O 則傾向接受該項投資計畫。

(2) NPV<0，表示減少實質財富，不具財務可行性，一般當 NPV<O 則傾向拒絕該項投資計畫。

4. 淨現值法須滿足五項假設條件

(1) 每時期的折現率為已知，且在該時期內為固定值。

(2) 作為成本支出之資產來源無虞。

(3) 借款與貸款之利率相等。

(4) 對未來各時期現金流量之預估已完整地包含所有收入與支出項目。

(5) 各計畫方案之內容已明確掌握並充分考量分析，且各方案之間是被各自獨立評選的。

（二）益本比法(benefit cost ratio,BCR)

1. 意義：指收益現值總合除以成本現值總合之比例。

2. 模式

$$BCR = \frac{\sum_{t=0}^{N} \dfrac{B_t}{(1+r_t)}}{\sum_{t=0}^{N} \dfrac{C_t}{(1+r_t)}}$$

3. 決策

(1) 當 BCR>1 具財務可行性，值越大，財務表現越佳。

(2) 當 BCR<1 不具財務可行性。

4. 益本比法應用上應注意的限制條件

(1) 各個方案現金流量的估計方法必須一致。

(2) 各方案的收支規模宜避免差距過大。

（三）還本期法(payback period method)

1. 意義：還本期間法又稱回收期間法，概念上是指投資計畫所產生的現金流量，究竟能在多少的期間內，收回其期初投資的資金。還本期間＝完全回收前的年數＋（尚未回收之投資餘額／年度現金流量），或是理論上所謂還本期是指累積效益現值開始超過累積成為現值的時間，這個時間是滿足以下關係式之最小n值，例如營建工程的BOT開發投資案，常見運用這種方法。

2. 模式

$$\sum_{t=0}^{N} \frac{B_t - C_t}{(1+r_t)} \geq 0$$

3. 決策

(1) 單一方案評估時：若還本期超過決策者所訂定的目標時間，則判定為不具財務可行性。

(2) 多個方案評選時：還本期越小的方案，表示其財務表現越佳，較具有投資可行性。

4. **還本期法通常被用來進行成本收益分析的理由**

(1) 由還本期可判斷資金回收的時間，有利發財務調度規劃。

(2) 可作為計畫方案投資風險的指標，因還本期越長，則風險度越高。

(3) 可作為方案篩選的指標，以排除不適宜的方案，再用其他方法對通過篩選的方案進行評估。

5. **應用上應注意的限制條件**

(1) 還本的目標時間(n)須妥善地決定。

(2) 本法較適用於淨效益固定或遞增成長之情況。

(3) 本法無法提供獲利情形的資訊，若想知道獲利，則須搭配其他分析方法。

（四）折現還本期間法(discounted payback method)

折現還本期間法與還本期間法在數學模式上是相當類似的，而此方法與還本期間法的主要差別，在於預期現金流量以計畫的資金成本加以折現，所以，折現還本期間法主要想獲知，究竟需要多久時間(n)才能由投資計畫折現的淨現金流量中，全數回收其原始投資金額。

（五）內部報酬率法(internal rate of return method,IRR)

1. **定義**：指使計畫方案淨現值洽好為零的折現率。亦即須滿足以下限制條件的折現率，而此折現率(discount rate)即為內部報酬率IRR。

2. **模式**

$$\sum_{t=1}^{N} \frac{CF_t}{(1+IRR)} - I_0 = 0$$

3. **決策**

(1) 單一方案評估情況：IRR 值超過決策者所定的目標值(I)（通常是資金機會成本之利率水準），則方案具財務可行性。

IRR>I→接受該項投資計畫。

IRR<I→不接受該項投資計畫。

(2) 多元方案評估情況：IRR 值越高，則表財務表現越好，所以應選擇 IRR 值最高的那一個方案進行投資。

4. IRR 值的求取

(1) 採試誤法進行估算。

(2) 當淨現值等於零時，此時的設定值即為 IRR 值。

5. 應用上必須注意的課題

(1) 現金流量與分析總期間之預估須準確，否則將影響結果的正確性。

(2) 試誤法運算過程較繁雜，費時較多，但在今日電腦科技發達的情況下，可運用 Excel 軟體加以估算。

(3) 現金流量變化較複雜（正負交錯）之方案，不適用本法。

(4) 當現金流量並非一般傳統的情況時，要進行比較兩個或多個投資案的優劣時，則各種投資案的報酬率應該是多少？將無法得到正確的答案，這時必須搭配 NPV 法來求得正確答案。

第五節
財務控制的技術與方法

　　企業經營基於更充分的發揮生產要素的經濟效率，經濟效率是指成本與收益之間的經濟關係。理論上，若一個企業能夠做到當其不再增加成本，收益也就無法增加時，就是達成了經濟效率，而財務控制的良好技術與適當工具，會有助於企業實現利潤極大化的資源配置經濟效率。以下分別介紹財務控制上較常用的控制技術或控制方法。

一、會計制度及會計報告

1. 營業報告(operating report)與財務報告(financial report)

(1) 營業報告：這可反應各個營業單位從事主要業務的收支情形，藉以呈現企業的成長性，例如損益表。

(2) 財務報告：這可表現一個企業或各部門的財務結構，及各部門資源應如何分配，以及營運績效呈現，例如資產負債表。

2. **當期報告(current report)與摘要報告(summary report)**
   (1) 當期報告：是指隨時根據各職能部門或行政部門所發生的活動，量化為收益與成本後形成一份報告。
   (2) 摘要報告：是將一段期間內，各職能部門實際執行狀況與規劃狀況之間的差異，經由彙整，再量化為收益與成本後形成一份表達重點的報告。

3. **靜態報告(stasis report)與動態報告(dynamic report)：**
   (1) 靜態報告：是指某一特定時點上，總結企業的財務狀況及財務結構。
   (2) 動態報告：動態報告的範圍較靜態報告更廣泛，包括實際財務狀況與預算財務狀況之比較、資金使用效果，以及一段時間內公司財務狀況的變化等。

二、責任會計

　　責任會計(responsibility accounting)是指成本和支出等資料的責任歸屬，主要按照組織內的責任體系來區分，因此，每一位主管可以了解自己權責範圍內的成本支出與收益情形。由於企業組織結構責任分明，因此，各階層主管都能了解自己責任範圍內的會計項目，進而形成強烈的組織歸屬感與激勵性。

三、標準成本

　　標準成本(standard cost)，是指為幫助管理者充分了解其所支出的成本是高於或低於標準成本，建立標準成本可以作為各種成本比較分析的基準與基礎。當企業有成本資料時，將其分類彙總成本會計制度後，即可建立標準成本，以作為比較分析之用。

四、相關成本

　　相關成本(relevant cost)是表示與評選方案直接產生相關的成本，這個相關成本會隨方案的改變，而產生成本的增減變化，因此，相關成本也稱為「直接成本」或「變動成本」。若與評選方案不直接產生相關的成本，稱之非相關成本，非相關成本又稱為「沉入成本」(sunk cost)或「固定成本」(fixed cost)，沉入成本則指投入之後無法回收的成本。

五、人力資源會計

現代企業普遍重視人力的專業知識與發展潛能，因為，市場開拓需要人力、產品研發需要人力、組織管理需要人力、設備操控需要人力，企業聘僱人才就可能帶來意想不到的經濟效益，企業越來越重視人力資源價值，富有發展潛力的人力資源價值，也是企業重要的資源。在管理學上，有些學者提出仿效傳統的資產會計內容，進而發展「人力資源會計(human resource accounting)」制度，用這制度衡量一個組織中的人力資源真實價值。衡量人力資源時，應考慮以下幾個重點指標：(1)個人的腦力和訓練品質，(2)規劃、組織、領導、控制的能力，(3)個人與他人溝通、協調與合作的品質，(4)追求目標的動機與企圖心，(5)決策、執行與創新的能力表現。雖然，透過人力資源會計的建立，可以成為更公正評估組織人力資源的良好工具，不過，實際上人力資源會計提供的資訊是否有用，尚有正面與負面的看法，運用的作法還難以統一。

六、比率分析

比率分析(ratio analysis)在現代企業極為常用，它是根據各種財務報表編製的財務比率分析，來提供經營上各種能力表現的量化資訊，管理者可以用以評估一個企業或部門的獲利能力、成長能力與生產能力。例如經營績效五力分析，本質上就是一種比率分析。

七、內部牽制制度

內部牽制制度(internal diversion system)是為了保障公司資產之安全，預防會計資料發生錯誤以及避免人員違反公司策略，可以利用互相制衡之原理以設計某些程序或制度。

八、審計制度

審計工作代表一種動態的監視成本支出的程序，審計制度(auditing system)的內容，包括分析和評估組織內所產生的資訊是否正確，此種功能可由組織成員或外界人員所擔任，前者稱為內部審計，後者稱為外部審計。在功能上，內部審計常是為了管理上的用途，外部審計則多是為了保障投資者權益。

九、損益平衡分析

損益平衡(break-even pointing)，主要是計算總收益等於總成本時的銷售量或營業額，這可提醒管理者掌控銷售量要超過損益平衡點才能獲利。計算損益平衡點(BEP)時，最重要的成本收益項目有三點：總固定成本(TFC)、平均單位售價(P)、單位變動成本(AVC)。以簡單數學式表之，其公式為：$BEP=(TFC)/(P-AVC)$。

十、預算

預算(budgeting)是企業對中長期的投資活動進行資金成本的規劃與財務管理，財務管理者應就投資的機會與回收的時機點及承擔風險能力，考量一個較適的平衡點。

1. 預算種類：基於功能的不同，編製預算的種類，可分為收入預算、費用預算、利潤預算、彈性預算、滾動預算、資本預算等。

   (1) 收入預算：收入預算是基於預測未來銷售的需求而編製，它是一種評估行銷方式與銷售活動的基準，各部門的績效可依達成收入預算的水準而決定。

   (2) 費用預算：收入預算主要用以控制行銷活動，費用預算則是用於組織內各部門執行的一般例行事務活動。

   (3) 現金預算：現金預算是對企業營運所需之現金流入與流出的一種預測與安排，可用以顯示企業未來潛在之現金短缺或剩餘狀況，它是做為企業資金調度、籌措或運用之重要參考。

   (4) 彈性預算：彈性預算則是基於某種市場情境假設條件下，對未來的生產與銷售的進行預算安排，先估算可能產生的生產數量或銷售數量並測定各種預算大小，編制預算數量則隨業務量的變化而變動，以供企業經營者能夠有效實現對業務的控制。

   (5) 滾動預算：滾動預算也稱之連續預算。基於一般編制預算是選擇一個特定的時間區間，如一年、一季、一月等，以便於進行預算與執行情況的考核與比較。但在一個預算期的後半段，常會因市場環境改變導致預算的指導功能不足，為了及時因應環境變化情況而必須對預算進行調整與修正，此時就需要滾動預算。滾動預算編制的時間可隨預算執行期的變化而不斷的

調整。因此，滾動預算將能保持動態性、連續性與準確性，也能更佳地發揮預算的作用。

(6) 資本預算：資本預算是對一項資本性與長期性的投資活動，所進行的投資預算、經濟效益分析、經濟可行性分析評價等工作。資本支出的預算會經過較詳實的市場調查、投資規模、資本籌措方案、現金流量編制、投資敏感性分析與最後進行最適方案的綜合評價。

2. 預算編列方法

(1) 傳統預算法：傳統預算法的作法，先將資金分配於各部門，而每一期的預算則是參考前一期的預算而制定，並且以收支平衡為原則。此法的優點是編列方式簡單省成本，但也存在一些缺點：(1)未考慮各單位內各活動的重要性及優先次序；(2)執行事後無法辨認無效率和浪費的情形；(3)因預算是參考前期水準而制定，若前一期有無效率的情形存在，則本期亦依舊發生，以致耗費許多無謂的成本；(4)容易使人安於現狀，且各部門預算支出易升難降。

(2) 方案預算法：方案預算法的作法，依據預定達成某一目標其必要活動的重要性加以分配。亦即預算依活動而非部門來分配，最廣為人所知的方案預算法稱為規劃方案預算系統(PPBS)，它結合了方案預算及目標管理來規劃及分配預算。此法主要優點是強調目標的達成，而非僅將預算分配至各部門。缺點則是編製預算耗時甚久。

(3) 零基預算法：零基預算法的作法，先要求管理者詳盡地評估各活動所需的預算，而不去參考前期的水準，每一期皆由零開始。或是以某一基期數據為基礎，然後根據業務變化情況，以增加或降低某一個百分比，以確定本期預算的水準。此法包括三個步驟：第一、先將每個部門的活動加以分解並歸類；第二、將每一類再依其對組織的貢獻度進行評等；第三、預算依據上述評等進行分配。此法的優點是較合乎現實，也適用於變動環境，且預算會與各部門貢獻相關，有助於激勵各部門員工的積極性與創造性。缺點則是不易編製明確，由於零基預算法是理論上兼顧公平與效率的理想，執行過程需耗費高額交易成本，實務上極為少見。

十一、管制中心

企業基於控管成本的分配及創造收益績效，而設置管制中心，常見的管制中心的型態有五種。

(1) 費用中心：重點在於控制費用的預算編列，以期能為其他單位提供費用管理的最佳服務。

(2) 收益中心：重點在於掌握銷售量所帶來的收入金額多寡，並分析收入受季節、週期變化與競爭對手策略的影響。

(3) 標準成本中心：主要的作法，應先設立數量、單價、成本等各方面的標準成本，待執行後再就其中變異部分進行變異數分析，以釐清責任歸屬與變異來源。

(4) 利潤中心：是將各營運單位權責視為一種獨立個體，部門負責人具有類似總經理的功能，建構利潤中心之重點在於掌握對各部門對公司的利潤貢獻度，許多企業的事業部組織多屬此類利潤中心。

(5) 投資中心：主要是運用利潤除以投資金額來計算投資報酬率，並用以衡量營運績效。建立投資中心，重點在於監督決策者與管理者是否將企業資產與資源做了富有經濟效率的配置利用，並藉以發覺資源投資效率不佳者，可採措施及早處理。

第六節
案例與討論

面對市場存在各種無法測知的風險，要克服種種問題必須在各種事務中學習，因此，優秀的企業家是特殊且稀有的人才，企業家要能對市場變化敏感，保有創新意識，有理性的決策，吸引其他人才的魅力，不斷完成工作的毅力。故市場是培育企業家的戰場，企業家要在市場競爭中不斷錘鍊自己並成長發展。

因此，企業最初成立及成長期整合了所有權，也形成有效企業治理最重要的條件。不過企業家追求利潤的最大動機，是在於企業所有者可享受一種「剩餘索取權」。即在向政府繳了稅、銀行拿走了利息、員工領取了工資後的「剩餘」才會屬於投資者。在完成上述各種扣除之後，當「剩餘」是正數則就形成利潤，但如

果是負數則就造成虧損。然而企業家作為「剩餘索取者」，他承擔著盈虧的後果，也賭上全部家當，因而具有監督其他參與者和做出有效決策的積極性。故企業所有者為獲取更多「經濟剩餘」是形成企業成長的動力，防範市場風險的謹慎則就形成企業的約束。所有權的一致性是企業治理效率的核心，離開了掌握所有權的激勵和約束，則很難避免管理階層不出現自利機會主義的行為，此時所有者（包含創立者、經營者與投資者）的權益保證就可能出現了破洞，以致企業治理有一個問題：「企業究竟屬於誰的？企業經營在對誰負責？」是值得探討的。

政治大學財管系教授吳啟銘(2004)，曾以「企業是誰的？投資人價值擺第一」一文，探討許多上市上櫃公司的經營者，刻意漠視投資人價值與權益的問題。「企業資金來自投資人，企業當然是投資人的，投資人包括了股東與債權人。那有人不出錢卻覺得公司是自己的道理！」很遺憾地，公司的代理人：大股東、管理者與員工，大多未必有如此認知，由於委託代理之間存在資訊不對稱，進而衍生存在交易成本，企業治理不佳也就當然可預期了。這其中的問題主要在於管理者只在乎私利與誰當家莫衷一是[11]。

一、管理者只在乎私利

自利動機下的不斷併購。例如政府管控金控公司而官派的董事長，一味尋求併購或合併機會，心中想的是當上台灣最大金控公司董事長，可永續當董事長，薪資紅利可水漲船高；至於有無一加一大於二的合併綜效？換股比率是否合理？並非決策考量重點。試想：七成併購案是失敗的，為何管理者仍樂此不疲？因管理者只在乎本身利益，傾向高估合併綜效。傾向發放股票股利，少發放現金股利：股東拿到虛的，員工卻可透過紅利配股拿到實的，以致國內不少 IC 設計公司的員工紅利配股市值竟占公司全年獲利一半以上，甚至超過全年獲利，難怪引起股東不滿。尤其在股權越分散的企業，員工奪取股東財富的情況越容易發生。

曾經有個著名案例是中華開發公司，過去中華開發號稱全國股東人數最多的公司，卻套牢了許多股東。究其原因，管理者利用公司資源謀私利。國內電子業者自 2000 年來成長不再延續，投資趨緩，以致保留過多現金或大玩轉投資，忽視

---

[11] 此節案例與討論的資料來源，主要參自吳啟銘(2004.12.19)發表於聯合新聞網之「企業是誰的？投資人價值擺第一」一文，http://tw.news.yahoo.com/041219/15/19qqv.html.

股東對現金股利提高的期望。相反地，現金股息報酬率高的公司，股價近一年表現亮麗。試想一家公司股權分散，管理者非大股東，發放現金股利，管理者不僅拿不到錢，又少了支配權，他怎麼會心甘情願去經營呢？美國製藥廠獲利率不錯，但成長率不高，因此，公司採現金股利或庫藏股票方式，將錢還給股東，以致美國製藥股的股價淨值比能夠一直處於高檔。管理者常辯稱保留過多現金是為了未來成長，唯近十年來財務實證顯示，股東少拿股利，通常沒有換到公司未來的高成長，保留過多現金反而是管理者無能或徇私的重要信號。

二、誰當家莫衷一是

漠視資金成本效益，一味追求會計盈餘最大化。會計盈餘不等於經濟利潤，因為忽略股東的資金成本；然而企業的員工激勵制度往往建立在會計盈餘上（例如台積電董監事紅利按稅後淨利千分之三分紅），股東利益的保障在損益表上看不到，以致管理者傾向少發放現金股利，甚至辦現金增資，以提高每股盈餘，至於資金的效益是否大於資金成本，並非考量重點。

此外，如中華電信員工罷工威脅，獨立董監事只拿固定車馬費，台電或中油工會代表擔任董事，金控公司發行 ECB 籌資用於併購，中鋼發放巨額員工紅利配股，聯電不斷出脫聯發科股票，社會仍對非合意併購(hostile takeover)有疑慮，電子公司過多的轉投資事業，銀行仍無法以債權換股票入主債務人，中華電信負債比率偏低，機構法人對投資公司事務參與不足等議題，都彰顯社會對「企業是誰的？」有傳統鄉愿的看法：它屬於經營者。這當然是不正確的，因為，在投資人主義下的公平正義，權益未能得到確保。

台灣股票投資人九成是賠錢的，銀行虧損也成了近年的整頓行業，當大多數出資人（股東與銀行家）成了輸家，卻出現許多科技新貴，這難道不是財富重分配下重大公司治理問題所造成的嗎？企業經營決策者與員工，永遠要有「自己是股東」的想法，大股東也須兼顧小股東與債權人利益。「所有權」是激勵人行為的關鍵，當「誰當家」都莫衷一是，奢談「公司治理」是無益的。一套以投資人價值為優先的激勵制度，才是公司治理的主軸。

三、案例討論

　　管理學對於公司治理的研究，過去僅討論投資股東、董事會、經營團隊及相關利益者之間的利益分配關係，其中小額投資股東的利益往往被忽略。對於一家上式上櫃公司而言，主要股東、董事會、經營團隊及相關利益之間容易傳遞信息，彼此密切合作來獲取集體利益。對於分散在市場中的小股東們，彼此採取搭便車的策略，讓他人參與而自己卻坐享其成，個人自發的自利行為往往導致在集體合作的困難重重，Olson(1965)將這種情況稱之「集體行動的困境」。

　　企業經營者往往忽略小股東的利益，依據 Olson (1965)的解釋，由於小股東彼此搭便車行為的存在，使得理性且自利的個人，是不會為了爭取集體利益而貢獻自身能力的，於是要實現集體行動就非常不容易。除非集體人數較少，集體行動與集體合作還可能產生。然而，小股東的集體人數龐大，產生集體合作的行動就越來越困難。因為在人數眾多的大團體內，要通過協商解決如何分擔集體行動的成本是十分不容易降低的[12]。再者團體的人數越多，每人平均可分到的收益就相對減少，搭便車的動機就更強烈，採取搭便車的行為也越難被發現。大股東也就會持續忽略小股東的利益，進而透過結合相關利益團體，自己當家來主導企業的利益分配。

---

[12] Olson, M., 1965, *The logic of collective action,* Harvard : Harvard College Press.

新文京開發出版股份有限公司

NEW
WCDP

新世紀・新視野・新文京 — 精選教科書・考試用書・專業參考書